Edition Hochschule Weserbergland

Die Buchreihe *Edition Hochschule Weserbergland* konzentriert sich auf die Analyse und Diskussion aktueller, praxisbezogener Managementthemen und die Untersuchung relevanter unternehmerischer Fragestellungen. Ziel ist es, innovative Ansätze und Methoden für betriebliche Herausforderungen praxisnah und wissenschaftlich fundiert zu beleuchten und die praktische Anwendung theoretischer Konzepte zu fördern. Dabei spielt die Verbindung von Managementtheorie mit Aspekten der Wirtschaftsinformatik und des Wirtschaftsingenieurwesens eine wichtige Rolle, um ein breites Verständnis für interdisziplinäre Zusammenhänge zu schaffen. Ihren Ursprung finden die Themenschwerpunkte der Reihe in den Forschungsgebieten der Hochschule sowie in Praxisthemen aus dem unternehmerischen Umfeld der Hochschule. Die Reihe richtet sich an Führungskräfte, Forschende und Studierende.

Meik Friedrich

Einführung in die Verhaltens- und Neuroökonomie

Grundlagen und Modelle ökonomischer Entscheidungen

Springer Gabler

Meik Friedrich
Hochschule Weserbergland
Hameln, Deutschland

ISSN 3059-4758 ISSN 3059-4766 (electronic)
Edition Hochschule Weserbergland
ISBN 978-3-662-73734-7 ISBN 978-3-662-73735-4 (eBook)
https://doi.org/10.1007/978-3-662-73735-4

Springer Gabler ist ein Imprint der eingetragenen Gesellschaft Springer-Verlag GmbH, DE und ist ein Teil von Springer Nature.
Die Anschrift der Gesellschaft ist: Heidelberger Platz 3, 14197 Berlin, Germany

Vorwort

Mit Beginn meines Studiums der Wirtschaftswissenschaften stellte sich bei mir schon früh das Gefühl ein, dass an manchen Grundannahmen der Disziplin etwas nicht stimmen konnte. Zunächst blieb es bei diesem Gefühl, denn vieles von dem, was gelehrt wurde, war in sich bestechend logisch, formal sauber und mit großer innerer Geschlossenheit vorgetragen. Gerade aus der Perspektive eines Studierenden war es außerordentlich schwierig, mögliche Schwächen, blinde Flecken oder gar formale Brüche in diesen Denkgebäuden zu erkennen.

Wir befanden uns in den 1990er-Jahren, und unsere Disziplin tat sich noch deutlich schwerer damit als heute, den Menschen in seiner tatsächlichen Verfasstheit in den Mittelpunkt ökonomischer Entscheidungen zu stellen. Präferenzen erschienen stabil, Entscheidungen konsistent, Märkte weitgehend rational koordinierbar. Zweifel an diesem Bild ließen sich zwar empfinden, aber noch nicht ohne Weiteres theoretisch fassen.

Umso wohltuender war es für mich, später mit den Perspektiven von Daniel Kahneman, Amos Tversky, Richard Thaler und Ernst Fehr in Berührung zu kommen. Ihre Arbeiten eröffneten einen Zugang zur Ökonomik, der das menschliche Verhalten nicht als störende Abweichung vom Modell behandelt, sondern als eigentlichen Ausgangspunkt ökonomischer Betrachtungen. Von da an verwandelte sich dieses Gefühl in Gedanken. Aus Irritation wurde Erkenntnisinteresse, aus Skepsis eine neue Sicht auf ökonomische Zusammenhänge. Diese Perspektive hat meinen Blick auf die Wirtschaftswissenschaften nachhaltig verändert.

Das vorliegende Buch ist auch aus dieser persönlichen Entwicklung heraus entstanden. In gewisser Weise ist es eine Befreiungstat: der Versuch, ökonomisches Denken um jene verhaltenswissenschaftlichen und neuroökonomischen Einsichten zu erweitern, die in der traditionellen Lehre lange zu wenig Raum erhalten haben. Zugleich soll es eine praktische Hilfe sein – für mich selbst, aber auch für alle, die verhaltensökonomische und neuroökonomische Aspekte stärker in die Hochschullehre integrieren möchten.

Das Buch versteht sich daher nicht als Absage an die klassische Ökonomik, sondern als ihre notwendige Ergänzung. Es will dazu beitragen, wirtschaftliches Handeln realitätsnäher zu verstehen. Wer Ökonomie lehrt oder lernt, sollte den Menschen nicht nur als Modellfigur betrachten, sondern als reales Wesen mit Grenzen, Widersprüchen und erstaunlichen Fähigkeiten.

In diesem Sinne soll dieses Buch dazu ermutigen, die Wirtschaftswissenschaften offener, interdisziplinärer und menschennäher zu denken.

Allein ist ein solches Projekt jedoch nicht umzusetzen. Ich danke Denise Bischof, M.Sc., für die fachliche Unterstützung bei den psychologischen Aspekten des Buches. Darüber hinaus gilt mein Dank dem Lektorat für die verlässliche und konstruktive Begleitung dieses Buchprojekts.

August 2025, Hamelin Meik Friedrich

Abkürzungsverzeichnis

ADR	American Depositary Receipt
BAYC	Bored Ape Yacht Club
CSR	Corporate Social Responsibility
DAX	Deutscher Aktienindex
EEG	Elektroenzephalographie
EMH	Efficient Market Hypothesis
EUT	Expected Utility Theory
fMRT	funktionelle Magnetresonanztomographie
FOMO	Fear of Missing Out
HPA-Achse	Hypothalamus-Hypophysen-Nebennierenrinden-Achse
IPO	Initial Public Offering
JSE	Johannesburg Stock Exchange
LTCM	Long-Term Capital Management
MBS	Mortgage-Backed Securities
MEG	Magnetenzephalographie
MRS	marginale Substitutionsrate
NASDAQ	National Association of Securities Dealers Automated Quotations
NFT	Non-Fungible Token
NYSE	New York Stock Exchange
PFC	präfrontaler Kortex
S&P	Standard & Poor's
SCARF	Status, Certainty, Autonomy, Relatedness, Fairness
TMS	Transkranielle Magnetstimulation
UNO	Organisation der Vereinten Nationen
USD	US-Dollar
w(p)	Entscheidungsgewicht
WTA	Willingness to Accept
WTP	Willingness to Pay

Inhalt

Abbildungsverzeichnis

Tabellenverzeichnis

Der Autor

Prof. Dr. Meik Friedrich ist Professor für Finanzwirtschaft und Risikomanagement an der Hochschule Weserbergland sowie Senior Lecturer an der Frankfurt School of Finance & Management. Er lehrt Betriebswirtschaftslehre und Volkswirtschaftslehre. Seine beruflichen Erfahrungen in der Bank- und Versicherungswirtschaft prägen seinen anwendungsorientierten Blick auf ökonomische Fragestellungen.

Einführung in Verhaltens- und Neuroökonomie

1

Über viele Jahrzehnte hinweg wurde die ökonomische Theorie von einem klaren, normativen Rationalitätsparadigma geprägt. Der Homo oeconomicus, ausgestattet mit stabilen Präferenzen, vollständiger Information und unbegrenzter kognitiver Verarbeitungskapazität, galt als zentrale Referenzfigur. Dieses Modell war nicht nur theoretisch attraktiv, sondern auch methodisch äußerst wirkungsvoll: Es ermöglichte klare mathematische Formulierungen, eindeutige Vorhersagen und analytische Eleganz. Märkte erschienen in dieser Perspektive als weitgehend stabile, effiziente Mechanismen, die individuelle Entscheidungen zu kollektiven Ergebnissen aggregieren und Preisfindung, Allokation und Risikobewertung nahezu automatisch optimieren.

Doch die Geschichte der Märkte zeigt immer wieder, dass diese idealisierte Sichtweise an ihre Grenzen stößt. Besonders die großen Krisen der jüngeren Vergangenheit, das Platzen der Dotcom-Blase zur Jahrtausendwende und die globale Finanzkrise ab 2007, haben eindrücklich vor Augen geführt, dass Märkte nicht immer rational reagieren. Übertreibungen, spekulative Dynamiken, kollektive Fehlbewertungen und plötzliche Zusammenbrüche widersprechen fundamental der Vorstellung vom effizienten Markt und dem rein rationalen Akteur. Sie zeigen, dass Märkte keineswegs verlässlich zu stabilen Gleichgewichten tendieren, sondern von Stimmungen, Erwartungen, sozialer Dynamik und kognitiver Überforderung getrieben sein können.

Mit der Vergabe des von der schwedischen Reichsbank in Erinnerung an Alfred Nobel gestifteten Preises für Wirtschaftswissenschaften im Jahr 2002 an den Psychologen Daniel Kahneman wurde ein Wendepunkt in den Wirtschaftswissenschaften markiert. Kahneman erhielt den Preis „für das Einführen von Einsichten der psychologischen Forschung in die Wirtschaftswissenschaft, besonders bezüglich Beurteilungen und Entscheidungen bei Unsicherheit“ (https://www.nobelprize.org/prizes/economic-sciences/2002/9238-pressemitteilung-der-schwedischen-reichsbankin-erinnerung-an-alfred-nobel-gestifteten-preis-fur-wirtschaftswissenschaften-des-jahres-2002/).

M. Friedrich, *Einführung in die Verhaltens- und Neuroökonomie*, Edition Hochschule Weserbergland,
https://doi.org/10.1007/978-3-662-73735-4_1

Während das normative Rationalitätsparadigma noch immer ein wichtiges Fundament wirtschaftlicher Modellierung bildet, wurde zunehmend klar, dass es allein nicht ausreicht, um das tatsächliche Verhalten von Individuen und Märkten zu erklären. Die Finanzkrise der Jahre 2007/2008 hat nicht nur Märkte erschüttert, sondern auch das Vertrauen in die Erklärungskraft traditioneller Modelle. Theorien, die auf der Prämisse beruhen, dass Anleger stets rational handeln, Risiken korrekt einschätzen und Informationen effizient verarbeiten, konnten die Dynamik spekulativer Blasen, die Geschwindigkeit ihres Zusammenbruchs und die Ausweitung systemischer Risiken kaum überzeugend erklären.

Genau aus dieser Spannung zwischen Modellwelt und Realität ist das Bedürfnis nach einer stärker deskriptiven ökonomischen Wissenschaft entstanden, einer Wissenschaft, die nicht vorgibt, wie Menschen handeln sollten, sondern untersucht, wie sie tatsächlich handeln. Verhaltens- und Neuroökonomie berücksichtigen menschliche Wahrnehmung, Emotionen, Motivation, Aufmerksamkeit sowie neuronale Prozesse bei der ökonomischen Entscheidungsfindung und integrieren sie systematisch in ökonomische Modelle. Sie zeigen, dass Entscheidungen selten das Ergebnis perfekter Rationalität sind, sondern vielmehr unter kognitiven Einschränkungen, situativen Einflüssen und psychologischen Mechanismen getroffen werden.

Während die traditionelle Theorie das Verhalten des Menschen abstrahiert, um ökonomische Strukturen mathematisch erfassbar zu machen, rücken Verhaltens- und Neuroökonomie die menschliche Realität in den Mittelpunkt – mit all ihren Unschärfen, Unvollkommenheiten und biologischen Grundlagen. Diese Ansätze verstehen Märkte nicht länger als neutral effiziente Maschinen, sondern als komplexe soziale Systeme, die von den Emotionen und Denkprozessen ihrer Teilnehmer geprägt sind. Sie erklären, warum Fehlbewertungen persistieren können, warum Herdenverhalten entsteht, warum Risiken systematisch missinterpretiert werden und warum selbst gut informierte Akteure kollektive Irrtümer begehen können.

Die Integration psychologischer und neurobiologischer Erkenntnisse ermöglicht es somit, ökonomische Phänomene nicht nur nachträglich zu beschreiben, sondern auch ihr Entstehen zu verstehen. Dadurch entsteht ein moderner, interdisziplinärer Ansatz, der die normative Eleganz der klassischen Theorie um empirische Tiefe erweitert. In der Folge wird das Denken über ökonomische Entscheidungen realistischer, differenzierter und letztlich auch anwendungsnäher. Dies gilt sowohl für die individuelle Entscheidungstheorie als auch für die Analyse der Märkte als Ganzes.

1.1 Warum brauchen wir Verhaltens- und Neuroökonomie

Die traditionelle ökonomische Theorie bietet ein in sich schlüssiges, mathematisch elegantes Modell menschlichen Entscheidungsverhaltens. Im Zentrum steht das Prinzip der **Nutzenmaximierung**, das den Handelnden als rationalen Akteur begreift, der auf Basis stabiler Präferenzen und vollständiger Information optimale Entscheidungen trifft. Dieses

Paradigma hat über Jahrzehnte hinweg die theoretische und empirische Ökonomie geprägt und bildet die Grundlage zahlreicher Modelle zur Marktanalyse, Ressourcenallokation und Wohlfahrtsmessung. Seine Stärke liegt in der analytischen Klarheit und der Möglichkeit, komplexe Zusammenhänge formal abzubilden und vorherzusagen.

Doch gerade diese formale Strenge führt auch zu einer gewissen Abstraktion vom tatsächlichen menschlichen Verhalten. Empirische Beobachtungen zeigen, dass reale Entscheidungen häufig von Emotionen, begrenzter Informationsverarbeitung und sozialen Einflüssen geprägt sind. Menschen handeln nicht immer konsistent, sie irren, zögern oder lassen sich von kurzfristigen Reizen leiten. Damit wird deutlich, dass die Annahme des vollkommen rationalen Nutzenmaximierers nur einen idealtypischen Rahmen darstellt, der die psychologischen und biologischen Grundlagen menschlicher Entscheidungen weitgehend ausblendet.

An dieser Stelle setzen Verhaltens- und Neuroökonomie an. Beide Disziplinen erweitern die klassische ökonomische Perspektive um empirisch überprüfbare Annahmen über tatsächliches Entscheidungsverhalten. Während die Verhaltensökonomie psychologische Prozesse wie Wahrnehmung, Emotion und Motivation integriert, untersucht die Neuroökonomie die neuronalen Mechanismen, die ökonomische Entscheidungen im Gehirn steuern. Gemeinsam tragen sie dazu bei, ein realistischeres und zugleich tiefgreifenderes Verständnis des ökonomisch handelnden Menschen zu entwickeln.

1.1.1 Ökonomische Entscheidungen besser erklären

Die **traditionelle ökonomische Theorie** bietet eine stringente, formal-mathematisch fundierte Perspektive auf ökonomische Entscheidungen. Im Zentrum steht die Annahme, dass Individuen stets ein klares Ziel verfolgen, die Maximierung ihres persönlichen Wohlbefindens. In der ökonomischen Sprache bedeutet dies die Maximierung des individuellen Nutzens.

Zur Modellierung dieses Prozesses wird die sogenannte **Nutzenfunktion** herangezogen. Sie beschreibt den Zusammenhang zwischen den konsumierten Gütern und dem daraus resultierenden Nutzen. Der Entscheider kennt nach dieser Vorstellung seine Präferenzen vollständig, ordnet den Gütern eine bestimmte Rangfolge oder numerische Werte zu und ist in der Lage, seine Konsumentscheidungen so zu kombinieren, dass der größtmögliche Nutzen entsteht. Vereinfacht gesagt, er wählt genau die Güterbündel aus, die seine Nutzenfunktion maximieren.

Rationalität bedeutet in diesem Kontext, dass Entscheidungen kohärent, konsistent und vollständig informiert sind. Kohärent, weil die Wahl stets den eigenen Präferenzen folgt; konsistent, weil Präferenzen zeitlich stabil und unabhängig vom Kontext bleiben und vollständig informiert, weil der Entscheider sowohl die Eigenschaften der Güter als auch deren Konsequenzen kennt. Unter diesen Annahmen lassen sich Kaufentscheidungen formal wie Optimierungsprobleme behandeln. Der Konsument vergleicht Preise und Einkommen, bildet Budgetrestriktionen und wählt aus allen möglichen Kombinationen jene aus, die seine Nutzenfunktion maximiert (Varian, 2016).

Eine so handelnde Person bezeichnet man als Homo oeconomicus, wobei sich der Ursprung dieses Begriffes nicht auf eine einzige Quelle zurückführen lässt. Vielmehr wurde der Begriff **„Homo oeconomicus"** im 19. Jahrhundert als theoretisches Modell in der ökonomischen Literatur verwendet, meist von Ökonomen und Soziologen, um das Konzept des rationalen Nutzenmaximierers zu beschreiben oder zu kritisieren. Erste Hinweise auf rationale Entscheidungsmuster findet man bereits bei Adam Smith, der in „The Wealth of Nations" (Smith, 1776) den Menschen als rational handelndes Wesen bezeichnet, das seinen eigenen Nutzen maximiert, ohne den Begriff selbst zu verwenden. Ein solcher Homo oeconomicus handelt und entscheidet durchgehend konsistent und im ökonomischen Sinne rational. Verschwendung von Ressourcen liegt ihm ebenso fern wie die Befindlichkeiten oder das Wohlergehen seiner Mitmenschen. Altruistische Gedanken kennt er nicht. Die Konsistenz seiner Entscheidungen lässt sich an einer Reihe von Grundannahmen, sogenannten Axiomen, ausrichten.

Dieses Modell ist für die ökonomische Theorie von zentraler Bedeutung, da es eine klare Vorhersagbarkeit und mathematische Handhabbarkeit ermöglicht. Mithilfe der Nutzenfunktion können Ökonomen erklären, wie sich Nachfragestrukturen bilden, wie Märkte funktionieren und wie sich Konsumenten auf Preisänderungen einstellen. Gleichzeitig bildet es die Grundlage für weiterführende Modelle, etwa im Bereich der Wohlfahrtsökonomie oder der allgemeinen Gleichgewichtstheorie.

Allerdings hat dieses streng rationale Modell auch klare Grenzen. Es geht von einem Entscheider aus, der über unbegrenzte kognitive Ressourcen verfügt, stets objektiv urteilt und frei von emotionalen Einflüssen handelt. Genau an diesem Punkt setzen die verhaltensökonomische und neuroökonomische Forschung an, indem sie zeigen, dass tatsächliche Kaufentscheidungen häufig von Heuristiken, Biases und neurobiologischen Mechanismen geprägt sind und damit deutlich von der reinen Nutzenmaximierung abweichen.

Das Entscheidungsparadigma des Homo oeconomicus insgesamt, aber auch die zugrunde liegenden Axiome, halten tatsächlich beobachtbaren ökonomischen Entscheidungen in vielen Fällen nicht stand. Diese Abweichungen zwischen tatsächlichen und theoretisch erwarteten Entscheidungen öffnen den Raum für verhaltens- und neurowissenschaftliche Ansätze, deren Berücksichtigung zu einer besseren Erklärbarkeit ökonomischer Entscheidungen führen soll.

1.1.2 Definition von Verhaltens- und Neuroökonomie

Behavioral Economics bezeichnet einen Forschungsansatz, der traditionelle ökonomische Theorien mit Erkenntnissen aus der Psychologie, der Kognitionswissenschaft und den Sozialwissenschaften verbindet (Thaler, 2019). Ziel ist es, das tatsächliche Entscheidungsverhalten von Menschen besser zu verstehen und ökonomische Modelle realitätsnäher zu gestalten.

Im Gegensatz zur traditionellen Ökonomie, die vom Modell des streng rational handelnden Akteurs, dem Homo oeconomicus, ausgeht, zeigt die Verhaltensökonomie (Behavioral

Economics), dass Menschen in realen Entscheidungssituationen systematisch von dieser idealtypischen Rationalität abweichen. Individuen handeln nicht immer konsistent, vollständig informiert oder nach einer streng logischen Nutzenmaximierung, sondern greifen häufig auf vereinfachte Entscheidungsregeln zurück. Diese dienen der Reduktion kognitiver Komplexität und ermöglichen schnelle Urteile unter Unsicherheit, führen jedoch auch regelmäßig zu systematischen Fehlurteilen und Wahrnehmungsverzerrungen.

Ein zentraler verhaltenswissenschaftlicher Befund liegt in der Erkenntnis, dass Einstellungen und Überzeugungen die Wahrnehmung und Bewertung von Fakten beeinflussen und nicht umgekehrt (Lord et al., 1979). Dies berücksichtigt Behavioral Economics im Gegensatz zur traditionellen ökonomischen Theorie, die implizit davon ausgeht, dass Fakten und Informationen zu objektivierbaren, rationalen Entscheidungen führen. Menschen interpretieren Informationen nicht neutral, sondern im Lichte ihrer bestehenden Erwartungen, Erfahrungen und emotionalen Prädispositionen. Dadurch entsteht eine selektive Informationsverarbeitung, bei der Fakten nicht objektiv, sondern kontextabhängig bewertet werden. Dieses Phänomen erklärt, warum Marktteilnehmer auf identische Informationen unterschiedlich reagieren können und warum sich Fehlbewertungen und Überreaktionen auf Märkten häufig kollektiv verstärken.

Die wissenschaftliche Legitimation der Behavioral Economics liegt darin, dass diese menschlichen Entscheidungsfehler nicht zufällig um einen Erwartungswert von null streuen, wie es die traditionelle Theorie implizit annimmt. Vielmehr führen tatsächliche menschliche Entscheidungen zu systematischen Verzerrungen (Biases). Diese Verzerrungen führen zu vorhersehbaren Abweichungen vom rationalen Entscheidungsverhalten und können so aggregiert messbare Auswirkungen auf Marktpreise, Risikoabschätzungen und die allgemeine Markteffizienz haben (Barberis und Thaler, 2003). Somit trägt die Verhaltensökonomie entscheidend dazu bei, reale Entscheidungsprozesse besser zu verstehen (Shiller, 2003).

Zentrale Themenfelder der Behavioral Economics sind etwa:

- **Kognitive Verzerrungen** (*Biases*), wie z. B. der Framing-Effekt, der Ankereffekt oder die Verlustaversion.
- **Zeitliche Inkonsistenzen**, wie der Present Bias, der erklärt, warum Menschen kurzfristige Belohnungen überbewerten und langfristige Ziele vernachlässigen.
- **Soziale Präferenzen**, wie Fairness, Altruismus und Reziprozität, die zeigen, dass Menschen nicht nur ihren eigenen Nutzen maximieren, sondern auch auf das Wohlergehen anderer achten.
- **Emotionale Einflüsse**, die verdeutlichen, dass Gefühle wie Angst, Freude oder Unsicherheit ökonomische Entscheidungen maßgeblich prägen.

Methodisch unterscheidet sich Behavioral Economics ebenfalls von der traditionellen Ökonomie. Während diese oft auf formale Modelle und Gleichgewichtsanalyse setzt, nutzt Behavioral Economics Laborexperimente, Feldstudien und Befragungen, um Theorien empirisch zu prüfen. Dadurch können Hypothesen direkt am Verhalten von Probanden überprüft und psychologische Mechanismen isoliert werden.

Die Bedeutung von Behavioral Economics liegt darin, dass sie das Bild vom ökonomisch handelnden Menschen realitätsnäher und komplexer zeichnet. Anstelle eines vollkommen rationalen Nutzenmaximierers tritt das Bild des Menschen als „begrenzter Rationalist“ (Simon, 1957), dessen Entscheidungen von Informationsverfügbarkeit, kognitiven Kapazitäten, sozialen Normen und Emotionen geprägt sind. Behavioral Economics trägt somit dazu bei, **bessere Vorhersagen über ökonomisches Verhalten** zu treffen und hat zugleich wichtige praktische Implikationen. Diese reichen von der Gestaltung wirksamerer politischer Maßnahmen über verbraucherschützende Regulierung bis hin zu Marketingstrategien von Unternehmen.

Die **Neuroökonomie** ist eine junge, interdisziplinäre Forschungsrichtung, die ökonomische Theorien mit psychologischen Modellen und neurowissenschaftlichen Methoden verbindet (Peters und Ghadiri, 2013). Ihr Ziel besteht darin, die neuronalen Grundlagen ökonomischer Entscheidungsprozesse zu verstehen und damit eine Brücke zwischen theoretischen Modellen und den tatsächlichen biologischen Mechanismen im Gehirn zu schlagen. Während die traditionelle Ökonomie davon ausgeht, dass Individuen rational im Sinne der Nutzenmaximierung handeln, und Behavioral Economics aufzeigt, dass dieses Verhalten oft durch psychologische Verzerrungen beeinflusst wird, geht die Neuroökonomie noch einen Schritt weiter. Sie untersucht, welche Hirnstrukturen und neuronalen Prozesse an ökonomischen Entscheidungen beteiligt sind und wie diese wirtschaftliche Interaktionen erklären können. Dabei geht es unter anderem um die Frage, warum Menschen Risiken unterschiedlich bewerten, zu Impulskäufen neigen oder weshalb Fairness und soziale Präferenzen eine so große Rolle spielen.

Zur Beantwortung dieser Fragen nutzt die Neuroökonomie verschiedene **neurowissenschaftliche Methoden**. Mit funktioneller Magnetresonanztomographie (fMRT) lässt sich sichtbar machen, welche Hirnregionen während ökonomischer Transaktionen aktiv sind. Elektroenzephalographie (EEG) oder Magnetenzephalographie (MEG) liefern ergänzend zeitlich hochaufgelöste Daten darüber, wann bestimmte Prozesse ablaufen. Transkranielle Magnetstimulation (TMS) und Läsionsstudien ermöglichen Rückschlüsse auf die kausale Bedeutung einzelner Hirnareale, während pharmakologische Studien die Rolle von Neurotransmittern wie Dopamin oder Serotonin untersuchen, die maßgeblich mit Belohnung, Motivation und Risikoaversion verbunden sind.

Die inhaltlichen Schwerpunkte der Neuroökonomie sind breit gefächert. Ein wichtiger Bereich ist die Belohnungsverarbeitung, bei der insbesondere das dopaminerge System mit dem Nucleus accumbens im Zentrum steht, das für die Motivation zum Kauf entscheidend ist. Ein weiteres Feld sind Risiko- und Unsicherheitsentscheidungen, die vor allem mit der Aktivität der Amygdala und des präfrontalen Kortex in Verbindung gebracht werden. Schließlich untersucht die Neuroökonomie auch intertemporale Entscheidungen, also das Abwägen zwischen kurzfristigen und langfristigen Konsequenzen. Damit leistet die Neuroökonomie einen entscheidenden Beitrag dazu, ökonomische Modelle zu verfeinern und durch die Integration biologischer Evidenz ein tieferes Verständnis menschlichen Verhaltens in wirtschaftlichen Kontexten zu ermöglichen.

1.2 Traditionelle ökonomische Theorie und ihre Erweiterungen durch Verhaltens- und Neuroökonomie

Die traditionelle ökonomische Theorie basiert auf der Annahme rationaler Entscheidungen. Im Mittelpunkt steht der Gedanke, dass Individuen als Homo oeconomicus handeln (Glimcher und Fehr, 2014). Sie verfügen über stabile Präferenzen, vollständige Informationen und die Fähigkeit, diese Informationen konsistent zu verarbeiten. Ziel ihres Handelns ist die Maximierung des individuellen Nutzens. Mithilfe mathematisch formulierter Nutzenfunktionen wird abgebildet, wie Güter und Dienstleistungen zur Bedürfnisbefriedigung beitragen und in welcher Kombination sie den höchsten subjektiven Nutzen stiften. Konsumenten gelten in diesem Modell als rational kalkulierende Akteure, die Preise vergleichen, Budgetrestriktionen berücksichtigen und am Ende jene Entscheidung treffen, die ihr individuelles Wohlbefinden optimal steigert. Dieses Modell ermöglicht klare Vorhersagen und bildet die Grundlage vieler ökonomischer Theorien, etwa zur Analyse von Nachfrage, Marktgleichgewichten und Wohlfahrtseffekten.

Allerdings zeigt sich in der Realität, dass menschliches Verhalten häufig von diesen Annahmen abweicht. Hier setzt Behavioral Economics an. **Sie verbindet ökonomische Theorien mit psychologischen Erkenntnissen** und untersucht, wie Menschen tatsächlich Entscheidungen treffen. Dabei wird deutlich, dass Emotionen, Heuristiken, kognitive Verzerrungen und soziale Einflüsse eine zentrale Rolle spielen. Phänomene wie Framing-Effekte, Anchoring, Verlustaversion oder Zeitinkonsistenzen verdeutlichen, dass Konsumenten nicht immer rational agieren, sondern systematisch vorhersagbare Abweichungen vom Modell des Homo oeconomicus zeigen. Methoden wie Laborexperimente, Feldstudien und Befragungen tragen dazu bei, ökonomische Modelle um psychologische Realitäten zu erweitern und damit realitätsnähere Prognosen zu ermöglichen (Thaler, 2019).

Die Neuroökonomie schließlich geht noch einen Schritt weiter, indem sie die **neuronalen Grundlagen** wirtschaftlicher Entscheidungen erforscht (Peters und Ghadiri, 2013).

Zusammenfassend lässt sich festhalten:

- Die traditionelle ökonomische Theorie liefert ein klares, mathematisch elegantes Grundmodell.
- Die Behavioral Economics zeigt die Bedeutung psychologischer, emotionaler und sozialer Faktoren.
- Die Neuroökonomie ergänzt diese Perspektive um die biologischen Grundlagen im Gehirn.

Damit entwickeln sich ökonomische Theorien von einem streng rationalen Modell hin zu einem interdisziplinären Verständnis menschlicher Entscheidungen, das psychologische und neuronale Prozesse einschließt und so die Realität wirtschaftlichen Verhaltens besser abbildet.

1.2.1 Erweiterung um psychologische und biologische Faktoren

Im Gegensatz zur traditionellen Ökonomie verfolgt Behavioral Economics einen stärker deskriptiven Ansatz. Sie erweitert die traditionelle ökonomische Theorie, indem sie psychologische und soziale Faktoren berücksichtigt, die menschliches Entscheidungsverhalten beeinflussen. Anstelle der Annahme vollständiger Rationalität wird in der Verhaltensökonomie anerkannt, dass Menschen häufig von kognitiven Verzerrungen betroffen sind und ihre Rationalität begrenzt ist.

Ein zentrales Merkmal der Behavioral Economics ist der experimentelle Ansatz (Peters und Ghadiri, 2013). Durch Experimente und empirische Studien wird untersucht, wie Menschen tatsächlich Entscheidungen treffen. Die Ergebnisse dieser Experimente weichen oft von den Vorhersagen der traditionellen ökonomischen Modelle ab. Die gewonnenen Erkenntnisse ermöglichen es, reale Verhaltensweisen besser zu verstehen und wirtschaftspolitische Maßnahmen entsprechend zu gestalten.

Das Ultimatumspiel

Das Ultimatumspiel geht ursprünglich auf die Arbeiten von Reinhard Güth, Werner Schmittberger und Bernd Schwarze zurück (Güth et al., 1982). In diesem Spiel erhält ein „Anbieter" eine bestimmte Geldsumme und muss festlegen, welchen Anteil er einem „Responder" anbietet. Dieser kann das Angebot annehmen oder ablehnen. Wird es abgelehnt, gehen beide leer aus. Die Studie zeigte früh, dass das tatsächliche Verhalten der Versuchspersonen erstaunlich stark von dem abweicht, was das normative Modell der traditionellen Ökonomik vorhersagen würde.

Nach dem Modell klassischer rationaler Nutzenmaximierung, also dem normativen ökonomischen Ergebnis, müsste der Responder jedes noch so kleine positive Angebot akzeptieren, weil selbst ein Euro oder sogar ein Cent mehr als nichts ist. Der Anbieter wiederum müsste deshalb rein strategisch das kleinstmögliche Angebot machen, da ein rationaler Responder es akzeptieren würde. Denn das normative Modell definiert, wie Menschen entscheiden sollten, wenn sie ausschließlich ihren materiellen Nutzen maximieren und vollständig rational agieren.

Das Ultimatumspiel zeigt jedoch etwas ganz anderes. Viele Anbieter machten faire Angebote, die häufig bei 40–50 % der Gesamtsumme lagen. Viele Responder lehnten unfaire Angebote (z. B. 10–20 %) konsequent ab, auch wenn ihnen dadurch selbst ein sicherer Gewinn entging. Dieses tatsächliche Verhalten beschreibt die deskriptive Perspektive der Verhaltensökonomie, also wie Menschen wirklich entscheiden. Es zeigt, dass Faktoren wie Fairnessnormen, soziale Präferenzen, Emotionen und das Bedürfnis nach Reziprozität eine große Rolle spielen. Menschen sind bereit, auf Geld zu verzichten, um als unfair empfundene Angebote zu bestrafen. Anbieter wiederum antizipieren diese Reaktion.

Damit markiert das Ultimatumspiel einen der wichtigsten frühen Brüche zwischen traditioneller ökonomischer Rationalitätsannahme und empirisch beobachtbarem Entscheidungsverhalten. Es gilt als Schlüsselergebnis dafür, dass reale Entscheidungen von sozialen und psychologischen Motiven geprägt sind, die über die rein materielle Nutzenmaximierung hinausgehen. ◀

Verhaltens- und Neuroökonomie geht noch einen Schritt weiter, indem sie die biologischen und neuronalen Grundlagen wirtschaftlicher Entscheidungen untersucht. Durch den Einsatz neurowissenschaftlicher Methoden wie der funktionellen Magnetresonanztomographie (fMRT) (Schilke und Reimann, 2007) oder Elektroenzephalographie (EEG) werden die physiologischen Prozesse der Entscheidungsfindung analysiert.

Diese Disziplin bietet tiefere Einblicke in die Mechanismen des menschlichen Gehirns, die wirtschaftliches Verhalten steuern. So kann erforscht werden, welche Hirnregionen bei der Bewertung von Risiken oder Belohnungen aktiv sind und wie emotionale Faktoren Entscheidungsprozesse beeinflussen. Auch die Neuroökonomie ist primär deskriptiv, da sie reale Entscheidungsmechanismen beschreibt, anstatt normative Vorgaben für rationales Verhalten zu machen.

Die Grundlage für neuroökonomische Betrachtungen wurde Anfang der 2000er-Jahre gelegt. Dabei wurden neurobiologische Erkenntnisse über Belohnung, Lernen und Entscheidungsprozesse mit ökonomischen Konzepten von Wert und Nutzen verknüpft. So wurde die Brücke zwischen Neuroscience, Psychologie und Ökonomie hergestellt (Montague und Berns, 2002) und ein konzeptionelles Fundament für das spätere Forschungsfeld der Neuroökonomie gelegt. Insbesondere die Darstellung der dopaminergen Signale als neuronales Korrelat von „reward prediction errors“ wurde zu einem Kernprinzip, auf dem zahlreiche experimentelle und theoretische Arbeiten der Neuroökonomie aufbauen. Somit wurde ein wichtiger Ausgangspunkt für das Verständnis, wie das Gehirn ökonomisch relevante Werte berechnet und Entscheidungen trifft, gesetzt.

1.2.2 Deskriptive vs. normative Theorie im ökonomischen Kontext

Tab. 1.1 zeigt die **Unterschiede zwischen deskriptiven und normativen Theorien**. Sie spielen eine zentrale Rolle bei der Einordnung der traditionellen ökonomischen Theorie, der Verhaltens- und Neuroökonomie.

Tab. 1.1 Gegenüberstellung: deskriptive und normative Theorie

	Deskriptive Theorie	**Normative Theorie**
Ziel	Beschreibung und Erklärung tatsächlichen Verhaltens	Vorgabe von Kriterien für optimale oder rationale Entscheidungen
Beispiele	Verhaltens- und Neuroökonomie	Traditionelle ökonomische Theorie
Grundlage	Empirische Beobachtungen und experimentelle Studien	Theoretische Annahmen und Modelle
Zweck/Nutzen	Reales Verhalten besser verstehen und vorhersagen	Entwicklung von Handlungsempfehlungen für wirtschaftlich optimale Entscheidungen
Funktion	Erklärung, wie Menschen tatsächlich entscheiden	Orientierung für ideales, rationales Verhalten

Verhaltens - und Neuroökonomie stehen nicht im Widerspruch zur traditionellen ökonomischen Theorie, sondern sie erweitern und hinterfragen deren Grundannahmen. Während traditionelle ökonomische Modelle oft von idealisierten Entscheidungsprozessen ausgehen, untersuchen die deskriptiven Ansätze, wie Menschen tatsächlich handeln.

Zentrale Aspekte der Ergänzung durch die deskriptive Perspektive

- Die traditionelle Theorie bleibt wichtig, um optimale wirtschaftliche Entscheidungen theoretisch zu definieren.
- Verhaltens- und Neuroökonomie zeigen, warum Menschen in der Praxis oft von diesen idealen Modellen abweichen.
- Durch die Integration psychologischer und neurowissenschaftlicher Erkenntnisse können realistischere ökonomische Modelle entwickelt werden.
- Deskriptive Theorien können normative Modelle präzisieren und verbessern, indem sie reale Verhaltensmuster berücksichtigen.

Diese Einordnung zeigt, dass Verhaltens- und Neuroökonomie die traditionelle ökonomische Theorie nicht ersetzen, sondern bereichern. Sie tragen dazu bei, die Lücke zwischen theoretischen Vorhersagen und tatsächlichem menschlichen Verhalten zu schließen und somit eine fundiertere Basis für wirtschaftswissenschaftliche Forschung und praktische Anwendungen zu schaffen.

Kurz und bündig

Dieses Kapitel zeigt den grundlegenden Paradigmenwechsel in den Wirtschaftswissenschaften von einem normativen Rationalitätsmodell hin zu einem deskriptiven, interdisziplinären Verständnis ökonomischer Entscheidungen.

- Im Zentrum der traditionellen Theorie steht der Homo oeconomicus: ein idealtypischer Akteur mit stabilen Präferenzen, vollständiger Information und unbegrenzter kognitiver Leistungsfähigkeit, der stets rational handelt und seinen Nutzen maximiert. Dieses Modell ermöglichte mathematische Eleganz, klare Prognosen und effiziente Marktmodelle, abstrahierte jedoch stark vom tatsächlichen menschlichen Verhalten.
- Empirische Beobachtungen sowie historische Marktkrisen (z. B. Dotcom-Blase, Finanzkrise 2007/2008) machten deutlich, dass reale Märkte und Akteure häufig von dieser Idealvorstellung abweichen. Emotionen, Erwartungen, soziale Dynamiken, kognitive Begrenzungen und systematische Fehlbewertungen prägen Entscheidungen und Marktprozesse maßgeblich.
- Vor diesem Hintergrund entstanden Behavioral Economics und Neuroökonomie:
  - Behavioral Economics integriert psychologische Erkenntnisse und zeigt, dass Menschen systematisch von rationalem Verhalten abweichen (z. B. durch

Heuristiken, Biases, Verlustaversion, Framing, Zeitinkonsistenzen und soziale Präferenzen).
  - Neuroökonomie erweitert diesen Ansatz um die biologischen und neuronalen Grundlagen ökonomischer Entscheidungen und untersucht, wie Hirnstrukturen, neuronale Prozesse und Neurotransmitter Entscheidungsverhalten beeinflussen.
- Ein zentrales Ergebnis ist die Unterscheidung zwischen:
  - normativen Theorien (wie die traditionelle Ökonomie), die beschreiben, wie Menschen entscheiden sollten, und
  - deskriptiven Theorien (Behavioral Economics und Neuroökonomie), die erklären, wie Menschen tatsächlich entscheiden.
- Beide Perspektiven stehen nicht im Widerspruch, sondern ergänzen sich: Die normative Theorie liefert analytische Klarheit und Orientierungsmaßstäbe, während die deskriptiven Ansätze empirische Tiefe, Realitätsnähe und ein besseres Verständnis tatsächlichen Verhaltens bieten. Gemeinsam ermöglichen sie ein realistischeres, differenzierteres und anwendungsnäheres Verständnis ökonomischer Entscheidungen auf individueller und marktlicher Ebene.

Fragen zur Überprüfung Ihres aktuellen Wissensstands:

1. Was kennzeichnet das Modell des Homo oeconomicus, und warum war es für die traditionelle ökonomische Theorie so bedeutsam?
2. Welche zentralen Annahmen liegen der traditionellen ökonomischen Theorie über menschliches Entscheidungsverhalten zugrunde?
3. Worin besteht der Unterschied zwischen einer normativen und einer deskriptiven Theorie im ökonomischen Kontext?
4. Warum gelten Behavioral Economics und Neuroökonomie nicht als Ersatz, sondern als Erweiterung der traditionellen ökonomischen Theorie?
5. Wie unterscheidet sich der methodische Zugang der Behavioral Economics von dem der traditionellen Ökonomie?
6. Was untersucht die Neuroökonomie zusätzlich zu Behavioral Economics?
7. Welche Erkenntnisse liefert das Ultimatumspiel über tatsächliches menschliches Entscheidungsverhalten?
8. Warum ist die Integration psychologischer und neurobiologischer Erkenntnisse für ein realistischeres Verständnis von Märkten und Entscheidungen so wichtig?

Literatur

Barberis, N., & Thaler, R. (2003). Chapter 18 A survey of behavioral finance. In *Handbook of the Economics of Finance* (Bd. 1, S. 1053–1128). Elsevier. https://doi.org/10.1016/S1574-0102(03)01027-6

Glimcher, P. W., & Fehr, E. (2014). *Neuroeconomics. Decision making and the brain* (2. Aufl.). Academic Press.

Güth, W., Schmittberger, R., & Schwarze, B. (1982). An experimental analysis of ultimatum bargaining. *Journal of Economic Behavior & Organization*, *3*(4), 367–388. https://doi.org/10.1016/0167-2681(82)90011-7

Lord, C. G., Ross, L., & Lepper, M. R. (1979). Biased assimilation and attitude polarization: The effects of prior theories on subsequently considered evidence. *Journal of Personality and Social Psychology*, *37*(11), 2098–2109. https://doi.org/10.1037/0022-3514.37.11.2098

Montague, P. R., & Berns, G. S. (2002). Neural economics and the biological substrates of valuation. *Neuron*, *36*(2), 265–284. https://doi.org/10.1016/S0896-6273(02)00974-1

Peters, T., & Ghadiri, A. (2013). *Neuroleadership – Grundlagen, Konzepte, Beispiele* (2. Aufl.). Springer Gabler.

Schilke, O., & Reimann, M. (2007). Neuroökonomie: Grundverständnis, Methoden und betriebswirtschaftliche Anwendungsfelder. *Journal für Betriebswirtschaft*, *57*, 247–262.

Shiller, R. J. (2003). From Efficient Markets Theory to Behavioral Finance. *Journal of Economic Perspectives*, *17*(1), 83–104. https://doi.org/10.1257/089533003321164967

Simon, H. A. (1957). *Models of man: Social and rational: Mathematical essays on rational human behavior in a social setting*. Wiley.

Smith, A. (1776). *An inquiry into the nature and causes of the wealth of nations*. W. Strahan and T. Cadell.

Thaler, R. (2019). *Misbehaving. The making of behavioral economics*. Pantheon.

Varian, H. (2016). *Grundzüge der Mikroökonomik* (9. Aufl.). De Gruyter Oldenbourg.

Grundlagen der Entscheidungstheorie

2

Entscheidungen unter Unsicherheit gehören zu den grundlegenden Herausforderungen der Ökonomie. Ob private Haushalte Konsumentscheidungen treffen, Unternehmen über Investitionen nachdenken oder Anleger Chancen und Risiken auf Finanzmärkten bewerten – stets müssen Alternativen gegeneinander abgewogen werden, deren Konsequenzen nicht sicher vorhersehbar sind. In solchen Situationen stellt sich die Frage, nach welchen Prinzipien Individuen Entscheidungen treffen sollten und wie sie sich tatsächlich verhalten. Die **Erwartungsnutzentheorie** (Expected Utility Theory, EUT) bildet seit dem 18. Jahrhundert das zentrale theoretische Fundament, um rationales Entscheidungsverhalten unter Risiko zu erklären. Ihr normativer Anspruch besteht darin, aus klar definierten Präferenzen und Axiomen abzuleiten, wie eine logisch konsistente und ökonomisch rationale Wahl gestaltet sein muss.

Ausgangspunkt dieser Überlegungen ist Daniel Bernoulli, der als einer der ersten Ökonomen bereits im 18. Jahrhundert den Nutzen ökonomischer Güter nicht als objektive Größe, sondern als subjektiv wahrgenommenen Wert interpretierte. Diese Einsicht markierte einen grundlegenden Paradigmenwechsel. Nicht der absolute Geldbetrag, sondern der damit verbundene Nutzen bestimmt das Entscheidungskalkül. Auf dieser Grundlage entwickelten John von Neumann und Oskar Morgenstern eine formale Theorie des erwarteten Nutzens, die auf einem axiomatischen Ansatz beruht. Aus Annahmen wie Vollständigkeit, Transitivität, Stetigkeit, Unabhängigkeit, Reduktion und Monotonie leiteten sie die Existenz einer Präferenzstruktur ab, die sich durch eine Nutzenfunktion darstellen lässt. Die Erwartungsnutzentheorie ist damit in erster Linie normativ. Das heißt, sie beschreibt, wie rationale Akteure Entscheidungen unter Unsicherheit treffen sollten, wenn sie konsistent und nutzenmaximierend handeln.

Im weiteren Verlauf dieses Kapitels wird diese Logik Schritt für Schritt dargestellt. Zunächst werden die Wurzeln und Grundannahmen der Erwartungsnutzentheorie erläutert,

M. Friedrich, *Einführung in die Verhaltens- und Neuroökonomie*, Edition Hochschule Weserbergland,
https://doi.org/10.1007/978-3-662-73735-4_2

gefolgt von der Analyse unterschiedlicher Nutzenfunktionen und deren Implikationen für Risikoaversion, Risikoneutralität oder Risikofreude. Zudem wird dargestellt, wie Individuen im Rahmen dieses Modells Alternativen anhand ihres Erwartungsnutzens vergleichen und wie solche Präferenzen in der mikroökonomischen Haushaltstheorie mithilfe von Indifferenzkurven abgebildet werden können. Auf diese Weise entsteht ein kohärentes System, das eine elegante und mathematisch nachvollziehbare normative Perspektive auf Entscheidungen unter Unsicherheit liefert.

Allerdings stößt die Erwartungsnutzentheorie empirisch an deutliche Grenzen. Es lässt sich immer wieder beobachten, dass reale Entscheidungsträger die Axiome des Modells verletzen. Menschen reagieren überproportional stark auf sichere Gewinne, überschätzen geringe Wahrscheinlichkeiten, sind inkonsistent in ihren Präferenzen oder verhalten sich in identischen Entscheidungssituationen unterschiedlich, je nachdem, wie diese präsentiert werden. Solche Befunde widersprechen der klassischen Annahme stabiler und rationaler Präferenzen. Ein berühmtes Beispiel hierfür ist das Ultimatumspiel, bei dem Personen unfaire Angebote ablehnen, selbst wenn die Ablehnung für sie finanziell nachteilig ist. Aus normativer Sicht erscheint dieses Verhalten irrational, aus deskriptiver Sicht hingegen spiegelt es soziale Normen, Fairnessvorstellungen und emotionale Reaktionen wider. Dieses Auseinanderfallen zwischen theoretisch rationalem und empirisch beobachtetem Entscheidungsverhalten verdeutlicht die Grenze normativer Modelle und bildet den Ausgangspunkt für verhaltensökonomische Ansätze.

Die **Prospect Theory** von Kahneman und Tversky stellt hierbei einen zentralen alternativen Ansatz dar. Sie erklärt, warum Menschen in Gewinnsituationen das Risiko anders bewerten als in Verlustsituationen. Sie zeigt ebenfalls, warum Verluste stärker gewichtet werden als Gewinne und warum Wahrscheinlichkeiten nicht objektiv, sondern verzerrt wahrgenommen werden. Die Prospect Theory ist damit eine deskriptive Theorie, die beobachtbares Entscheidungsverhalten wesentlich realistischer erfasst als die klassische Erwartungsnutzentheorie, ohne jedoch deren normativen Wert zu negieren.

Die Erwartungsnutzentheorie bleibt trotz ihrer empirischen Schwächen ein unverzichtbarer Referenzrahmen, der einen klaren normativen Maßstab für rationales Entscheiden bietet. Ihre Axiome und die daraus folgende Nutzenmaximierung legen fest, wie eine konsistente Wahl unter Risiko aussehen kann. Gleichzeitig machen die systematischen Verletzungen dieser Axiome deutlich, dass menschliches Entscheidungsverhalten komplexer, kontextabhängiger und psychologisch stärker beeinflusst ist, als es traditionelle Modelle unterstellen. Die Verhaltensökonomie ergänzt die normative Perspektive daher nicht nur, sondern erweitert sie um eine empirisch fundierte Sichtweise, die den Menschen als begrenzt rationales, emotions- und erfahrungsgeleitetes Wesen begreift.

Vor diesem Hintergrund besteht die zentrale Zielsetzung dieses Kapitels darin, beide Perspektiven zu verbinden. Es geht darum, die Erwartungsnutzentheorie als idealtypisches Modell rationaler Entscheidung aufzuarbeiten und gleichzeitig ihre empirischen Grenzen sichtbar zu machen. Erst durch die Gegenüberstellung beider Sichtweisen – der normativen Struktur der traditionellen Ökonomik und der deskriptiven Evidenz der Verhaltensökonomie – entsteht ein umfassendes Verständnis ökonomischer Entscheidungen unter

Unsicherheit. Auf dieser Grundlage lässt sich im Anschluss nachvollziehen, warum Theorien wie die Prospect Theory entwickelt wurden und welche neuen Einsichten moderne Ansätze der Neuroökonomie darüber hinaus bieten können.

2.1 Erwartungsnutzentheorie

Ökonomische Entscheidungen sind immer auf die Zukunft gerichtet, was dazu führt, dass ihre Konsequenzen mit Unsicherheit behaftet sind. Von Unsicherheit ist dann die Rede, wenn eine Vorstellung von der Wahrscheinlichkeit unterschiedlicher Ergebnisvarianten existiert. Die Erwartungsnutzentheorie (Expected Utility Theory, EUT) bildet seit dem 18. Jahrhundert den theoretischen Rahmen für solche Entscheidungsszenarien. Ihr zentrales Anliegen ist es, zu erklären, wie rationale Individuen auf Grundlage ihrer Präferenzen Entscheidungen unter Risiko treffen sollten.

Ausgehend von Daniel Bernoulli (1738), der den Nutzen von Gütern als subjektive Größe beschrieb, entwickelten John von Neumann und Oskar Morgenstern (1944) die moderne Fassung der Erwartungsnutzentheorie. Auf Basis klar definierter Axiome (Vollständigkeit, Transitivität, Stetigkeit, Unabhängigkeit, Reduktion und Monotonie) leiten sie ab, dass es eine Nutzenfunktion gibt, mit der Alternativen konsistent verglichen werden können. Diese Theorie ist normativ: Sie beschreibt rationales Entscheiden in idealisierter Form.

Die folgenden Abschnitte führen schrittweise in diese Logik ein. Zunächst werden die Wurzeln und Grundannahmen der Erwartungsnutzentheorie erläutert. Anschließend geht es um die Form der Nutzenfunktion und die daraus abgeleiteten Einstellungen zum Risiko. Als Risiko wird die erwartete Abweichung einer unsicheren Entscheidungssituation verstanden.

Der Risikobegriff in der Ökonomie

Ökonomisches Risiko bezeichnet die grundsätzliche Unsicherheit darüber, wie sich zukünftige wirtschaftliche Entwicklungen gestalten und in welchem Maße sie den geplanten Verlauf beeinflussen können. Es umfasst die Möglichkeit, dass erwartete Ergebnisse, sei es in Form von Wohlstand, Ressourcenverfügbarkeit, Renditen oder wirtschaftlicher Stabilität, von den tatsächlichen Ergebnissen abweichen (Romeike, 2018). Ökonomisches Risiko entsteht dadurch, dass wirtschaftliche Prozesse von vielfältigen, teils unvorhersehbaren Faktoren abhängig sind, etwa von Veränderungen in Angebot und Nachfrage, technologischen Entwicklungen, politischen Entscheidungen, gesellschaftlichen Trends oder natürlichen Ereignissen. Da diese Einflussgrößen weder vollständig kontrollierbar noch exakt prognostizierbar sind, bleibt stets ein Rest an Ungewissheit bestehen. Ökonomisches Risiko beschreibt somit die potenzielle Spannweite zukünftiger Abweichungen vom Erwartungswert und ist ein grundlegendes Merkmal jeder wirtschaftlichen Aktivität, unabhängig davon, ob diese von Einzelpersonen, Unternehmen oder ganzen Volkswirtschaften ausgeht.

Es wird beschrieben, wie Individuen unter Unsicherheit den Erwartungsnutzen maximieren, also diejenige Option wählen, die den höchsten gewichteten Nutzen verspricht. Anschließend wird dies mikroökonomisch eingeordnet und es wird erläutert, wie Indifferenzkurven gleiche Nutzenniveaus abbilden.

Trotz ihrer inneren Logik stößt die Erwartungsnutzentheorie empirisch an Grenzen. Wie gezeigt wird, verletzen reale Entscheidungsträger häufig die theoretischen Axiome. Sie reagieren übermäßig auf sichere Gewinne, zeigen inkonsistente Präferenzen oder bewerten Wahrscheinlichkeiten verzerrt. Diese Befunde belegen, dass die Erwartungsnutzentheorie menschliches Verhalten nur bedingt beschreibt. Dennoch bleibt sie ein unverzichtbarer Referenzrahmen als normative Grundlage rationalen Entscheidens. Ihre Grenzen bilden zugleich den Ausgangspunkt für die Prospect Theory von Kahneman und Tversky, die psychologischen Faktoren wie Verlustaversion und verzerrte Wahrscheinlichkeitswahrnehmung integriert und so ein realistischeres Bild menschlicher Entscheidungen unter Unsicherheit liefert.

2.1.1 Wurzeln und Grundannahmen der Erwartungsnutzentheorie

Die Erwartungsnutzentheorie (Expected Utility Theory) ist ein Konzept, das beschreibt, wie rationale Individuen unter Unsicherheit Entscheidungen treffen. Die Erwartungsnutzentheorie geht auf den schweizerischen Mathematiker, Physiker und Ökonomen Daniel Bernoulli (1700–1782) zurück (Bernoulli, 1738), der den Gedanken formulierte, dass sich Menschen bei der Präferenz für ökonomische Güter nicht an deren Geldwert, sondern an einem aus den Gütern erwachsenden Nutzen orientieren. Das bedeutet, dass der ökonomischen Entscheidung nicht das objektive Gut an sich zugrunde liegt, sondern ein subjektiv abgeleiteter Wert. Nach diesen Überlegungen kann nun ein funktionaler Zusammenhang zwischen dem Gut und dessen Nutzen hergestellt werden. Im Jahr 1944 veröffentlichten John von Neumann und Oskar Morgenstern ihr Werk „Theorie der Spiele und des ökonomischen Verhaltens“ (von Neumann und Morgenstern, 1944). Aufbauend auf Bernoullis Idee einer Nutzenfunktion entwickelten sie das Konzept des erwarteten Nutzens für Lotterien bzw. Glücksspiele weiter. Ihre Herleitung basiert auf einem axiomatischen Ansatz, das heißt: Die Existenz einer Nutzenfunktion wird aus bestimmten Annahmen über menschliche Präferenzen abgeleitet.

Von Neumann und Morgenstern definieren diese Axiome:

- Das **Ordnungsaxiom** (auch Vollständigkeitsaxiom) bedeutet, dass eine Person immer in der Lage ist, zwei Ergebnisse oder Alternativen A und B miteinander zu vergleichen und anzugeben, ob sie A gegenüber B bevorzugt, B gegenüber A bevorzugt oder zwischen beiden indifferent ist.
- Das **Transitivitätsaxiom** bedeutet, dass die Präferenzen einer Person immer widerspruchsfrei bleiben. Zieht diese Person zum Beispiel die Alternative A der Alternative B und zudem B der Alternative C vor, so folgt daraus zwingend, dass sie auch A der Alternative C vorzieht.
- Nach dem **Stetigkeitsaxiom** ist eine Person immer in der Lage, bei dem Vergleich zwischen einem unsicheren und einem sicheren Ergebnis anzugeben, für welche Ein-

trittswahrscheinlichkeit sie indifferent zwischen dem unsicheren und dem sicheren Ergebnis ist. Dies bedeutet, dass es für A ≥ B und B ≥ C eine Eintrittswahrscheinlichkeit p gibt, sodass gilt: A * p + = C * (1 – p) ~ B. (> steht hier für „wird schwach präferiert" und ~ für „indifferent.")
- Das **Unabhängigkeitsaxiom** bedeutet, dass die Präferenzordnung einer Person bei der Wahl über zwei Alternativen unabhängig davon bleibt, ob sie diese beiden Alternativen isoliert betrachtet oder im Zusammenhang mit einer weiteren Auszahlung. Wenn also A ≥ B gilt, dann muss auch A + C ≥ B + C gelten.
- Das **Reduktionsaxiom** besagt, dass eine Person gegenüber zwei unsicheren und in ihrer Kompliziertheit unterschiedlichen Ergebnissen indifferent ist, solange eine identische Wahrscheinlichkeitsverteilung zugrunde liegt. Vergleicht man zum Beispiel zwei Spiele:
  1. Ein Münzwurf [p = (1 – p) = 0,5] mit einer Auszahlung von A im Erfolgsfall und 0 im Falle des Misserfolges.
  2. Ein Würfelspiel [p = 1/6] mit der Auszahlung A im Falle der Augenzahl 1 und 0 im Falle der Augenzahl 6. Für die Augenzahlen 2 bis 5 wird ein zweites Mal gewürfelt. Jetzt beträgt die Auszahlung A im Falle einer geraden Augenzahl und null im Falle einer ungeraden Augenzahl.

  Beide Varianten liefern identische Erfolgsaussichten:
  1. $P(A) = 0{,}5$
  2. $P(A) = \frac{1}{6} + \frac{4}{6} * \times \frac{3}{6} = 0{,}5$

- Das **Monotonieaxiom** besagt, dass eine Person bei der Wahl zwischen zwei unsicheren Ergebnissen mit identischen möglichen Auszahlungen stets die Lotterie bevorzugt, bei der der höhere Gewinn mit größerer Wahrscheinlichkeit eintritt. Demnach wird die bessere Gewinnchance systematisch bevorzugt. Man spricht hier von einer dominanten Strategie.

Die gesamte Erwartungsnutzentheorie basiert auf diesen Grundannahmen. Es handelt sich hier um normative Anforderungen an die Theorie. Um auch als deskriptive Theorie Bestand zu haben, müssen diese Anforderungen auch bei tatsächlich beobachteten ökonomischen Entscheidungen eingehalten werden.

2.1.2 Die Nutzenfunktion

Die so formulierten Präferenzen münden in einen funktionalen Zusammenhang zwischen dem wirtschaftlichen Gut und dem subjektiven Nutzen. Aus Bernoullis Idee, dass Personen aus wirtschaftlichen Gütern einen positiven Nutzen ziehen, folgt, dass eine größere Menge an Gütern mit einem größeren Nutzen einhergeht. Die Nutzenfunktion weist demnach eine positive Steigung auf. In mathematischen Kategorien bedeutet dies, dass die erste Ableitung der Nutzenfunktion eine positive Steigung aufweist. Der Homo oeconomicus findet mehr besser als weniger! Bernoulli schlägt bereits eine logarithmische Nutzenfunktion vor. Dies ist aber nur eine Möglichkeit der Darstellung des Zusammenhangs zwischen einem wirtschaftlichen Gut und dem resultierenden Nutzen. ◉ Tab. 2.1 beschreibt die drei grundsätzlich möglichen Verläufe der Nutzenfunktion.

Die lineare Steigung (Fall 2, ◉ Abb. 2.1) spielt jedoch eine untergeordnete Rolle. Aus einem solchen Verlauf folgt **Risikoneutralität** und die immer gleiche Wertschätzung einer zusätzlichen Einheit eines Gutes. Aus diesen Implikationen lassen sich nur schwerlich brauchbare ökonomische Handlungsempfehlungen ableiten.

Die beiden anderen Fälle weisen eine große Relevanz für die ökonomische Theorie im Allgemeinen und hier speziell für die Erwartungsnutzentheorie auf.

◉ Abb. 2.2 zeigt den Fall 3 eines exponentiellen Verlaufs. Dies bedeutet, dass eine Person zusätzlichen Einheiten eines Gutes einen immer größeren Nutzen beimisst. Aus diesem Verlauf folgt **Risikofreude**. Eine solche Nutzenfunktion impliziert, dass eine Person Wetten eingehen würde, auch wenn der Erwartungswert der Auszahlung geringer ausfällt als der Wetteinsatz.

Umgekehrt verläuft die Nutzenfunktion im Fall 1 konkav. Dies bedeutet, dass eine Person zusätzliche Einheiten eines Gutes einen zwar positiven, aber abnehmenden Nutzen

Tab. 2.1 Interpretation der Nutzenfunktionen

Fall	Verlauf der Nutzenfunktion	Vorzeichen der 2. Ableitung (U''(x))	Steigung	Grenznutzen	Risikoneigung
1	Konkav (z. B. $U(x) = \sqrt{x}$)	Negativ	Abnehmend → konkav	Abnehmend	Risikoavers (risikoscheu)
2	Linear (z. B. $U(x) = x$)	Null	Konstant → linear	Konstant	Risikoneutral
3	Konvex (z. B. $U(x) = x^2$)	Positiv	Zunehmend → konvex	Steigend	Risikofreudig

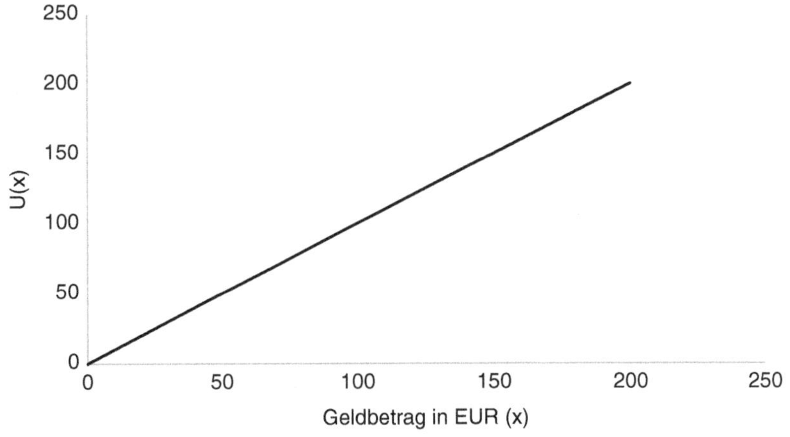

Abb. 2.1 Risikoneutralität (eigene Darstellung)

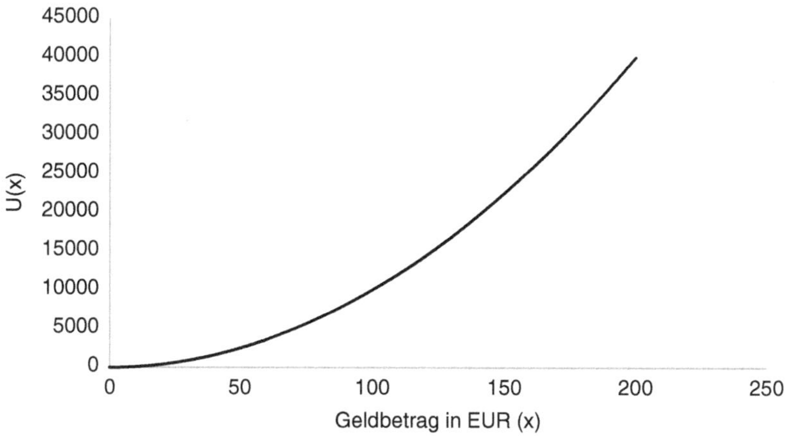

Abb. 2.2 Risikofreude (eigene Darstellung)

beimisst. Aus diesem Verlauf in ◉ Abb. 2.3 folgt **Risikoaversion**. Eine solche Nutzenfunktion impliziert, dass eine Person eine Wette nicht eingehen würde, wenn die erwartete Auszahlung dem Wetteinsatz entspricht.

Die Erwartungsnutzentheorie legt den Fall 1 zugrunde. Dieser konkave Verlauf wurde nicht nur von Bernoulli vorgeschlagen, sondern auch von Hermann Heinrich Gossen (Gossen, 1854). Gossen formulierte das Gesetz des abnehmenden Grenznutzens. Diese Form der Nutzenfunktion wird auch deswegen als für die Erwartungsnutzentheorie grundlegende Präferenzannahme herangezogen, weil sie sich in zahlreichen empirischen Untersuchungen und in Bezug auf die verschiedensten Wirtschaftsgüter als valide erwiesen hat. So zum Beispiel bei der Allokation von Gesundheitsgütern (Friedrich, 2008).

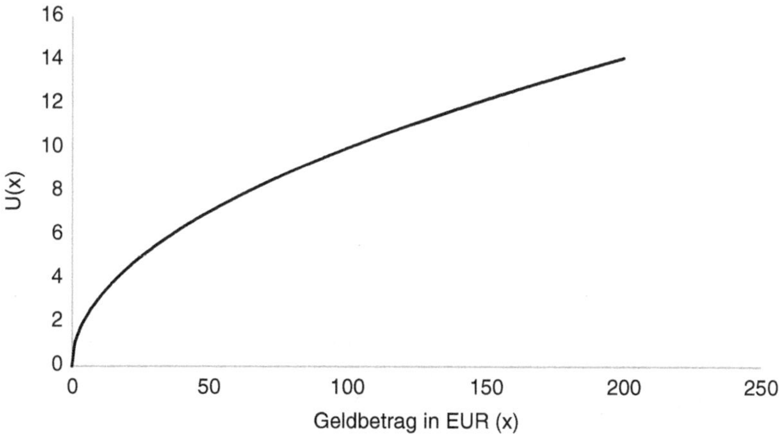

Abb. 2.3 Risikoaversion (eigene Darstellung)

Risikoneigung

Risikoaversion bezeichnet die Präferenz für sichere Auszahlungen gegenüber unsicheren Alternativen mit gleichem Erwartungswert. Risikoaverse Personen sind bereit, auf einen möglichen höheren Gewinn zu verzichten, um das Risiko eines Verlustes zu vermeiden. Dieses Verhalten lässt sich im Rahmen der Erwartungsnutzentheorie durch eine konkave Nutzenfunktion abbilden: Der Grenznutzen des Vermögens nimmt mit steigendem Vermögen ab, wodurch risikobehaftete Alternativen als weniger attraktiv erscheinen.

Beispiel: Eine risikoaverse Person würde eine sichere Auszahlung von 100 € gegenüber einer Lotterie bevorzugen, bei der mit 50 % Wahrscheinlichkeit 200 € und mit 50 % Wahrscheinlichkeit 0 € gezahlt werden. Dies gilt selbst dann, wenn der Erwartungswert beider Alternativen gleich hoch ist (100 €).

Risikofreude beschreibt das gegenteilige Verhalten: Risikofreudige Personen bevorzugen unsichere Zahlungen mit gleichem Erwartungswert, wenn sie sich dadurch die Chance auf einen höheren Gewinn erhoffen. In der Erwartungsnutzentheorie wird diese Haltung durch eine konvexe Nutzenfunktion dargestellt: Der Grenznutzen des Vermögens steigt mit zunehmendem Vermögen.

Beispiel: Eine risikofreudige Person würde eine Lotterie mit einer Wahrscheinlichkeit von 50 % auf 200 € und 50 % auf 0 € der sicheren Auszahlung von 100 € vorziehen. Dies gilt auch, obwohl der Erwartungswert der Lotterie (100 €) mit dem sicheren Betrag identisch ist.

2.1.3 Maximierung des Nutzens unter Unsicherheit

Im Kontext der Erwartungsnutzentheorie maximiert eine Person ihren Nutzen, indem sie bei der Wahl zwischen zwei Auszahlungen diejenige wählt, die den größeren Nutzen stiftet. Sind diese beiden Auszahlungen sicher, dann ist die Entscheidung trivial, denn aufgrund der in jedem Fall positiven Steigung der Nutzenfunktion geht eine größere Auszahlung immer mit einem größeren Nutzen einher. Ist jedoch eine oder sogar beide Auszahlungen unsicher, handelt es sich also um eine Lotterie, so wird zunächst jedem möglichen Ergebnis einer Lotterie ein Nutzenwert zugewiesen. Dieser spiegelt die subjektive Bewertung des Ergebnisses wider.

Der Wert der Lotterie ergibt sich dann aus der Summe der mit den Eintrittswahrscheinlichkeiten gewichteten Ergebnisse einer Lotterie. Wir sprechen hier vom **Erwartungsnutzen**.

◉ Abb. 2.4 veranschaulicht den Wert der Lotterie aus dem obenstehenden Beispiel für eine risikoaverse Person mit der Nutzenfunktion: $U(€) = \sqrt{€}$.

Der Erwartungsnutzen liegt in diesem Beispiel unterhalb des Nutzens des Erwartungswertes. Dies ist Ausdruck von Risikoaversion und bedeutet, dass eine Person mit einer solchen Nutzenfunktion den sicheren Erhalt von 100 € der Lotterie vorziehen würde.

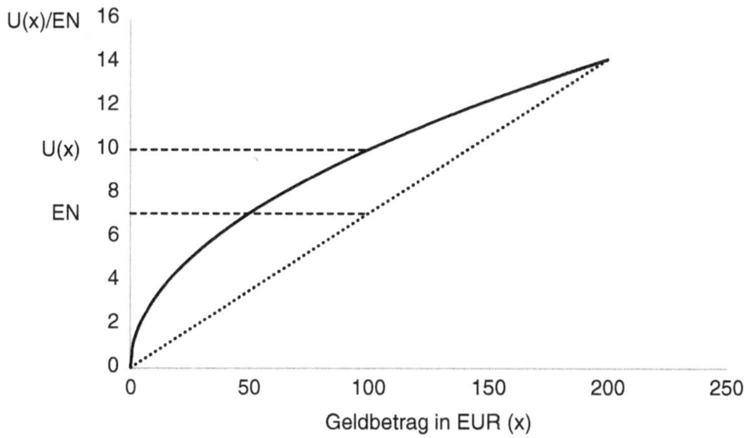

Abb. 2.4 Erwartungsnutzen – Wert der Lotterie einer risikoaversen Person (eigene Darstellung)

Der umgekehrte Fall einer risikofreudigen Person mit der Nutzenfunktion $U(x) = x^2$ ist in ◉ Abb. 2.5 dargestellt.

In diesem Beispiel liegt der Erwartungsnutzen der Lotterie über dem Nutzen des Erwartungswerts. Dies ist Ausdruck von Risikofreude. Eine Person mit einer solchen Nutzenfunktion würde die unsichere Lotterie trotz gleichen Erwartungswerts in Geldbeträgen gegenüber der sicheren Auszahlung von 100 € bevorzugen.

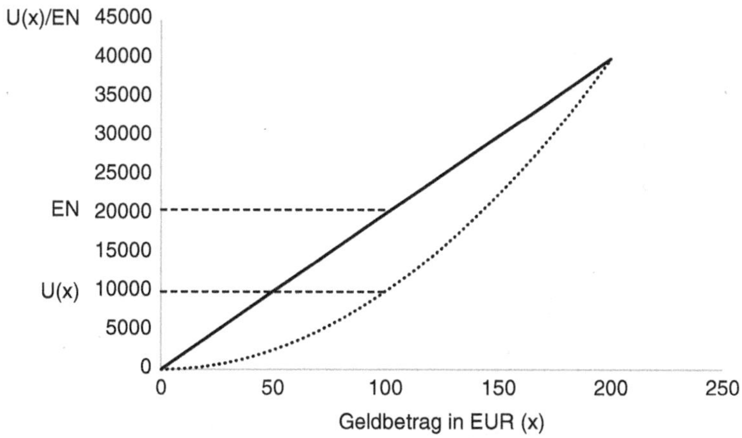

Abb. 2.5 Erwartungsnutzen – Wert der Lotterie einer risikofreudigen Person (eigene Darstellung)

2.1.4 Indifferenzkurven im Rahmen der traditionellen Mikroökonomie

Indifferenzkurven sind ein zentrales Konzept der mikroökonomischen Haushaltstheorie. Sie beschreiben alle Kombinationen von zwei Gütern, zwischen denen ein Konsument indifferent ist. Das heißt, er empfindet sie als gleichwertig in Bezug auf seinen persönlichen Nutzen oder seine Zufriedenheit. Eine Indifferenzkurve stellt demnach alle Güterbündel dar, die dem Konsumenten das gleiche Nutzenniveau bieten.

Typischerweise betrachtet man den Konsum zweier Güter, zum Beispiel x_1 (etwa Äpfel) und x_2 (etwa Bananen) (s. ◉ Abb. 2.6). Eine Indifferenzkurve zeigt dann jene Kombinationen aus Äpfeln und Bananen, die zu einem identischen Nutzenniveau führen, bei denen ein Konsument also gleich zufrieden ist.

Diese Kurven haben charakteristische Eigenschaften. Im Fall von Risikoaversion verlaufen diese fallend, da ein Weniger an Äpfeln nur dann gleich zufriedenstellend ist, wenn man dafür entsprechend mehr Bananen erhält. Außerdem sind sie konvex zum Ursprung, was die abnehmende **marginale Substitutionsrate (MRS)** widerspiegelt. Das bedeutet, dass die Bereitschaft, ein Gut gegen das andere zu tauschen, mit der relativen Knappheit dieses Gutes sinkt. Ursächlich dafür ist der abnehmende Grenznutzen. Dieser führt dazu, dass Menschen Veränderungen der Menge eines Gutes, zum Beispiel Bananen, subjektiv stärker gewichten, je weniger sie von diesem Gut besitzen. Indifferenzkurven, die weiter vom Ursprung entfernt liegen, entsprechen einem höheren Nutzenniveau und werden vom Konsumenten bevorzugt. Wichtig ist auch, dass sich Indifferenzkurven nicht schneiden dürfen, da dies widersprüchliche Präferenzen implizieren würde.

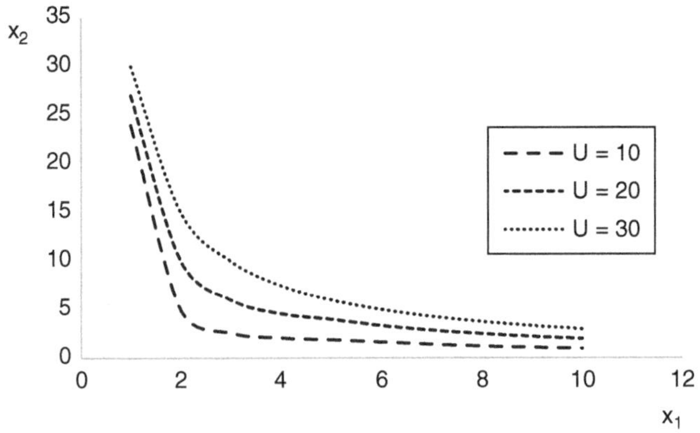

Abb. 2.6 Verläufe der Indifferenzkurven (eigene Darstellung)

2.1.5 Kritik an der Erwartungsnutzentheorie

Trotz ihrer inhaltlichen Konsistenz und weiten Verbreitung in der ökonomischen Entscheidungstheorie ist die Erwartungsnutzentheorie nicht frei von Kritik. Zentrale Einwände beziehen sich auf ihre empirische Tragfähigkeit sowie auf die strengen Annahmen, auf denen das Modell basiert.

Ein erster Kritikpunkt betrifft die Axiome, die der Erwartungsnutzentheorie zugrunde liegen. Diese setzen unter anderem voraus, dass Individuen konsistente, transitive und rational begründete Entscheidungen treffen. In der Realität sind solche Entscheidungsprozesse jedoch selten in dieser Reinform beobachtbar. Menschen handeln häufig unter Unsicherheit und mit begrenzter Informationsverarbeitungskapazität. Dies wird auch als **Bounded Rationality** bezeichnet (Simon, 1957). Außerdem stehen nach Kahneman und Tversky (1974) Entscheidungen oft unter dem Einfluss **kognitiver Verzerrungen**.

Darüber hinaus geht das Modell grundsätzlich von Risikoaversion als stabiler Präferenzstruktur aus. Diese Annahme scheint durch das weit verbreitete Verhalten, beispielsweise freiwillige Versicherungen abzuschließen, zunächst plausibel. Gleichzeitig lassen sich aber auch zahlreiche Situationen beobachten, in denen Individuen risikofreudig handeln (Beck, 2014). Dies ist unter anderem beim Glücksspiel, bei Spekulationen oder bei risikoreichen Investitionsentscheidungen zu beobachten. Die Erwartungsnutzentheorie bietet hierfür keine zufriedenstellende Erklärung, da sie zwischen verschiedenen Kontexten des Entscheidungsverhaltens nicht differenziert.

Schließlich ist zu beachten, dass reale Entscheidungsträger in der Regel keine expliziten Nutzenkalkulationen vornehmen. Das Modell unterstellt ein analytisches, nutzenmaximierendes Vorgehen, das in der Praxis weder in Alltags- noch in Unternehmensentscheidungen konsequent umgesetzt wird. Insofern handelt es sich bei der Erwartungsnutzentheorie um ein **normatives Modell**, das beschreibt, wie rationale Entscheidungen unter Unsicherheit idealerweise getroffen werden sollten, nicht notwendigerweise jedoch, wie sie tatsächlich getroffen werden.

Deswegen richten wir den Blick noch einmal auf die der Erwartungsnutzentheorie zugrunde liegenden Axiome und untersuchen, ob diese widerlegt werden können.

Ein klassisches Beispiel für die Verletzung des **Ordnungsaxioms** der Erwartungsnutzentheorie liefert eine Reihe von Experimenten von Lichtenstein und Slovic (1971). In ihren Studien wurden insgesamt 261 Studierende in Entscheidungssituationen unter Unsicherheit untersucht.

Die Versuchspersonen mussten wiederholt zwischen zwei Wettoptionen wählen:

- eine Wette mit höherer Gewinnwahrscheinlichkeit (sog. P-Wette) und
- eine Wette mit höherem potenziellem Gewinnbetrag (sog. $-Wette).

Nach der Wahl sollten die Teilnehmenden zudem für jede Wette ein separates Geldgebot abgeben. Dabei wurden verschiedene Bedingungen variiert, etwa ob sie die Wette *kaufen* oder *verkaufen* würden und ob ein tatsächlicher Gewinn ausgezahlt oder eine Vergütung pro Stunde gezahlt wurde.

In vielen Fällen entschieden sich die Teilnehmenden bei der Wahl für die sicherere P-Wette, gaben aber anschließend ein höheres Gebot für die $-Wette ab. Dieses Verhalten ist inkonsistent und widerspricht den Annahmen der Erwartungsnutzentheorie.

Lichtenstein und Slovic argumentieren, dass diese Inkonsistenzen auf unterschiedliche mentale Anker in den beiden Entscheidungssituationen zurückzuführen sind. Beim Bieten starten Personen kognitiv beim möglichen Gewinnbetrag und passen diesen anhand weiterer Merkmale an (z. B. Wahrscheinlichkeit). Beim Wählen gibt es keinen solchen Anker. Hier treten andere Faktoren (z. B. Risikoaversion) stärker in den Vordergrund.

Aber auch neuere empirische Untersuchungen zeigen eine Verletzung des Transitivitätsaxioms. In einer Studie mit 70 Personen untersuchten Guadalupe-Lanas et al. (2020), ob Konsumenten tatsächlich transitiv wählen. Die Befragung erfolgte in drei unterschiedlichen Entscheidungssituationen: ohne Einschränkungen, unter Budgetrestriktionen mit Preiskenntnis und bei reduziertem Einkommen. Das Ergebnis: Transitive Wahlmuster traten im Durchschnitt nur bei 8 % der Befragten auf. Insbesondere Personen mit niedrigem Einkommen zeigten kaum noch transitive Entscheidungen. Insgesamt traten Indifferenz und Inkomplettheit nur vereinzelt auf. Transitive Entscheidungen wurden vor allem bei essbaren Gütern und in sozioökonomisch besser gestellten Gruppen beobachtet. Die Ergebnisse deuten darauf hin, dass das **Transitivitätsaxiom** der Erwartungsnutzentheorie in realen Entscheidungssituationen nur selten erfüllt ist. Kontextfaktoren wie Einkommen, Beschäftigung und Produkttypen haben einen deutlichen Einfluss auf das Entscheidungsverhalten.

Ein Beispiel für eine Verletzung des Stetigkeitsaxioms findet sich in den Überlegungen des Philosophen Larry Temkin (Temkin, 2012). In seinem Gedankenexperiment zu „unakzeptablen Risiken" stellt er Fälle vor, in denen eine Person Alternative A gegenüber Alternative B und Alternative B gegenüber Alternative C bevorzugt, jede Mischung aus A und C jedoch ablehnt, weil C mit einem unvertretbaren Ergebnis verbunden ist. Die Vorstellung, dass ein noch so geringer Anteil von C akzeptabel wäre, widerspricht in diesen Fällen dem moralischen oder psychologischen Empfinden der Entscheider.

Verletzung des Stetigkeitsaxioms

Stellen Sie sich vor, A bedeutet „gesund leben", B bedeutet „geringes Krankheitsrisiko" und C steht für „sehr hohe Lebensgefahr". Auch wenn B zwischen A und C liegt, würden viele Menschen **jede Mischung** mit C ablehnen, selbst wenn das Risiko minimal wäre. Die Vorstellung, dass „ein bisschen C" durch „viel A" aufgewogen werden kann, erscheint irrational oder inakzeptabel und damit **nicht stetig** im Sinne des Axioms. ◄

Das Beispiel zeigt, dass das Stetigkeitsaxiom nicht universell gültig ist. In ethisch sensiblen oder psychologisch extremen Entscheidungssituationen können selbst rationale Individuen das Axiom systematisch verletzen.

Ein klassisches Beispiel für die Verletzung des Unabhängigkeitsaxioms ist das Allais-Paradoxon (Allais, 1953). Es zeigt, dass viele Personen konsistent Entscheidungen treffen, die diesem Axiom widersprechen.

Personen werden mit zwei Entscheidungspaaren konfrontiert (s. ◉ Tab. 2.2).

Das Paradoxon entsteht, weil viele Menschen in Wahlpaar 1 die sichere Option A gegenüber B bevorzugen, obwohl B den höheren erwarteten monetären Wert hat. Im zweiten Wahlpaar entscheiden sich dieselben Personen jedoch für die riskantere Option D, obwohl die Struktur des Entscheidungsproblems derjenigen im ersten Wahlpaar entspricht. Nach der Erwartungsnutzentheorie müssten die Präferenzen jedoch konsistent sein. Wer A gegenüber B bevorzugt, sollte auch C gegenüber D wählen, und wer D gegenüber C bevorzugt, müsste ebenso B gegenüber A bevorzugen. Da viele Menschen jedoch andere Kombination wählen, verstoßen ihre Entscheidungen gegen das Unabhängigkeitsaxiom. Darin liegt das Allais-Paradoxon.

Unter anderem zeigte sich bei Starmer und Sugden (1989), dass viele Personen bestimmte Entscheidungsoptionen bevorzugten, obwohl die objektiven Wahrscheinlichkeiten identisch waren. Besonders auffällig war dies bei sogenannten zusammengesetzten Lotterien, bei denen eine Lotterie zunächst in eine zweite überführt wird, bevor der eigentliche Gewinn ermittelt wird. Obwohl sich solche verschachtelten Lotterien rechnerisch auf einfache Lotterien mit äquivalenten Wahrscheinlichkeiten reduzieren lassen, bevorzugten viele Personen die einfache Version, obwohl beide objektiv gleichwertig waren. Somit wurde das **Reduktionsaxiom** verletzt.

Diese Ergebnisse belegen, dass Entscheidungsträger die Reduktion komplexer Wahrscheinlichkeitsstrukturen nicht intuitiv oder korrekt durchführen.

Tab. 2.2 Beispiel Allais-Paradoxon

Wahl	Option	Auszahlung	Wahrscheinlichkeit	Begründung für Präferenz
Wahl 1	A	1 Mio. € sicher	100 %	Sicherheit wird bevorzugt („certainty effect")
Wahl 1	B	5 Mio. €	10 %	
		1 Mio. €	89 %	
		0 €	1 %	
→ Mehrheit wählt A				
Wahl 2	C	1 Mio. €	11 %	
		0 €	89 %	
Wahl 2	D	5 Mio. €	10 %	Erfolgswahrscheinlichkeit erscheint attraktiver
		0 €	90 %	
→ Mehrheit wählt D				

Teilnehmende einer Studie bewerteten dabei Wahrscheinlichkeiten kombiniert auftretender Ereignisse (z. B. „Linda ist Kassiererin und Aktivistin") gegenüber einfacheren Aussagen („Linda ist Kassiererin"). Obwohl die einfachere Aussage probabilistisch logisch größer oder gleich wahrscheinlich sein muss, stuften viele Personen die spezifischere Kombination höher ein. Dieses als „Linda-Problem" bekannte Experiment zeigt die sogenannten „Conjunction Fallacy" auf (Zizzo et al., 2000). Die Ergebnisse widersprechen dem **Monotonieaxiom**, denn eine Option (die Konjunktion) sollte niemals eine dominierende, allgemeinere Variante übertreffen.

Das Linda-Problem

Ein klassisches vertiefendes Beispiel zur Repräsentativitätsheuristik ist das sogenannte „Linda-Problem" von Tversky und Kahneman. Den Versuchspersonen wird Linda als intelligent, engagiert und gesellschaftskritisch beschrieben, etwa als jemand, der sich für soziale Gerechtigkeit einsetzt und gegen Diskriminierung demonstriert hat. Anschließend sollen sie einschätzen, welche Aussage wahrscheinlicher ist: dass Linda Bankangestellte ist oder dass sie Bankangestellte und aktive Feministin ist.

Viele Personen halten die zweite, logisch eigentlich unwahrscheinlichere Option für wahrscheinlicher, weil Lindas Beschreibung stark dem Stereotyp einer Feministin ähnelt. Dabei wird die statistische Tatsache ignoriert, dass die Wahrscheinlichkeit zweier gleichzeitig zutreffender Ereignisse immer geringer ist als die Wahrscheinlichkeit eines einzelnen Ereignisses. Die Ähnlichkeit mit einem typischen Fall überlagert somit das statistische Grundwissen, ein klassisches Beispiel für Base Rate Neglect.

Das Beispiel zeigt, dass Menschen bei Wahrscheinlichkeitsurteilen häufig auf intuitive Ähnlichkeitsurteile zurückgreifen, anstatt statistische Informationen systematisch zu berücksichtigen. ◄

Diese systematische Fehleinschätzung zeigt, dass Menschen dominierte Optionen bevorzugen, wenn zusätzliche Informationen (z. B. Beschreibungstext) emotional oder semantisch stärker erscheinen.

Das Beispiel demonstriert, dass das Monotonieaxiom in realen Entscheidungssituationen gebrochen wird, insbesondere bei Bewertungen von Wahrscheinlichkeiten unter dem Einfluss kontextueller oder semantischer Faktoren.

Die empirisch gut belegten Verletzungen zentraler Axiome der Erwartungsnutzentheorie – Transitivität, Stetigkeit, Unabhängigkeit, Reduktion und Monotonie – zeigen deutlich, dass das klassische Modell rationaler Entscheidungen menschliches Verhalten nur unzureichend abbildet. Individuen weichen in systematischer Weise von den Annahmen der Theorie ab. Sie bevorzugen manchmal dominierte Alternativen, ignorieren Wahrscheinlichkeitsreduktionen oder lassen sich durch irrelevante Informationen beeinflussen. Diese Befunde legen nahe, dass eine realitätsnähere Theorie erforderlich ist. Eine solche Theorie kann kognitive Verzerrungen, Referenzpunkte und Verlustaversion explizit berücksichtigen. Genau hier setzt die von Kahneman und Tversky entwickelte Prospect

Theory an (Kahneman und Tversky, 1979), die als verhaltensökonomische Alternative ein differenzierteres Verständnis von Entscheidungsverhalten unter Unsicherheit ermöglicht.

Die Prospect Theory ist eine wichtige alternative Theorie zur Erwartungsnutzentheorie in der Verhaltensökonomie. Sie wurde entwickelt, um eine deskriptive Perspektive einzunehmen und menschliches Verhalten in Entscheidungssituationen realistischer zu beschreiben. Dabei berücksichtigt sie verhaltenswissenschaftliche und psychologische Faktoren.

2.2 Prospect Theory

Die **Prospect Theory** (Kahneman und Tversky, 1979) beschreibt Entscheidungen unter Unsicherheit deutlich realistischer als die klassische Erwartungsnutzentheorie. Sie geht davon aus, dass Menschen Ergebnisse nicht absolut, sondern relativ zu einem Referenzpunkt bewerten und dabei kognitiven Verzerrungen unterliegen. Entscheidungen erfolgen in zwei Phasen: der Editing-Phase und der Evaluation-Phase.

In der Editing-Phase werden **Entscheidungssituationen zunächst mental vorstrukturiert**, um ihre Komplexität zu reduzieren. Ergebnisse werden relativ zu einem Referenzpunkt als Gewinne oder Verluste codiert, Wahrscheinlichkeiten vereinfacht, identische Bestandteile verschiedener Alternativen ausgeblendet und dominierte Optionen eliminiert. Dieser Prozess dient dazu, die Entscheidung in eine kognitiv handhabbare Form zu bringen und sie auf die subjektiv relevanten Unterschiede zu konzentrieren.

In der anschließenden Evaluation-Phase erfolgt die eigentliche Bewertung. Grundlage ist eine S-förmige Wertfunktion, die Gewinne und Verluste unterschiedlich stark gewichtet. Gewinne werden mit abnehmendem Grenznutzen bewertet, Verluste hingegen überproportional stark empfunden. Hinzu kommt eine Entscheidungsgewichtungsfunktion, die beschreibt, wie Wahrscheinlichkeiten psychologisch verzerrt wahrgenommen werden. Kleine Wahrscheinlichkeiten werden übergewichtet, große Wahrscheinlichkeiten untergewichtet. So lassen sich Phänomene wie der Certainty Effect oder das scheinbar widersprüchliche Verhalten erklären, gleichzeitig Versicherungen abzuschließen und Glücksspiele einzugehen.

Der Certainty Effect

Der sogenannte Certainty Effect beschreibt die psychologische Tendenz, sichere Ergebnisse überproportional stark zu bevorzugen. Menschen gewichten den Unterschied zwischen einer sehr hohen Wahrscheinlichkeit (etwa 95 % oder 99 %) und absoluter Sicherheit weit stärker, als es dem objektiven Nutzen entspricht. Ein Ergebnis, das garantiert eintritt, besitzt somit eine besondere emotionale Qualität: Es wird als risikolos erlebt und dadurch deutlich attraktiver, selbst wenn eine nur geringfügig unsichere Alternative statistisch vorteilhafter wäre. Dieser Effekt führt im Gewinnbereich zu ausgeprägter Risikoaversion. Das bedeutet: Man entscheidet sich lieber für einen kleineren, aber sicheren Gewinn. Im Verlustbereich zeigt sich die Kehrseite desselben Mechanismus. Um einen sicheren Verlust zu vermeiden, werden Menschen eher risikofreudig und akzeptieren höhere Unsicherheiten. Der Certainty Effect stellt damit einen zentralen Baustein der Prospect Theory dar und erklärt, warum viele reale Entscheidungen systematisch von rationalen Erwartungswertkalkulationen abweichen.

Diese beiden Phasen bilden die Grundlage für eine Reihe verhaltensökonomischer Effekte, die traditionelle Modelle rationaler Wahl nicht erfassen. Die Prospect Theory zeigt somit, dass ökonomische Entscheidungen nicht allein das Ergebnis rationaler Kalküle sind, sondern maßgeblich von kognitiven und emotionalen Prozessen geprägt werden.

2.2.1 Die Editing-Phase

In der **Editing-Phase** werden die angebotenen Entscheidungsalternativen kognitiv vorverarbeitet (◉ Tab. 2.3). Ziel ist es, die Komplexität der Entscheidung zu reduzieren und die Alternativen in eine mental leichter handhabbare Form zu bringen. Dabei kommt es unter anderem zur Codierung der Ergebnisse relativ zu einem Referenzpunkt, meist dem aktuellen Vermögensstand oder einem als „Status quo" empfundenen Zustand. Gewinne und Verluste werden nicht als absolute Endwerte, sondern als Veränderungen gegenüber

Tab. 2.3 Editing-Phase im Rahmen der Prospect Theory

Schritt	Beschreibung
1. Coding	Ergebnisse werden relativ zu einem Referenzpunkt als Gewinn oder Verlust interpretiert. Der Referenzpunkt ist oft unklar (z. B. Status quo, Erwartungen). Diese Referenzabhängigkeit unterscheidet die Prospect Theory von der Erwartungsnutzentheorie.
2. Combination	Wahrscheinlichkeiten gleicher Ergebnisse werden addiert, um die Entscheidungsfindung zu vereinfachen. Zwei 25-%-Chancen auf 200 € werden z. B. als 50-%-Chance zusammengefasst.
3. Segregation	Sichere Komponenten werden mental von riskanten getrennt. Beispiel: 80 % für 300 € und 20 % für 200 € wird als sicherer Gewinn von 200 € plus 100 € mit 80 % Wahrscheinlichkeit interpretiert.
4. Cancellation	Gleiche Bestandteile in Alternativen werden ignoriert, um sich auf die Unterschiede zu konzentrieren. Das reduziert Komplexität in der Wahl.
5. Vereinfachung (Simplification)	Unrunde Wahrscheinlichkeiten werden gerundet oder extrem kleine Wahrscheinlichkeiten ausgeblendet. Aus einer 51-%-Chance auf 101 € wird etwa eine 50-%-Chance auf 100 €.
6. Eliminierung dominierter Alternativen (Dominance detection)	Schlechtere (dominierte) Alternativen werden ausgeschlossen, um den Entscheidungsraum zu verkleinern. Nur relevante Unterschiede zwischen den Alternativen bleiben im Fokus.

diesem Referenzpunkt wahrgenommen. Weitere typische Bearbeitungsstrategien in dieser Phase sind die Vereinfachung von Wahrscheinlichkeiten, das Zusammenfassen gleicher Ergebnisse sowie das Ausblenden gemeinsamer Bestandteile verschiedener Alternativen (Isolationseffekt).

2.2.2 Die Evaluation-Phase

In der anschließenden **Evaluation-Phase** werden die bearbeiteten Prospects bewertet. Dabei kommen zwei zentrale Komponenten zum Einsatz: eine **Wertfunktion**, die den subjektiven Wert von Gewinnen und Verlusten beschreibt, sowie eine **Entscheidungsgewichtungssfunktion**, welche die psychologische Wirkung von Wahrscheinlichkeiten abbildet (s. ◉ Abb. 2.7). Der Entscheidungswert einer Alternative ergibt sich aus der gewichteten Summe der subjektiven Werte ihrer möglichen Ergebnisse. Ein zentraler Aspekt der Prospect-Theory-Wertefunktion ist der **Referenzpunkt**. Während die Erwartungsnutzentheorie absolute Werte betrachtet, geht die Prospect Theory davon aus, dass Menschen Entscheidungen relativ zu einem bestimmten Referenzpunkt treffen.

Der Wert einer Alternative hängt also davon ab, wie stark sie von diesem Referenzpunkt abweicht. Dabei hängt der Referenzpunkt von der persönlichen Perspektive einer Person ab. Kauft sich jemand zum Beispiel eine Aktie zu einem Preis von 100 €, so bildet dieser Kaufpreis den Referenzpunkt. Steigt der Wert dieser Aktie auf 105 €, so bewertet diese Person entsprechend der Prospect Theory die Veränderung des eigenen Vermögens, in diesem Fall + 5 € und nicht, wie in der Erwartungsnutzentheorie, den neuen Wert des Gesamtvermögens. Im Falle eines Kursrückgangs gilt selbstverständlich das Gleiche, nur umgekehrt.

Ein weiterer zentraler Aspekt der Wertfunktion im Rahmen der Prospect Theory ist die **Verlustaversion**. Sie beschreibt die empirisch belegte Tendenz, dass Verluste subjektiv

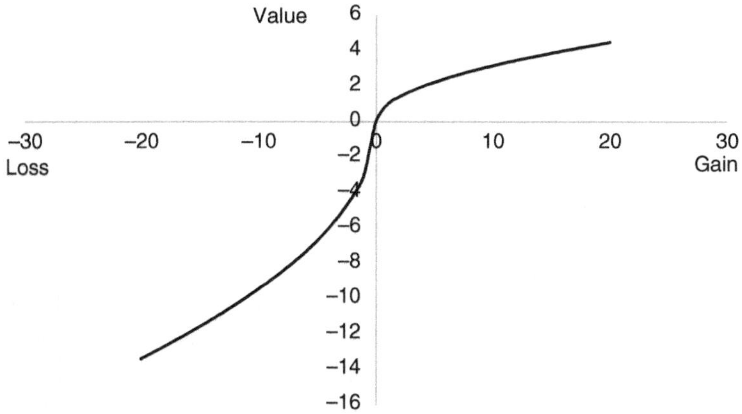

Abb. 2.7 Wertfunktion der Prospect Theory (eigene Darstellung)

stärker wahrgenommen werden als gleich große Gewinne. Menschen empfinden den Schmerz eines Verlustes intensiver als die Freude über einen entsprechenden Gewinn. Das bedeutet, dass der negative psychologische Effekt beim Verlust von z. B. 100 € größer ist als der positive Effekt beim Gewinn von 100 €.

Formal wird Verlustaversion durch die Asymmetrie der **Wertfunktion** in der Prospect Theory abgebildet. Diese Funktion verläuft steiler im Bereich der Verluste als im Bereich der Gewinne. Das bedeutet, dass, ausgehend vom Referenzpunkt, eine Verringerung des Vermögens um einen bestimmten Betrag eine größere negative Bewertung erhält als eine gleich große Zunahme des Vermögens eine positive. Typischerweise wird angenommen, dass Verluste etwa **1,5- bis 2,5-mal so stark** empfunden werden wie gleich große Gewinne (Verlustaversionsfaktor $\lambda > 1$).

Es gibt Menschen, die gleichzeitig freiwillig Versicherungen abschließen und am Wochenende eine Fußballwette platzieren. Während der freiwillige Kauf einer Versicherung auf ein risikoaverses Verhalten schließen lässt, liegt der Fußballwette Risikofreude zugrunde. Im Rahmen der Erwartungsnutzentheorie wird Personen jedoch entweder das eine oder das andere zugeschrieben.

Ein wesentliches Merkmal der Prospect Theory ist die Annahme, dass Menschen **keine konstante Risikoneigung** aufweisen, sondern je nach Entscheidungskontext unterschiedlich auf Risiko reagieren. Diese wechselnde Risikoneigung hängt insbesondere davon ab, ob es sich um potenzielle Gewinne oder Verluste handelt.

Im Bereich der Gewinne zeigt sich typischerweise Risikoaversion. Menschen bevorzugen hier einen sicheren, aber geringeren Gewinn gegenüber einer unsicheren Alternative mit höherem Erwartungswert. Dieses Verhalten wird durch die konkave Form der Wertfunktion im Gewinnbereich erklärt, die eine abnehmende Sensitivität für Gewinne abbildet.

Im Verlustbereich kehrt sich dieses Verhalten um. Hier zeigt sich Risikofreude. Statt einen sicheren Verlust zu akzeptieren, entscheiden sich viele für eine riskantere Option, die zwar mit einer gewissen Wahrscheinlichkeit zu einem höheren Verlust führen kann, aber im positiven Fall die Möglichkeit der Verlustfreiheit bietet. Dies ist auf die **konvexe Form der Wertfunktion** im Verlustbereich zurückzuführen, die abnehmende Sensitivität für zunehmende Verluste nahelegt.

Die Folge ist eine asymmetrische Risikoneigung: risikoavers bei Gewinnen, risikofreudig bei Verlusten. Dies widerspricht der Erwartungsnutzentheorie, in der Risikoeinstellungen als stabil gelten. Die Prospect Theory bietet mit ihrer S-förmigen Wertfunktion eine differenzierte Erklärung für dieses Verhalten und liefert damit eine realitätsnähere Beschreibung ökonomischer Entscheidungen unter Unsicherheit.

Ein weiteres Unterscheidungsmerkmal der Prospect Theory gegenüber der Erwartungsnutzentheorie ist die Art und Weise, wie Wahrscheinlichkeiten verarbeitet werden. Während die klassische Theorie davon ausgeht, dass Menschen Wahrscheinlichkeiten linear gewichten, also z. B. eine 20%ige Chance mit exakt 0,2 in ihre Entscheidungsrechnung einbeziehen, postuliert die Prospect Theory, dass **Wahrscheinlichkeiten psychologisch verzerrt** wahrgenommen und verarbeitet werden. Diese Verzerrung wird durch die sogenannte **Entscheidungsgewichtsfunktion** (decision weighting function, s. ◉ Abb. 2.8) abgebildet.

Die Entscheidungsgewichtsfunktion ordnet jeder objektiven Wahrscheinlichkeit p ein Entscheidungsgewicht w(p) zu. Dieses Gewicht entspricht nicht der subjektiven Wahrscheinlichkeit im Sinne einer individuellen Überzeugung, sondern beschreibt vielmehr die psychologische Interpretation.

Empirisch lässt sich zeigen, dass Menschen niedrige Wahrscheinlichkeiten tendenziell übergewichten. Eine sehr geringe Chance (etwa 1 %) wird oft so wahrgenommen, als sei sie relevanter, als sie statistisch tatsächlich ist. Dieses Verhalten erklärt z. B. die Attraktivität von Lotterien, bei denen die Gewinnwahrscheinlichkeit extrem klein ist. Umgekehrt werden mittlere bis hohe Wahrscheinlichkeiten häufig untergewichtet, was dazu führen kann, dass Menschen Risiken unterschätzen, die tatsächlich relativ wahrscheinlich sind. Nur bei Wahrscheinlichkeiten nahe 0 oder 1 wird das Entscheidungsgewicht annähernd korrekt wahrgenommen.

Die Entscheidungsgewichtsfunktion weist demnach eine **inverse S-Form** auf. Sie verläuft über der Diagonalen bei kleinen Wahrscheinlichkeiten (Übergewichtung) und unterhalb der Diagonalen bei mittleren bis hohen Wahrscheinlichkeiten (Untergewichtung). Zudem gilt in der Regel die Eigenschaft der **Subadditivität**. Die Summe der Gewichte für zwei sich ergänzende Ereignisse ist kleiner als 1. Dies steht im Gegensatz zur Erwartungsnutzentheorie, wo sich Wahrscheinlichkeiten und Gegenwahrscheinlichkeiten stets zu 1 addieren.

Ein weiteres wichtiges Phänomen ist das **Übergewicht sicherer Ereignisse** im Vergleich zu fast sicheren, ein Effekt, der auch als **Certainty Effect** bezeichnet wird. Ein Ereignis mit 100 % Wahrscheinlichkeit wird oft einem Ereignis vorgezogen, welches eine marginal geringere Eintrittswahrscheinlichkeit besitzt, zum Beispiel 99 %. Dies gilt selbst

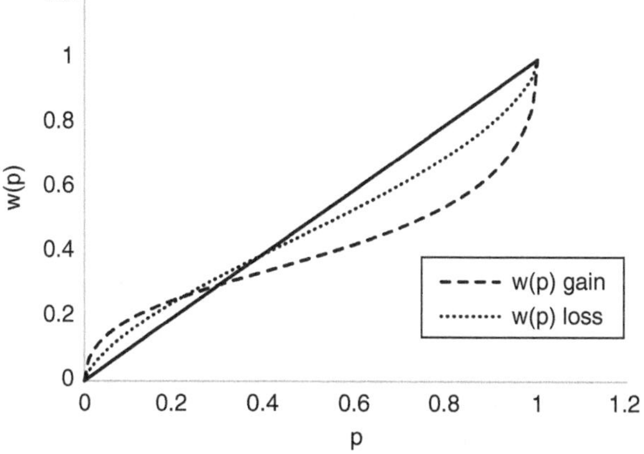

Abb. 2.8 Entscheidungsgewichtungsfunktion der Prospect Theory (eigene Darstellung)

dann, wenn der Erwartungswert der leicht unsicheren Variante deutlich höher liegt. Dieser Effekt kann erklären, warum Menschen lieber einen sicheren, aber deutlich geringeren Gewinn einer Lotterie vorziehen.

Der Certainty Effect darf nicht mit Risikoaversion verwechselt werden (s. ◉ Tab. 2.4). Risikoaversion kann auch unabhängig vom Certainty Effect auftreten. Sie beschreibt eine allgemeine Präferenz für sichere gegenüber riskanten Alternativen bei gleichem Erwartungswert. Der Certainty Effect stellt demgegenüber eine spezielle und besonders ausgeprägte Form der Risikoabneigung dar, die vor allem in Entscheidungssituationen mit (nahezu) vollständiger Sicherheit wirksam wird. Menschen können daher gleichzeitig risikoavers sein und zusätzlich einen Certainty Effect zeigen, indem sie sichere Ergebnisse überproportional stark gegenüber fast sicheren Alternativen gewichten.

Die Entscheidungsgewichtsfunktion ist somit kein reines Abbild subjektiver Wahrscheinlichkeiten, sondern Teil eines Bewertungsprozesses, der Risiken psychologisch gewichtet. Ihre Form trägt entscheidend zur Erklärung von scheinbar irrationalem Entscheidungsverhalten bei, etwa beim Abschluss überteuerter Versicherungen, beim Kauf von Lotterielosen oder beim Zögern, Risiken einzugehen, obwohl diese rechnerisch vorteilhaft wären.

In Kombination mit der S-förmigen Wertfunktion ermöglicht die Entscheidungsgewichtsfunktion eine differenzierte Modellierung menschlicher Entscheidungen unter Unsicherheit. Sie stellt damit eine zentrale Komponente der Prospect Theory dar und hilft, reale Entscheidungsprozesse deutlich realistischer zu erfassen als die klassischen Modelle rationaler Wahl.

2.2.3 Endowment-Effekt

Der **Endowment-Effekt** (Besitztumseffekt) beschreibt die Tendenz von Menschen, einem Objekt, das sie besitzen, einen höheren Wert beizumessen als demselben Objekt, wenn sie es nicht besitzen würden. Dieses Phänomen lässt sich direkt aus den zentralen Annahmen der Prospect Theory ableiten, insbesondere durch die Mechanismen der Referenzpunktabhängigkeit und Verlustaversion.

Wie oben dargelegt, geht die Prospect Theory davon aus, dass Menschen Entscheidungen nicht anhand ihres absoluten Vermögensniveaus treffen, sondern relativ zu einem individuellen

Tab. 2.4 Gegenüberstellung von Risikoaversion und Certainty Effect

Aspekt	Risikoaversion	Certainty Effect
Art	Grundlegende Präferenz	Verhaltensanomalie
Theorie	Erwartungsnutzentheorie	Prospect Theory
Gültigkeit	Allgemein	Speziell bei (fast) sicheren Ergebnissen
Ursache	Konkave Nutzenfunktion	Übergewichtung von Sicherheit
Rationalitätsstatus	„Rational" im EUT-Modell	Verstoß gegen EUT-Modell

Referenzpunkt, der häufig durch den Status quo definiert ist. Wird ein Objekt bereits besessen, so stellt dieses den Referenzpunkt dar. Ein Verkauf des Objekts wird dann als Verlust empfunden, auch wenn es sich objektiv um einen neutralen Tausch, Ware gegen Geld, handelt.

Gleichzeitig beschreibt die Prospect Theory die menschliche Tendenz zur Verlustaversion. Wer also über den Verkauf eines besessenen Gutes nachdenkt, empfindet den potenziellen Verlust als besonders schmerzhaft und fordert deshalb einen höheren Verkaufspreis, als ein potenzieller Käufer bereit wäre zu zahlen, der den Erwerb als potenziellen Gewinn einstuft.

Der Besitztumseffekt zeigt, wie tief psychologische Bewertungsverzerrungen in wirtschaftlichem Verhalten verankert sind. Die Prospect Theory liefert hierfür ein theoretisches Fundament, indem sie erklärt, warum Menschen Verluste stärker gewichten als Gewinne und wie sich dies auf alltägliche Entscheidungsprozesse auswirkt, z. B. beim Zögern, Wohneigentum zu verkaufen, bei Verhandlungen oder in der Verbraucherpsychologie.

Tassenexperiment

Das Tassenexperiment (Kahneman et al., 1990) ist ein berühmtes Beispiel zur Demonstration des Endowment-Effekts. Im Rahmen dieser Studie bekam die zufällig ausgewählte Hälfte der Probanden (Gruppe A) eine Kaffeetasse aus dem Shop der Cornell University. Die andere Hälfte (Gruppe B) erhielt keine Tasse. Anschließend sollten die „Tassenbesitzer" einen Verkaufspreis angeben, zu dem sie bereit wären, ihre Tasse zu verkaufen. Die „Nicht-Besitzer" hingegen sollten angeben, wie viel sie bereit wären, für eine solche Tasse zu bezahlen.

Nach der klassischen ökonomischen Theorie wären zahlreiche Transaktionen zu erwarten gewesen. Die Theorie geht davon aus, dass Individuen stabile und konsistente Präferenzen haben und rationale Entscheidungen treffen, unabhängig davon, ob sie ein Gut bereits besitzen oder nicht. Dementsprechend sollte der subjektive Wert einer Tasse für Käufer und Verkäufer identisch sein, da der Besitzstatus in der Bewertung normativ keine Rolle spielt. Daraus folgt, dass die Zahlungsbereitschaft der Käufer (Willingness to Pay, WTP) und die Mindestpreisvorstellung der Verkäufer (Willingness to Accept, WTA) weitgehend übereinstimmen sollten. Wenn also beispielsweise der durchschnittliche Nutzen der Tasse bei 5 € liegt, dann sollten Käufer bereit sein, diesen Betrag zu zahlen, während Verkäufer bereit wären, sie zu diesem Preis auch abzugeben.

Da die Tassen zufällig verteilt wurden, etwa die Hälfte der Versuchspersonen erhielt eine Tasse, die andere Hälfte nicht, sollten sich unter rationalen Bedingungen zahlreiche Tauschgelegenheiten ergeben. Immer dann, wenn die WTP eines Käufers gleich oder größer ist als die WTA eines Verkäufers, sollte eine Transaktion stattfinden. Bei gleichmäßig verteilten Präferenzen würde das bedeuten, dass ein Großteil der Teilnehmer Interesse an einem Tausch hätte, sodass eine hohe Anzahl von Transaktionen zu erwarten gewesen wäre.

Tatsächlich zeigte das Experiment jedoch ein völlig anderes Bild. Die Verkäufer verlangten im Schnitt etwa 7 US$, während Käufer nur bereit waren, rund 3 US$ zu zahlen. Diese erhebliche Diskrepanz führte dazu, dass kaum Transaktionen zustande kamen. Ein Ergebnis, das die traditionelle Theorie nicht erklären kann. Erst durch verhaltensökonomische Konzepte wie den Endowment-Effekt wird verständlich, warum Menschen einen Gegenstand, den sie besitzen, deutlich höher bewerten als denselben Gegenstand ohne Besitzstatus. Der Besitz erzeugt offenbar eine emotionale Bindung oder eine Form von Verlustaversion, die traditionelle Modelle der Nutzenmaximierung nicht abbilden. ◄

2.2.4 Der Endowment-Effekt und die Verletzung traditioneller Indifferenzstruktur

Die geschilderte Referenzpunktabhängigkeit und der daraus resultierende Endowment-Effekt haben weitreichende Konsequenzen für die Darstellung von Präferenzen im Güterraum. In der traditionellen Mikroökonomie werden Präferenzen als stabil, vollständig und unabhängig vom aktuellen Besitzstatus angenommen. Auf dieser normativen Grundlage werden Indifferenzkurven konstruiert, die Bündel von Gütern repräsentieren, zwischen denen ein Individuum indifferent ist. Diese Präferenzen gelten als transitiv und konsistent, woraus unmittelbar folgt, dass sich Indifferenzkurven nicht schneiden dürfen. Sich schneidende Indifferenzkurven würden implizieren, dass ein Konsument widersprüchliche Präferenzordnungen besitzt und somit kein wohldefiniertes Nutzenmaximum existiert.

Die Prospect Theory bricht mit dieser Annahme grundlegend. Da Bewertungen nicht absolut, sondern relativ zu einem Referenzpunkt erfolgen, hängt die Präferenzordnung davon ab, ob ein bestimmtes Güterbündel als Gewinn oder als Verlust wahrgenommen wird. Der Referenzpunkt ist dabei häufig durch den aktuellen Besitzstand gegeben. Genau hier setzt der Endowment-Effekt an. Güter, die sich bereits im Besitz einer Person befinden, werden höher bewertet als identische Güter, die erst erworben werden müssten. Präferenzen sind somit zustandsabhängig und verändern sich mit dem Ausgangspunkt der Bewertung.

Überträgt man diese Einsicht in den x_1/x_2-Raum, verliert das klassische Bild sich nicht schneidender Indifferenzkurven seine Gültigkeit. Stattdessen entstehen unterschiedliche Bewertungsfunktionen für Gewinne und Verluste relativ zum Referenzpunkt. Ein und dasselbe Güterbündel kann, je nachdem, ob es als Ausgangspunkt oder als potenzielle Veränderung interpretiert wird, unterschiedlich bewertet werden. Infolgedessen kann es zu sich schneidenden Indifferenzkurven kommen, weil sich die Präferenzordnung selbst verschiebt, sobald sich der Referenzpunkt ändert.

Diese Verläufe der Indifferenzkurven sind kein Zeichen irrationalen oder inkonsistenten Verhaltens im Sinne eines logischen Fehlers, sondern Ausdruck einer referenzabhängigen Bewertungssystematik. Was in der klassischen Theorie als Verletzung der Transitivität erscheinen würde, ist im Rahmen der Prospect Theory die konsequente Folge verlustaverser Präferenzen. Der Nutzenverlust beim Abgeben eines bereits besessenen Gutes wiegt stärker als der Nutzengewinn durch den Erhalt desselben Gutes. Dadurch entsteht eine asymmetrische Tauschbereitschaft.

Wir bleiben bei dem Kaffeetassenbeispiel und betrachten den Schnittpunkt der beiden Indifferenzkurven in ◉ Abb. 2.9. Möchte eine Person in dieser Situation eine Tasse verkaufen, so gilt die gestrichelte Indifferenzkurve. Der Verlust einer Tasse wiegt schwer und zieht eine hohe Kompensation, also eine hohe Preisvorstellung (WTA), nach sich. Umgekehrt gilt die durchgezogene Indifferenzkurve für den Fall des Kaufs einer weiteren Tasse. Hier besteht für die Tasse, die sich noch nicht im Besitz der Person befindet, eine geringere Zahlungsbereitschaft. Umgekehrt könnte man auch formulieren, dass der „Verlust" des Geldes in diesem Fall durch eine große Menge an Tassen kompensiert werden muss. Die marginale Rate der Substitution (MRS) unterscheidet sich im Schnittpunkt abhängig von der Frage, ob die Person die Käufer- oder Verkäuferrolle einnimmt.

Der Endowment-Effekt zeigt somit, dass reale menschliche Präferenzen oft nicht transitiv oder besitzunabhängig sind. Das stellt eine fundamentale Herausforderung für die traditionelle, normative Haushaltstheorie dar, deren Struktur auf wohldefinierten, glatten Präferenzordnungen basiert. Die Prospect Theory führt hier eine realistischere, aber konzeptionell komplexere Sichtweise ein. Präferenzen sind nicht stabil, sondern hängen vom Kontext und vom psychologischen Bezugspunkt ab.

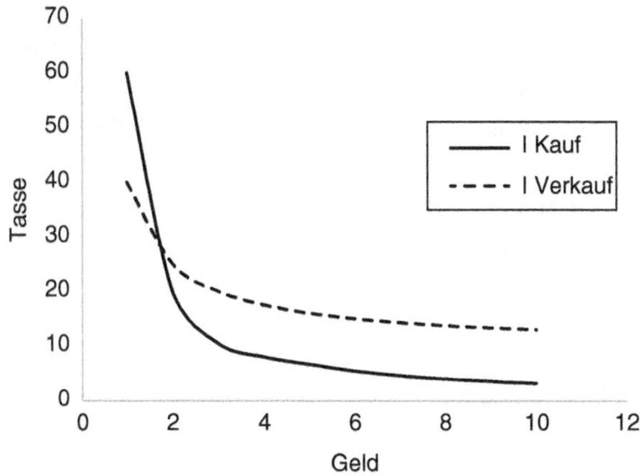

Abb. 2.9 Indifferenzkurven in der Prospect Theory (eigene Darstellung)

2.3 Neuronale Grundlagen ökonomischer Entscheidungsprozesse

Ökonomische Entscheidungen entstehen nicht im luftleeren Raum rationaler Kalküle, sondern im Gehirn – einem biologischen System, das auf Effizienz, Geschwindigkeit und Überleben optimiert ist. Wer wirtschaftliches Verhalten verstehen will, muss daher verstehen, wie dieses System Informationen bewertet, Prioritäten setzt und Handlungen auslöst. Die folgenden Abschnitte richten den Blick konsequent auf diesen **neuronalen Entscheidungsapparat**.

Im Zentrum steht das Zusammenspiel zweier funktionell unterschiedlicher, aber eng gekoppelter Systeme: des limbischen Systems und des präfrontalen Kortex. Diese Arbeitsteilung prägt nahezu jede Entscheidung, vom spontanen Kaufimpuls bis zur langfristigen Lebensplanung. Das limbische System liefert schnelle, emotional gefärbte Bewertungen: attraktiv oder aversiv, fair oder unfair, sicher oder bedrohlich. Der präfrontale Kortex hingegen ermöglicht Distanz, Kontrolle und Zukunftsbezug. Er prüft Impulse, ordnet sie in Ziele und Regeln ein und kann sie, zumindest potenziell, regulieren.

Entscheidend ist dabei: Diese beiden Systeme arbeiten nicht gleichberechtigt. Unter Zeitdruck, emotionaler Aufladung oder Stress gewinnt das limbische System systematisch an Einfluss, während die präfrontale Kontrolle eingeschränkt wird. Evolutionär betrachtet ist dies sinnvoll, ökonomisch betrachtet jedoch folgenreich. Viele beobachtbare Verhaltensmuster wie Present Bias, impulsive Risikoentscheidungen oder die Ablehnung objektiv vorteilhafter Angebote lassen sich erst vor diesem Hintergrund erklären.

Die neuroanatomische Perspektive macht zudem deutlich, dass Entscheiden immer auch Lernen bedeutet. Erfahrungen verändern neuronale Verschaltungen, Belohnungserwartungen formen Motivation, und wiederholtes Verhalten stabilisiert bestimmte Reaktionsmuster. Neuroplastizität ist damit keine abstrakte Eigenschaft des Gehirns, sondern die Grundlage dafür, warum Präferenzen, Routinen und Entscheidungsstile über die Zeit entstehen und sich verfestigen oder unter bestimmten Bedingungen auch wieder verändern lassen.

Dabei spielt die neurochemische Steuerung eine zentrale Rolle. Neurotransmitter wie Dopamin, Noradrenalin und Acetylcholin regulieren, worauf Aufmerksamkeit gerichtet wird, wie stark Motivation ausgeprägt ist und in welchem Maß Lernen stattfindet. Sie bestimmen, ob eine Situation als Chance, als Bedrohung oder als irrelevant wahrgenommen wird und beeinflussen damit direkt ökonomisch relevantes Verhalten.

Schließlich mündet diese neurobiologische Betrachtung in die funktionale Unterscheidung zweier kognitiver Systeme. Schnelles, automatisches Denken dominiert den Alltag und erlaubt Entscheidungen mit minimalem Energieaufwand. Langsames, analytisches Denken ist möglich, aber kostspielig und wird daher selektiv eingesetzt. Die Konsequenz ist kein zufälliges, sondern ein systematisch strukturiertes Entscheidungsverhalten, das unter bestimmten Bedingungen zuverlässig von normativen Rationalitätsannahmen abweicht.

Die folgenden Abschnitte liefern keine Alternative zur ökonomischen Theorie, sondern ihr biologisches Fundament. Sie zeigen, warum Kontrolle begrenzt ist, warum Emotionen nicht optional sind und warum wirtschaftliches Handeln nur dann erklärbar wird, wenn die Funktionslogik des Gehirns berücksichtigt wird.

2.3.1 Neuroanatomische Skizze für Ökonomen

Wie bereits eingeleitet, verbindet die Neuroökonomie ökonomisches Entscheidungsverhalten mit neurowissenschaftlichen Erkenntnissen über die Funktionsweise des menschlichen Gehirns. Im Zentrum stehen dabei zwei Systeme, die häufig in einer spannungsreichen Beziehung zueinander stehen, das evolutionär ältere **limbische System**, das vor allem für Emotion, Motivation und spontane Reaktionen verantwortlich ist, und der **präfrontale Kortex**, der als Sitz von rationaler Kontrolle, langfristiger Planung und Regelbefolgung gilt.

Während die traditionelle ökonomische Theorie den Menschen als rationalen Entscheider (Homo oeconomicus) modelliert, zeigen Befunde der Neuroökonomie, dass Entscheidungsverhalten in der Praxis oft stark von emotionalen Impulsen beeinflusst wird. Diese Impulse werden im limbischen System erzeugt und können ökonomisches Handeln sowohl fördern als auch verzerren. Die Neuroökonomie versucht, dieses Zusammenspiel besser zu verstehen und zu erklären, wie Emotion und Rationalität in konkreten Entscheidungssituationen miteinander konkurrieren oder kooperieren.

◉ Tab. 2.5 verdeutlicht, dass das limbische System mehrere tief im Gehirn liegende Strukturen umfasst, darunter den Hippocampus und das Corpus amygdaloideum (Amygdala oder Mandelkern) (Schmeißer und Ulfig, 2020).

Das limbische System (◉ Abb. 2.10) ist an der Steuerung von Verhalten, vegetativen Vorgängen sowie Lern- und Gedächtnisvorgängen, Aufmerksamkeit, Antrieb und Aktivität beteiligt. Insbesondere werden hier auch emotionale Prozesse wie Angst, Wut und Aggression gesteuert.

Eine Schlüsselrolle spielt dabei die Amygdala. Diese ist für die schnelle emotionale Bewertung von Situationen und die Speicherung emotional betonter Gedächtnisinhalte zuständig. In ökonomischen Experimenten wie dem Ultimatumspiel zeigt sich, dass starke Aktivität in der Amygdala mit der spontanen Ablehnung als unfair empfundener Angebote einhergeht, auch wenn dies aus rationaler Sicht mit einem finanziellen Verlust verbunden

Tab. 2.5 Kortexareale und Kerngebiete des limbischen Systems (Schmeißer und Ulfig, 2020)

Kortexareale und Kerngebiete des limbischen Systems	
Kortexareal/Kerngebiet	**Strukturen des limbischen Systems**
Telenzephale Kortexareale	Hippocampus, Gyrus cinguli, Indusium griseum, Area entorhinalis
Telenzephale subkortikale Kerngebiete	Corpus amygdaloideum, Nucleus accumbens, Nuclei septales
Dienzephale Kerngebiete	Corpus mammillare, Nuclei anteriores thalami
Mesenzephale Kerngebiete	Nucleus interpeduncularis, Nuclei habenulares

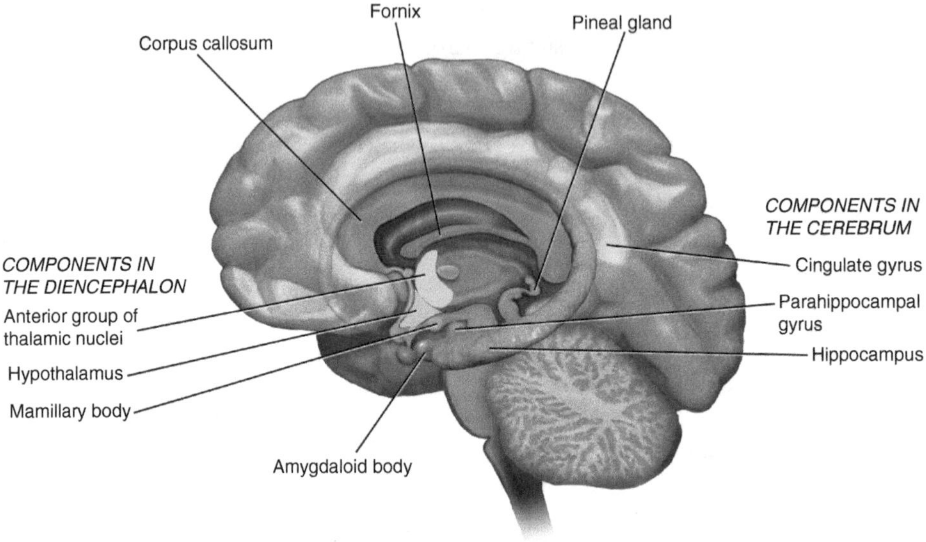

Abb. 2.10 Die wichtigsten Komponenten des limbischen Systems (© CC-BY 3.0; Quelle: Blausen.com staff (2014). "Medical gallery of Blausen Medical 2014". *WikiJournal of Medicine* **1** (2). DOI:10.15347/wjm/2014.010. ISSN 2002-4436)

ist. Solche Reaktionen illustrieren deutlich die Macht emotionaler Prozesse bei ökonomischen Entscheidungen.

Auch der Hippocampus ist von zentraler Bedeutung. Er ermöglicht es, Erfahrungen abzuspeichern und daraus zu lernen, eine essenzielle Grundlage für adaptives Entscheidungsverhalten. Langfristige wirtschaftliche Entscheidungen, etwa im Bereich von Investitionen oder in der Karriereplanung, sind oft auf solche gespeicherten Erfahrungen angewiesen.

Die Basalganglien, insbesondere das ventrale Striatum mit dem Nucleus accumbens, sind Teil des sogenannten Belohnungssystems. Sie spielen eine wichtige Rolle bei der Verarbeitung dopaminerger Signale, die mit Motivation, Vergnügen und Erwartungshaltung verbunden sind. In ökonomischer Hinsicht beeinflussen diese Prozesse etwa das Konsumverhalten, die Neigung zu riskanten Entscheidungen oder auch suchtähnliche Verhaltensmuster.

Die Aktivität im limbischen System erzeugt unmittelbare, emotional gefärbte Impulse wie „Ich will das jetzt“ oder „Das fühlt sich falsch an“. Besonders relevant ist dies im Kontext des sogenannten Present Bias, der systematischen Präferenz für sofortige gegenüber späteren Belohnungen. Diese Verzerrung ökonomischen Verhaltens lässt sich neurobiologisch durch die Dominanz limbischer Aktivität erklären, wenn schnelle Belohnung in Aussicht steht.

Demgegenüber steht der **präfrontale Kortex (PFC)**, der im vorderen Teil des Gehirns liegt und als Zentrum der kognitiven Kontrolle gilt. Hier laufen Prozesse wie Planung,

Handlungssteuerung, Selbstregulation, Impulskontrolle und abstraktes Denken ab – allesamt Fähigkeiten, die aus ökonomischer Sicht für nachhaltige und rationale Entscheidungen von zentraler Bedeutung sind (Trepel, 2017).

Die enge Vernetzung zwischen präfrontalem Kortex und limbischem System ermöglicht es dem Gehirn, emotionale Impulse entweder zuzulassen oder zu kontrollieren – je nach Situation und Zielorientierung. In ökonomischer Sprache bedeutet dies: Der präfrontale Kortex übernimmt eine Art „Top-down-Kontrolle" über impulsive Affekte, wenn diese mit langfristigen Interessen oder sozialen Normen kollidieren. In bestimmten Situationen können Entscheidungen aber auch „Bottom-up" getroffen werden.

Die Reaktionsmuster **„Freeze, Fight or Flee"** (Erstarren, Kämpfen oder Fliehen) beschreiben grundlegende evolutionäre Strategien im Umgang mit Bedrohung (Fabritius und Hagemann, 2017). Sie basieren auf automatischen, unbewussten Prozessen, die im Gehirn durch das limbische System und das autonome Nervensystem gesteuert werden. Im Zentrum dieser Reaktionen steht die Amygdala, die sensorische Reize emotional bewertet und potenzielle Bedrohungen blitzschnell identifiziert. Wird eine Situation als gefährlich eingeschätzt, aktiviert die Amygdala den Hypothalamus, der über die Hypothalamus-Hypophysen-Nebennierenrinden-Achse (HPA-Achse) eine Stressreaktion einleitet.

Diese Stressreaktion beinhaltet die Ausschüttung von Adrenalin und Cortisol, was den Organismus in einen Zustand erhöhter Alarmbereitschaft versetzt: Herzschlag und Atemfrequenz steigen, Muskeln spannen sich an, die Schmerzempfindlichkeit nimmt ab, und die Aufmerksamkeit fokussiert sich auf die potenzielle Gefahr. Über den aktivierten Sympathikus wird der Körper auf eine unmittelbare Verhaltensantwort vorbereitet, je nach Situation entweder auf Flucht (flee), Kampf (fight) oder Erstarren (freeze).

Das Erstarren dient dem kurzfristigen Innehalten, um die Lage einzuschätzen oder durch Bewegungsunauffälligkeit in bestimmten Gefahrensituationen nicht wahrgenommen zu werden. Der Kampfreflex basiert auf der Mobilisierung physischer Ressourcen zur aktiven Abwehr der Bedrohung. Die Fluchtreaktion wiederum zielt auf eine schnelle Distanzierung vom Gefahrenreiz. Allen drei Reaktionen ist gemeinsam, dass sie unter hoher Amygdala-Aktivität und bei gleichzeitiger Hemmung des präfrontalen Kortex erfolgen. Der präfrontale Kortex, zuständig für rationale Planung und kontrolliertes Verhalten, wird in akuten Stresssituationen in seiner Funktion eingeschränkt, sodass reflexhafte Verhaltensweisen dominieren.

Diese Mechanismen sind tief in der menschlichen Neurobiologie verankert und evolutionär darauf ausgelegt, das Überleben zu sichern.

Limbisches System vs. präfrontaler Kortex 1:0

Ein prominentes Beispiel für ein impulsives „Fight"-Verhalten unter extremem emotionalem Druck liefert das Finale der Fußball-Weltmeisterschaft 2006 zwischen Frankreich und Italien. In der 110. Spielminute versetzte der französische Kapitän Zinédine Zidane dem italienischen Verteidiger Marco Materazzi einen Kopfstoß in die Brust, unmittelbar nach einem verbalen Schlagabtausch. Der Schiedsrichter zeigte Zidane daraufhin die Rote Karte; Frankreich verlor später im Elfmeterschießen.

Aus neuropsychologischer Perspektive lässt sich dieses Verhalten als akute Stressreaktion auf Provokation deuten. Der präfrontale Kortex, der unter normalen Bedingungen für Impulskontrolle, Bewertung sozialer Konsequenzen und rationale Entscheidungsfindung zuständig ist, wird unter starkem Stress durch die Amygdala gehemmt. Die Amygdala verarbeitet emotionale Bedrohungen und steuert schnelle, instinktive Reaktionen wie Angriff (Fight), Flucht (Flee) oder Erstarren (Freeze).

Bei Zidane kam es offenbar zur plötzlichen Dominanz einer limbischen Reaktion, ausgelöst durch die als persönlich beleidigend empfundene Provokation. Die Fähigkeit zur kognitiven Bewertung wurde dabei überlagert von einem affektgetriebenen Handlungsimpuls. Dies führte zu einer körperlichen Aggression, einer typischen „Fight"-Reaktion, wie sie in bedrohlich interpretierten Situationen auftreten kann.

Dieses Beispiel illustriert eindrucksvoll, wie emotionale Überladung und sozialer Druck selbst bei einem hochprofessionellen Athleten zu einem kurzfristigen Kontrollverlust führen können. Es verdeutlicht zugleich die neurobiologische Grundlage impulsiven Verhaltens und bietet einen alltagsnahen Zugang zur Funktionsweise des limbischen Systems im Zusammenspiel mit dem präfrontalen Kortex. ◄

2.3.2 Neuroplastizität

Das menschliche Gehirn enthält etwa 86 Milliarden Nervenzellen (Neuronen), die jeweils rund ein Hundertstel Millimeter groß sind. Jedes Neuron besteht aus einem Zellkörper, zahlreichen Dendriten (Empfangsstrukturen) und einem Axon (Sendeeinheit). Zwischen den Neuronen bestehen keine direkten Verbindungen, sondern mikroskopisch kleine Zwischenräume, die sogenannten **synaptischen Spalten**. Die Signalübertragung erfolgt dort über chemische Botenstoffe, die **Neurotransmitter** (Bear et al., 2025).

Die Möglichkeit, über Neurotransmitter immer wieder neue Verschaltungen zu bilden, erklärt Lern- und Gewohnheitsprozesse. Wiederholte Aktivität bestimmter neuronaler Bahnen führt zu deren Stabilisierung: „Neurons that fire together wire together" (Hebb, 1949). Umgekehrt verblassen wenig genutzte Bahnen mit der Zeit.

Mehr als hundert Neurotransmitter sind bekannt. Für Lern-, Leistungs- und Anpassungsprozesse sind jedoch drei von besonderer Bedeutung: **Dopamin, Noradrenalin und Acetylcholin**. Diese werden in der Literatur auch als „DNA of Peak Performance" bezeichnet (Fabritius und Hagemann, 2017).

- **Dopamin** spielt eine zentrale Rolle bei Motivation, Belohnung und Lernprozessen. Es unterstützt die Aktualisierung von Gedächtnisinhalten und die Fokussierung der Aufmerksamkeit (Schultz, 2015). Charakteristisch ist die Ausschüttung bei Neuartigkeit: Neue Reize oder Aufgaben führen zu einer starken dopaminergen Aktivierung, die mit positiven Gefühlen und erhöhter Handlungsbereitschaft verbunden ist. Dieser Effekt nimmt bei Wiederholung ab, weshalb Dopamin auch als „Neuigkeits-Neurotransmitter" gilt. Darüber hinaus ist Dopamin an der Steuerung motorischer

Prozesse beteiligt. Im Kontext von Leistung und Verhalten steht jedoch vor allem seine Funktion als Verstärker von Motivation und Freude im Vordergrund (Berridge und Robinson, 2016).

- **Noradrenalin** (Norepinephrin) ist eng mit Stress- und Aktivierungsprozessen verbunden. Es wird insbesondere in Situationen ausgeschüttet, die erhöhte Aufmerksamkeit und schnelle Reaktionen erfordern. Evolutionär dient es der kurzfristigen Überlebenssicherung. Noradrenalin reguliert Wachheit, Aufmerksamkeit und die Fähigkeit, Fehler wahrzunehmen (Kuo et al., 2021). Optimal wirkt es bei einem mittleren Erregungsniveau, das subjektiv als „herausfordernd, aber bewältigbar" erlebt wird. Unter diesen Bedingungen steigert es Genauigkeit und kognitive Leistungsfähigkeit.
- **Acetylcholin** ist wesentlich für Lern- und Gedächtnisprozesse. Es fördert synaptische Plastizität. Besonders deutlich zeigt sich dies in der frühen Kindheit, während der sogenannten „kritischen Phase der Neuroplastizität". In dieser Phase ist das Gehirn besonders empfänglich für neue Reize und bildet intensiv neue Verbindungen. Im Erwachsenenalter bleibt die Acetylcholin-Ausschüttung begrenzt. Sie kann gezielt angeregt werden, etwa durch bewusste Aufmerksamkeit, körperliche Aktivität oder die Konfrontation mit Neuem und Bedeutsamem (Waxenbaum et al., 2025).

2.3.3 Zwei kognitive Systeme

Daniel Kahneman, Nobelpreisträger für Wirtschaftswissenschaften, beschreibt in seinem Buch *Thinking, Fast and Slow* (2012) zwei grundlegende kognitive Systeme, die unser Denken und Entscheiden beeinflussen.

- System 1 (schnelles Denken) arbeitet automatisch, intuitiv und ohne bewusste Anstrengung. Es basiert auf Erfahrungen, Emotionen und unbewussten Prozessen. Dieses System ermöglicht schnelle Urteile und Reaktionen, ist jedoch anfällig für kognitive Verzerrungen und Fehlentscheidungen.
- System 2 (langsames Denken) hingegen erfordert bewusste Aufmerksamkeit und mentale Anstrengung. Es ist analytisch, logisch und reflektiert. Dieses System wird aktiviert, wenn komplexe Probleme gelöst, Entscheidungen abgewogen oder neue Informationen verarbeitet werden. Es ermöglicht rationales Denken, ist aber langsamer und energieintensiver.

Diese beiden Systeme interagieren ständig miteinander und beeinflussen unsere Entscheidungsprozesse. Während System 1 viele alltägliche Entscheidungen automatisch trifft, greift System 2 nur dann ein, wenn bewusste Analyse erforderlich ist. Kahnemans Konzept zeigt, dass Menschen oft intuitiven und schnellen Urteilen vertrauen, auch wenn eine gründlichere Analyse zu besseren Entscheidungen führen könnte.

Aus neurobiologischer Sicht ist das menschliche Gehirn ein energieintensives Organ. Es macht nur etwa 2 % der Körpermasse aus, verbraucht aber rund 20 % der täglichen Energiezufuhr (Raichle und Gusnard, 2002). Besonders aufwendig ist die bewusste, analytische Informationsverarbeitung (System 2). Sie erfordert höhere Aktivität im präfrontalen Kortex und damit mehr Glukoseverbrauch (Miller und Cohen, 2001).

Um Energie zu sparen, greift das Gehirn bevorzugt auf das schnelle, automatische System 1 zurück. Dieses nutzt gespeicherte Erfahrungsmuster, Heuristiken und emotionale Bewertungen, um Entscheidungen mit minimalem kognitivem Aufwand zu treffen.

Hinzu kommt ein zweiter Mechanismus. Menschen neigen dazu, kognitive Dissonanz zu vermeiden (Festinger, 1957). Entscheidungen, die mit bestehenden Überzeugungen, Routinen und Selbstbildern im Einklang stehen, erzeugen keine inneren Spannungen. System 1 liefert hier kohärente, vertraute Antworten und umgeht so den mentalen und emotionalen Aufwand, der mit widersprüchlichen Informationen einhergeht.

Kognitive Dissonanz bezeichnet einen unangenehmen inneren Spannungszustand, der entsteht, wenn eine Person widersprüchliche Gedanken, Einstellungen, Überzeugungen oder Handlungen hat. Dieser Zustand wird als belastend erlebt und motiviert Menschen dazu, die Widersprüche zu verringern, etwa indem sie ihr Verhalten ändern, ihre Einstellungen anpassen oder ihr Handeln rechtfertigen. Der Begriff geht auf den Psychologen Leon Festinger zurück und erklärt, warum Menschen oft nach innerer Konsistenz streben, selbst wenn dafür Informationen verdrängt oder umgedeutet werden.

In Kombination führen diese beiden Prinzipien, Energieeffizienz und Dissonanzvermeidung, dazu, dass schnelle, intuitive Entscheidungen oft bevorzugt werden, selbst wenn eine langsamere, analytische Abwägung (System 2) objektiv zu besseren Ergebnissen führen könnte. In ökonomischen Kontexten erklärt dies, warum Menschen trotz verfügbarer Daten und Berechnungsoptionen häufig vereinfachte Entscheidungsregeln anwenden und damit vom Ideal des rationalen Homo oeconomicus abweichen.

Das Konzept der zwei Systeme geht auf Forschungsergebnisse von Kahneman und Tversky zurück (Kahneman und Tversky, 1974), die die beiden wesentlichen sozialwissenschaftlichen Annahmen über menschliches Verhalten infrage stellten.

1. Menschen sind im Allgemeinen rational und denken in der Regel logisch.
2. Abweichungen von der Rationalität werden vor allem durch Emotionen wie Angst, Zuneigung oder Hass verursacht.

Stattdessen dokumentierten sie **systematische Denkfehler** bei normalen Menschen und führten diese nicht auf Emotionen, sondern auf die grundlegende Beschaffenheit menschlichen Denkens zurück; eben auf die Systeme 1 und 2.

Beispiele für schnelles und langsames Denken

Beispiel für schnelles Denken (System 1):

Sie fahren mit dem Auto und sehen am Straßenrand plötzlich einen Ball auf die Fahrbahn rollen. Noch bevor Sie bewusst darüber nachdenken, treten Sie instinktiv auf die Bremse.

Merkmale: Automatisch, schnell, unbewusst, basierend auf Erfahrungsmustern; geringe kognitive Belastung.

Beispiel für langsames Denken (System 2):

Sie plansen deine Altersvorsorge und vergleichst verschiedene Anlageoptionen. Sie liegen Zinsberechnungen, rechnen Renditen durch, prüfen Risiken und steuerliche Effekte, bevor Sie sich entscheiden.

Merkmale: Bewusst, analytisch, langsam; erfordert Konzentration und kognitive Ressourcen. ◄

2.4 Kognitive Verzerrungen – Heuristiken und Biases

Heuristiken sind mentale Abkürzungen oder vereinfachte Entscheidungsregeln, die Menschen nutzen, um unter Unsicherheit schnell zu einem Urteil zu gelangen. Diese Daumenregeln basieren auf Erfahrungen, Mustern und Assoziationen, die im Gedächtnis gespeichert sind. In der oben beschriebenen Situation, in der ein Ball unvermittelt auf die Fahrbahn rollt, ist ein unmittelbares, reflexartiges Handeln geboten. Dies ist eine Aufgabe für das System 1.

Heuristiken sind oft nützlich, weil sie schnelle, ressourcensparende Entscheidungen ermöglichen, insbesondere in komplexen oder zeitkritischen Situationen, in denen eine vollständige Informationsverarbeitung nicht möglich ist.

Das Ergebnis einer Heuristik und damit die Funktionsweise des System 1 kann dann nur so gut sein wie die zugrunde liegende Wahrnehmung der handelnden Person. Das wohl beeindruckendste Beispiel für die Fehleranfälligkeit des Systems 1 liefert der unsichtbare Gorilla (Simons und Chabris, 1999).

Dieses wahrnehmungspsychologische Experiment gilt als klassisches Beispiel für Unaufmerksamkeitsblindheit (inattentional blindness). Das Phänomen beschreibt die Unfähigkeit, auffällige Reize wahrzunehmen, wenn die Aufmerksamkeit stark auf eine andere Aufgabe fokussiert ist.

Teilnehmer sahen ein Video, in dem zwei Teams (weiß gekleidet und schwarz gekleidet) sich Bälle zuspielten. Die Aufgabe bestand darin, zu zählen, wie oft die Spieler des weißen Teams den Ball passten. Mitten in der Szene lief eine Person im Gorillakostüm durchs Bild, blieb kurz stehen, schlug sich auf die Brust und verließ dann wieder das Spielfeld.

Das Ergebnis war überraschend. Rund die Hälfte der Probanden bemerkte den Gorilla trotz der Auffälligkeit und Dauer seiner Präsenz nicht. Die Aufmerksamkeit war so stark auf das Zählen der Pässe gerichtet, dass andere visuelle Informationen nicht bewusst verarbeitet wurden.

Der unsichtbare Gorilla verdeutlicht, dass die menschliche Wahrnehmung eines Objekts nicht absolut ist, sondern immer durch die Perspektive des wahrnehmenden Subjekts geprägt wird. Diese dialektische Betrachtung geht bereits auf Immanuel Kant (Kant, 2013) zurück. Selbst die Frage, welchen grammatischen Artikel ein Gegenstand in einer Sprache hat, beeinflusst dessen Wahrnehmung (Boroditsky und Phillips, 2003). So ist das Wort „Brücke" im Deutschen feminin (die Brücke), im Spanischen jedoch maskulin (el puente). In Experimenten beschrieben deutschsprachige Versuchspersonen Brücken häufiger mit Attributen wie schön, elegant oder zierlich, während spanischsprachige Personen eher Begriffe wie stark, stabil oder massiv verwendeten. Dieses Beispiel zeigt, dass selbst ein rein sprachliches Merkmal wie der grammatische Artikel die kognitive Wahrnehmung eines Gegenstands beeinflussen kann.

Simons und Chabris identifizieren sechs verbreitete kognitive Illusionen, die zeigen, wie unsere Intuition uns in die Irre führen kann (◉ Tab. 2.6).

Kahneman und Tversky benennen zunächst drei Heuristiken. Die **Repräsentativitätsheuristik** führt dazu, dass die Wahrscheinlichkeit eines Ereignisses nach seiner Ähnlichkeit mit einem typischen Fall beurteilt wird. Dabei wird die statistische Grundgesamtheit oft vernachlässigt (Base Rate Neglect). So wird etwa eine Person, die Eigenschaften aufweist, die stereotyp zu einem Bibliothekar passen, häufiger als Bibliothekar

Tab. 2.6 Kognitive Illusionen (Simons und Chabris, 1999)

Illusion	Beschreibung
Illusion der Aufmerksamkeit	Wir glauben, dass wir alles wahrnehmen, was in unserer Umgebung geschieht.
Illusion des Gedächtnisses	Wir halten unsere Erinnerungen für präziser und zuverlässiger, als sie tatsächlich sind.
Illusion des Vertrauens	Wir überschätzen die Sicherheit und Genauigkeit unserer Einschätzungen.
Illusion des Wissens	Wir glauben, mehr zu wissen, als tatsächlich der Fall ist.
Illusion der Ursache	Wir sehen Kausalzusammenhänge, wo in Wirklichkeit nur Korrelation oder Zufall vorliegt.
Illusion des Potenzials	Wir überschätzen unsere ungenutzten geistigen Fähigkeiten.

eingestuft, selbst wenn es statistisch viel wahrscheinlicher ist, dass sie einem anderen Beruf angehört.

Repräsentativitätsheuristik: Nicht alle Verkäufer sind extrovertiert

Stellen Sie sich vor, in einer Stadt gibt es 995 Verkäufer und 5 Bibliothekare. Eine zufällig ausgewählte Person wird als ruhig, introvertiert, ordentlich und detailorientiert beschrieben und liest in ihrer Freizeit gerne. Viele Menschen schätzen die Wahrscheinlichkeit, dass diese Person Bibliothekar ist, höher ein als die, dass sie Verkäufer ist, weil die Beschreibung stark dem Stereotyp eines Bibliothekars entspricht.

Dabei wird jedoch die statistische Grundgesamtheit ignoriert. Selbst wenn die Beschreibung gut passt, ist es aufgrund der extrem ungleichen Verteilung der Berufe sehr viel wahrscheinlicher, dass die Person Verkäufer ist. Die Beurteilung erfolgt also nicht auf Basis objektiver Wahrscheinlichkeiten, sondern anhand der Ähnlichkeit mit einem prototypischen Fall.

Dieses Beispiel verdeutlicht, wie die Repräsentativitätsheuristik zu systematischen Fehleinschätzungen führt, wenn Grundgesamtheiten vernachlässigt werden. ◄

Die **Verfügbarkeitsheuristik** beschreibt die Tendenz, Wahrscheinlichkeiten und Häufigkeiten danach zu bewerten, wie leicht entsprechende Beispiele aus dem Gedächtnis abgerufen werden können. Dadurch werden seltene, aber medienwirksam dargestellte Ereignisse, etwa Flugzeugabstürze, überschätzt, während häufigere, aber weniger präsente Ereignisse wie Herzinfarkte unterschätzt werden (Availability Bias).

Die **Ankerheuristik** (Anchoring) schließlich bezeichnet die Tendenz, sich bei Schätzungen an einem gegebenen Ausgangswert zu orientieren, selbst wenn dieser objektiv irrelevant ist. Urteile bleiben meist zu nah am Anker und werden nur unzureichend angepasst. In Experimenten zeigte sich etwa, dass Teilnehmer, die zuvor eine hohe Zufallszahl gesehen hatten, die mit der nachgelagerten Frage in keinem Zusammenhang stand, anschließend auch höhere Schätzungen zum Anteil afrikanischer Länder in der UNO abgaben als Teilnehmer mit einer niedrigen Zufallszahl (Anchoring Effect).

Heuristiken verdeutlichen, wie das schnelle, intuitive Denken (System 1) zu effizienten, aber fehleranfälligen Urteilen führt. Ohne die kritische Überprüfung durch das langsame, analytische Denken (System 2) können solche Biases zu stabilen und vorhersehbaren Fehleinschätzungen werden. Biases sind systematische Abweichungen vom rationalen oder normativen Urteilsmaßstab. Sie entstehen häufig als Nebenprodukt der Anwendung von Heuristiken. Die Vereinfachung, die eine Heuristik bietet, kann in bestimmten Kontexten zu vorhersagbaren Fehlurteilen oder Verzerrungen führen.

Alle Heuristiken vollständig aufzuzählen, erscheint unmöglich. ◉ Tab. 2.7 unternimmt jedoch den Versuch einer umfassenden Auflistung verschiedener Heuristiken und der daraus resultierenden Verzerrungen.

Tab. 2.7 Heuristiken und Biases

Heuristik	Definition	Typischer Bias	Beispiel
Representativeness Heuristic	Wahrscheinlichkeit wird nach Ähnlichkeit mit einem typischen Fall beurteilt, statt nach statistischen Grundraten.	Base Rate Neglect, Gambler's Fallacy, Missverständnis von Regressionseffekten	Eine Person wirkt wie ein typischer Bibliothekar und wird als solcher eingeschätzt, obwohl statistisch mehr Landwirte existieren.
Availability Heuristic	Einschätzung nach Leichtigkeit, mit der Beispiele aus dem Gedächtnis abgerufen werden können.	Availability Bias, Illusory Correlation	Flugzeugabstürze werden für häufiger gehalten als Herzinfarkte, da sie in den Medien präsenter sind.
Anchoring & Adjustment	Schätzung beginnt bei einem Ausgangswert (Anker) und wird unzureichend angepasst.	Anchoring Effect, zu enge Konfidenzintervalle	Nach dem Sehen einer hohen Zufallszahl werden höhere Schätzungen zum Anteil afrikanischer Länder in der UNO abgegeben.
Affect Heuristic	Urteile werden stark von momentanen Emotionen beeinflusst.	Affective Bias	Ein Anleger investiert in eine Firma, weil er ihr sympathisches Logo mag.
Satisficing	Auswahl der ersten Option, die als „gut genug" erscheint.	Verzicht auf optimale Lösung	Bei der Wohnungssuche wird die erste akzeptable Wohnung genommen, ohne weitere Angebote zu prüfen.
Take-the-best-Heuristik	Entscheidung anhand des ersten unterscheidenden Merkmals, das relevant erscheint.	Vernachlässigung anderer Faktoren	Wahl der Reiseversicherung allein nach dem Kriterium „hat medizinische Deckung".
Recognition Heuristic	Bevorzugung bekannter Alternativen gegenüber unbekannten.	Overconfidence in Bekanntes	Wahl eines bekannten Medikamentennamens, auch ohne Wissen über seine Wirksamkeit.
Fluency Heuristic	Präferenz für leichter zu verarbeitende Optionen.	Fluency Bias	Ein Börsentitel mit leicht aussprechbarem Namen wird für stabiler gehalten.
Default Heuristic	Bevorzugung der voreingestellten Option.	Status quo Bias	Organspende wird häufiger akzeptiert, wenn eine Opt-out-Regel gilt.
Simulation Heuristic	Wahrscheinlichkeit wird nach der Leichtigkeit der Vorstellung bewertet.	Hindsight Bias, Counterfactual Thinking	Nach einem Unfall denkt man: „Das hätte leicht verhindert werden können."

Tab. 2.7 Continued

Heuristik	Definition	Typischer Bias	Beispiel
Substitution Heuristic	Schwierige Fragen werden unbewusst durch einfachere ersetzt.	Cognitive Substitution	Auf „Wie glücklich sind Sie?“ wird mit „Wie ist gerade Ihr Wetter?“ beantwortet.
Social Proof / Konsensheuristik	Orientierung am Verhalten anderer.	Herding Effect	Ein Restaurant wird gewählt, weil es voll ist.
Authority Heuristic	Mehr Glauben an Aussagen autoritärer Personen.	Authority Bias	Empfehlung eines Arztes wird ohne weitere Prüfung übernommen.
Liking Heuristic	Zustimmung zu Aussagen sympathischer Personen.	Liking Bias	Zustimmung zu einer Werbebotschaft, weil der Sprecher sympathisch wirkt.
Commitment & Consistency Heuristic	Handeln wird an vorherige Entscheidungen angepasst.	Escalation of Commitment	Fortsetzung eines gescheiterten Projekts, weil schon viel investiert wurde.
Negativity Bias / Risk Aversion	Negativen Informationen wird mehr Gewicht beigemessen.	Loss Aversion	Negative Kundenbewertung überwiegt mehrere positive.
Probability Neglect	Emotion verdrängt objektive Wahrscheinlichkeit.	Probability Neglect Bias	Überreaktion auf extrem seltene Terroranschläge.
Peak-End Heuristic	Bewertung wird von Höhepunkt und Ende dominiert.	Peak-End Bias	Ein Urlaub wird positiv in Erinnerung behalten, weil das Ende besonders schön war.
Availability Cascade	Häufig wiederholte Informationen wirken glaubwürdiger.	Truth Effect	Politische Schlagzeilen erscheinen glaubhaft, weil sie oft wiederholt werden.
Temporal Discounting	Kurzfristige Vorteile werden überbewertet.	Present Bias	Vorzug einer sofortigen kleinen Belohnung gegenüber einer größeren späteren.
Effort-Reduction Heuristic	Wahl der kognitiv einfachsten Entscheidungsstrategie.	Oversimplification	Wahl der ersten passenden Antwort, ohne alle Alternativen zu prüfen.

Ein weiteres Beispiel für Wahrnehmungsverzerrungen wird durch den **Bestätigungsbias** (Confirmation Bias) beschrieben. Der Bestätigungsbias bezeichnet die Tendenz des Menschen, Informationen so auszuwählen, zu interpretieren und zu erinnern, dass sie die eigenen Überzeugungen oder Erwartungen bestätigen, während widersprüchliche Informationen ignoriert oder abgewertet werden.

Das Wason-Selektionsproblem (Wason, 1960)

Es geht um vier Karten, von denen jede auf einer Seite eine Zahl und auf der anderen einen Buchstaben zeigt. Eine Karte zeigt ein E, eine zeigt eine 4, eine zeigt ein K, und eine zeigt eine 7.

These: Wenn auf einer Seite ein Vokal steht (z. B. „E"), dann steht auf der anderen Seite eine gerade Zahl.

Frage: Welche Karte(n) müssen Sie umdrehen, um zu prüfen, ob die Behauptung stimmt? Und wie viele Karten sind dafür mindestens nötig?

Als Wason und sein Kollege Johnson-Laird diesen Aufgabentyp 128 Universitätsstudenten vorlegten, zeigte sich, dass die Antwort „E und 4" am häufigsten gewählt wurde (von 59 Personen), gefolgt von „E" (von 42 Personen) (Wason und Johnson-Laird, 1972). Mit anderen Worten: Die Studierenden entschieden sich überwiegend für die Karten, die die gegebene Aussage bestätigen konnten, anstatt sie zu widerlegen. Diese Tendenz, gezielt nach bestätigenden Informationen zu suchen, wird als Bestätigungsfehler (Confirmation Bias) bezeichnet.

Der Philosoph Karl Popper argumentierte in seiner Wissenschaftstheorie, dass eine Hypothese nur dann wirklich geprüft werden kann, wenn man aktiv nach Belegen sucht, die sie widerlegen könnten (Popper und Popper, 2005). In der Realität aber verhalten wir uns meist genau umgekehrt: Wir bilden uns eine Meinung und suchen anschließend gezielt nach Informationen, die diese Meinung stützen.

Übertragen auf den Alltag bedeutet dieser Befund, dass wir uns nicht überwiegend mit Menschen austauschen sollten, die unsere Ansichten teilen, sondern bewusst den Dialog mit jenen suchen sollten, die eine gegenteilige Position vertreten. Nicht unbedingt, um unsere Meinung zu ändern, sondern um die Logik der Gegenargumente zu verstehen. Wenn wir die Schwächen in der Argumentation der anderen nicht klar benennen können, sollten wir uns auch unserer eigenen Überzeugung weniger sicher sein.

Die systematischen Fehler, die aus der Kausalität verzerrter Wahrnehmung, den daraus abgeleiteten Heuristiken und den resultierenden Biases entstehen, stellen das Paradigma des Homo oeconomicus grundlegend infrage. Sie begründen die Notwendigkeit neuro- und verhaltenswissenschaftlicher Ansätze bei der Beurteilung ökonomischer Entscheidungen.

Kurz und bündig

Dieses Kapitel widmet sich ökonomischen Entscheidungen unter Unsicherheit und zeigt die Entwicklung von einem normativen Rationalitätsmodell hin zu deskriptiven verhaltens- und neuroökonomischen Ansätzen.

- Ausgangspunkt ist die Erwartungsnutzentheorie (Expected Utility Theory, EUT) als klassisches Fundament rationalen Entscheidens unter Risiko. Aufbauend auf

den Arbeiten von Daniel Bernoulli sowie John von Neumann und Oskar Morgenstern beschreibt sie, wie rationale Akteure Entscheidungen treffen sollten: konsistent, nutzenmaximierend und auf Basis klar definierter Axiome (Vollständigkeit, Transitivität, Stetigkeit, Unabhängigkeit, Reduktion und Monotonie). Zentrales Element ist die Nutzenfunktion, deren Form Risikoaversion, Risikoneutralität oder Risikofreude erklärt. Die EUT liefert damit ein kohärentes, mathematisch elegantes normatives Modell für Entscheidungen unter Unsicherheit.
- Empirisch zeigt sich jedoch, dass reale Entscheidungsträger diese Axiome systematisch verletzen. Phänomene wie das Allais-Paradoxon, inkonsistente Präferenzen, verzerrte Wahrscheinlichkeitsurteile oder die Ablehnung objektiv vorteilhafter Optionen verdeutlichen die Grenzen der Erwartungsnutzentheorie. Menschen handeln häufig unter begrenzter Rationalität, nutzen Heuristiken und unterliegen kognitiven Verzerrungen.
- An dieser Stelle setzt die Prospect Theory an. Sie bietet eine deskriptive Alternative, die erklärt, wie Menschen tatsächlich entscheiden. Zentrale Elemente sind:
  - Referenzpunktabhängigkeit: Bewertungen erfolgen relativ zu einem Ausgangspunkt.
  - Verlustaversion: Verluste wiegen psychologisch stärker als gleich große Gewinne.
  - S-förmige Wertfunktion: risikoaverses Verhalten bei Gewinnen, risikofreudiges Verhalten bei Verlusten.
  - Entscheidungsgewichtungsfunktion: Wahrscheinlichkeiten werden nicht linear, sondern verzerrt wahrgenommen (Übergewichtung kleiner, Untergewichtung großer Wahrscheinlichkeiten).
  - Certainty Effect: sichere Ergebnisse werden überproportional bevorzugt.
- Darauf aufbauend erklärt die Prospect Theory weitere Phänomene wie den Endowment-Effekt, bei dem Besitz den subjektiven Wert eines Gutes erhöht, sowie kontextabhängige Präferenzen, die klassische Indifferenzstrukturen infrage stellen.
- Ergänzt wird diese verhaltensökonomische Perspektive durch neuroökonomische Erkenntnisse. Entscheidungen werden als Ergebnis neuronaler Prozesse verstanden, insbesondere des Zusammenspiels von limbischem System (Emotion, Motivation, schnelle Impulse) und präfrontalem Kortex (Kontrolle, Planung, Reflexion). Konzepte wie System 1 und System 2, Neuroplastizität sowie die Rolle von Neurotransmittern (z. B. Dopamin) erklären, warum Entscheidungen oft intuitiv, energieeffizient und dennoch systematisch verzerrt sind.
- Insgesamt verdeutlicht das Kapitel:
  - Die Erwartungsnutzentheorie bleibt ein unverzichtbarer normativer Referenzrahmen.
  - Behavioral Economics und Prospect Theory erklären empirische Abweichungen realistischer.

- Neuroökonomie liefert das biologische Fundament ökonomischen Entscheidens.
- Erst die Verknüpfung normativer Modelle mit deskriptiver und neurobiologischer Evidenz ermöglicht ein umfassendes, realitätsnahes Verständnis ökonomischer Entscheidungen unter Unsicherheit.

Fragen zur Überprüfung Ihres aktuellen Wissensstands:

1. Was ist die zentrale Grundidee der Erwartungsnutzentheorie, und warum gilt sie als normative Theorie?
2. Welche grundlegenden Axiome der Erwartungsnutzentheorie kennen Sie, und warum sind sie für das Modell rationalen Entscheidens wichtig?
3. Wie unterscheiden sich konkave, lineare und konvexe Nutzenfunktionen in Bezug auf Risikoaversion, Risikoneutralität und Risikofreude?
4. Was bedeutet es, den Erwartungsnutzen einer Lotterie zu maximieren, und wie unterscheidet sich dies vom reinen Vergleich von Geldbeträgen?
5. Warum stößt die Erwartungsnutzentheorie bei der Erklärung realen menschlichen Verhaltens an empirische Grenzen?
6. Was sagt das Allais-Paradoxon über die Verletzung des Unabhängigkeitsaxioms?
7. Welche zentralen Unterschiede bestehen zwischen Erwartungsnutzentheorie und Prospect Theory?
8. Welche Funktion haben Referenzpunkt, Verlustaversion und Entscheidungsgewichtung in der Prospect Theory?

Literatur

Allais, M. (1953). Le Comportement de l'Homme Rationnel devant le Risque: Critique des Postulats et Axiomes de l'Ecole Americaine. *Econometrica*, *21*(4), 503–546.

Bear, M. F., Connors, B. W., & Paradiso, M. A. (2025). *Neuroscience: Exploring the brain* (Fifth edition). Jones & Bartlett Learning.

Beck, H. (2014). *Behavioral Economics: Eine Einführung*. Springer Fachmedien Wiesbaden. https://doi.org/10.1007/978-3-658-03367-5

Bernoulli, D. (1738). Specimen Theoriae Novae de Mensura Sortis. *Commentarii Academiae Scientiarum Imperialis Petropolitanae*, *5*, 175–192.

Berridge, K. C., & Robinson, T. E. (2016). Liking, wanting, and the incentive-sensitization theory of addiction. *American Psychologist*, *71*(8), 670–679. https://doi.org/10.1037/amp0000059

Boroditsky, L., & Phillips, W. (2003). Can quirks of grammar affect the way you think? Grammatical Gender and Object Concepts. *Proceedings of the Annual Meeting of the Cognitive Science Society*, *25*.

Fabritius, F. (with Hagemann, H. W.). (2017). *The leading brain: Neuroscience hacks to work smarter, better, happier*. Penguin Publishing Group.

Fabritius, F., & Hagemann, H. W. (2017). The leading brain: Powerful science-based strategies for achieving peak performance. TarcherPerigee Book.

Festinger, L. (1957). *A theory of cognitive dissonance* (Reissued by Stanford Univ. Press in 1962, renewed 1985 by author, [Nachdr.]). Stanford Univ. Press.

Friedrich, M. (2008). Zur Relevanz der Risikoneigung für die Allokation von Gesundheitsgütern (1. Aufl., Bd. 14). Cuvillier Verlag.

Gossen, H. H. (1854). Entwicklung der Gesetze des menschlichen Verkehrs, und der daraus fließenden Regeln für menschliches Handeln. F. Vieweg.

Guadalupe-Lanas, J., Cruz-Cádenas, J., & Artola-Jarrín, V. (2020). Empirical evidence for intransitivity in consumer preferences. *Heliyon*, *6*(3), 2–8.

Hebb, D. O. (1949). The organization of behavior: A neuropsychological theory (11. [print.]). Wiley.

Kahneman, D., & Tversky, A. (1974). Judgment under uncertainty: Heuristics and biases. *Science, 185*(4157), 1124–1131.

Kahneman, D., & Tversky, A. (1979). Prospect Theory: An analysis of decision under risk. *Econometrica*, *47*(2), 263–292.

Kahneman, D., Knetsch, J. L., & Thaler, R. H. (1990). Experimental tests of the endowment effect and the coase theorem. *Journal of Political Economy*, *98*(6), 1325–1348. https://doi.org/10.1086/261737

Kant, I. (2013). *Kritik der reinen Vernunft* (I. Heidemann, Hrsg.; Nachdr.). Reclam.

Kuo, H.-I., Qi, F.-X., Paulus, W., Kuo, M.-F., & Nitsche, M. A. (2021). Noradrenergic enhancement of motor learning, attention, and working memory in humans. *International Journal of Neuropsychopharmacology*, *24*(6), 490–498. https://doi.org/10.1093/ijnp/pyab006

Lichtenstein, S., & Slovic, P. (1971). Reversals of preference between bids and choices in gambling decisions. *Journal of Experimental Psychology*, *1*(89), 46–55.

Miller, E. K., & Cohen, J. D. (2001). An integrative theory of prefrontal cortex function. *Annual Review of Neuroscience*, *24*(1), 167–202. https://doi.org/10.1146/annurev.neuro.24.1.167

Popper, K. R., & Popper, K. R. (2005). *Logik der Forschung* (H. Keuth, Hrsg.; 11. Aufl. durchges. u. erg). Mohr Siebeck.

Raichle, M. E., & Gusnard, D. A. (2002). Appraising the brain's energy budget. *Proceedings of the National Academy of Sciences*, *99*(16), 10237–10239. https://doi.org/10.1073/pnas.172399499

Romeike, F. (2018). *Risikomanagement*. Springer Gabler. https://doi.org/10.1007/978-3-658-13952-0

Schmeißer, M. J., & Ulfig, N. (2020). *Kurzlehrbuch Neuroanatomie* (2. vollständig überarbeitete Aufl.). Thieme.

Schultz, W. (2015). Neuronal reward and decision signals: From theories to data. *Physiological Reviews*, *95*(3), 853–951. https://doi.org/10.1152/physrev.00023.2014

Simon, H. A. (1957). Models of man: Social and rational: Mathematical essays on rational human behavior in a social setting. Wiley.

Simons, D. J., & Chabris, C. F. (1999). Gorillas in our midst: Sustained inattentional blindness for Dynamic Events. *Perception*, *28*(9), 1059–1074. https://doi.org/10.1068/p281059

Starmer, C., & Sugden, R. (1989). Violations of the independence axion in common ratio problems: An experimental test of some competing hypotheses. *Annals of Operations Research*, *19*, 79–102.

Temkin, L. S. (2012). Rethinking the good: Moral ideals and the nature of practical reasoning. Oxford University Press.

Trepel, M. (2017). *Neuroanatomie: Struktur und Funktion* (7. Aufl.). Elsevier.

von Neumann, J., & Morgenstern, O. (1944). *Theory of games and economic behavior*. Princeton University Press.

Wason, P. C. (1960). On the failure to eliminate hypotheses in a conceptual task. *Quarterly Journal of Experimental Psychology*, *12*(3), 129–140. https://doi.org/10.1080/17470216008416717

Wason, P. C., & Johnson-Laird, P. N. (1972). *Psychology of reasoning: Structure and content.* Batsford.

Waxenbaum, J. A., Reddy, V., & Varacallo, M. A. (2025). Anatomy, autonomic nervous system. In *StatPearls*. StatPearls Publishing. http://www.ncbi.nlm.nih.gov/books/NBK539845/

Zizzo, D. J., Stolarz-Fantino, S., Wen, J., & Fantino, E. (2000). A violation of the monotonicity axiom: Experimental evidence on the conjunction fallacy. *Journal of Economic Behavior & Organization, 41*, 263–276.

3 Neuro- und verhaltenswissenschaftliche Fundierung ökonomischer Entscheidungen

Entscheidungen entstehen nicht isoliert im Kopf, sondern immer in einer konkret gestalteten Umgebung. Optionen werden präsentiert, verglichen, hervorgehoben oder verborgen, Reihenfolgen werden festgelegt, Standards gesetzt und Konsequenzen sprachlich gerahmt. All diese Elemente wirken auf den Entscheidungsprozess ein, oft stärker als der eigentliche Inhalt der Entscheidung selbst. Entscheidungsdesign rückt genau diese Gestaltungsdimension in den Mittelpunkt.

Aus neuro- und verhaltensökonomischer Perspektive ist dies konsequent. Das menschliche Gehirn verarbeitet Informationen kontextabhängig, relativ und energieeffizient. Es sucht nach Orientierungspunkten, nutzt Heuristiken und reagiert sensibel auf sprachliche, visuelle und soziale Signale. Entscheidungen sind daher weniger das Ergebnis vollständiger Abwägung aller Alternativen als vielmehr das Resultat einer Interaktion zwischen inneren Präferenzen und äußerer Struktur. Wer die Struktur verändert, verändert Verhalten.

Entscheidungsdesign beschreibt somit den Übergang von der Analyse menschlicher Verzerrungen zur gezielten Gestaltung von Entscheidungssituationen. Während frühere Kapitel gezeigt haben, warum Menschen systematisch vom rationalen Ideal abweichen, geht es hier um die Frage, wie diese Abweichungen in realen Kontexten wirksam werden und wie sie bewusst genutzt oder korrigiert werden können. Sprache, Reihenfolge, Standardoptionen und soziale Hinweise fungieren dabei als stille Steuerungsmechanismen.

Zentral ist die Erkenntnis, dass viele Entscheidungen nicht aktiv getroffen, sondern passiv übernommen werden. Voreinstellungen, implizite Empfehlungen oder dominante Darstellungen reduzieren kognitive Belastung und werden deshalb häufig akzeptiert. Das ist kein Zeichen von Nachlässigkeit, sondern Ausdruck eines adaptiven Gehirns, das Komplexität reduziert. Entscheidungsdesign setzt genau an dieser Stelle an: Es gestaltet die „Abkürzungen“, die Menschen ohnehin nutzen.

M. Friedrich, *Einführung in die Verhaltens- und Neuroökonomie*, Edition Hochschule Weserbergland,
https://doi.org/10.1007/978-3-662-73735-4_3

Dabei bewegt sich Entscheidungsdesign in einem Spannungsfeld. Einerseits eröffnet es die Möglichkeit, Menschen bei Entscheidungen zu unterstützen, etwa indem Transparenz erhöht, Überforderung reduziert oder langfristig vorteilhafte Optionen wahrscheinlicher gemacht werden. Andererseits wirft es normative und ethische Fragen auf. Wo endet Unterstützung, wo beginnt Manipulation? Wer entscheidet, was eine gute Entscheidung ist? Diese Fragen begleiten alle Formen bewusster Entscheidungsarchitektur.

Die folgenden Unterkapitel konkretisieren dieses Spannungsfeld anhand zweier zentraler Konzepte: Framing und Nudging. Zunächst wird gezeigt, wie bereits minimale Veränderungen der Darstellung identischer Informationen zu systematisch unterschiedlichen Entscheidungen führen. Darauf aufbauend wird erläutert, wie solche Effekte gezielt eingesetzt werden können, um Verhalten vorhersehbar zu lenken, ohne Zwang, aber mit Wirkung.

Entscheidungsdesign macht damit deutlich, dass Rationalität ist nicht nur eine Eigenschaft von Individuen, sondern auch von Systemen ist. Gute Entscheidungen entstehen dort, wo Entscheidungsumgebungen so gestaltet sind, dass sie mit der Funktionsweise des menschlichen Gehirns kompatibel sind und nicht gegen diese laufen.

3.1 Entscheidungsdesign

Der **Framing-Effekt** macht deutlich, dass Entscheidungen nicht allein auf der Bewertung von Optionen beruhen, sondern auf der Art ihrer Repräsentation. Identische Inhalte führen zu unterschiedlichen Wahlhandlungen, sobald sie in unterschiedliche sprachliche oder kontextuelle Rahmen eingebettet werden. Damit verletzt Framing nicht nur das Invarianzprinzip der klassischen Entscheidungstheorie, sondern offenbart eine grundlegende Eigenschaft menschlichen Entscheidens. Präferenzen sind somit kontextsensitiv.

Diese **Kontextsensitivität** ist kein Zufall, sondern Ausdruck begrenzter kognitiver Ressourcen. Menschen bewerten Alternativen relativ, nicht absolut, und greifen auf emotionale und heuristische Bewertungsmechanismen zurück, insbesondere bei Unsicherheit, Zeitdruck oder probabilistischen Informationen. Frames strukturieren Aufmerksamkeit, definieren Referenzpunkte und aktivieren entweder Verlust- oder Gewinnorientierung. Sie bestimmen damit, wie eine Entscheidung wahrgenommen wird, noch bevor sie bewusst abgewogen wird.

Framing ist dabei in vielen Fällen unbeabsichtigt. Jede Beschreibung, jede Kennzahl, jede grafische Darstellung setzt implizit einen Bezugsrahmen. Genau diese Unvermeidbarkeit macht Framing zugleich analytisch relevant und praktisch folgenreich. Wo Entscheidungsprobleme nicht transparent sind oder keine Option eindeutig dominiert, entfalten Frames ihre stärkste Wirkung und eröffnen systematische Abweichungen vom rationalen Ideal.

An dieser Stelle setzt Nudging an. Es überführt die deskriptive Einsicht des Framings in eine normative Gestaltungsfrage. Wenn Entscheidungen immer gerahmt sind, wie sollten Entscheidungsumgebungen gestaltet werden, damit sie mit den kognitiven Eigenschaften menschlichen Denkens kompatibel sind? Nudging nutzt Frames nicht zufällig, sondern gezielt, um Verhalten vorhersehbar zu beeinflussen. Dabei bleibt die Wahlfreiheit erhalten, während das Wahlergebnis trotzdem beeinflusst wird.

3.1.1 Framing

Der Framing-Effekt beschreibt, dass identische Entscheidungsprobleme je nach sprachlicher oder kontextueller Darstellung zu unterschiedlichen Entscheidungen führen können. In ihrer einflussreichen Arbeit *Rational choice and the framing of decisions* (Tversky und Kahneman, 1986) zeigten die Autoren, dass diese Wirkung systematisch gegen das Invarianzprinzip der klassischen Entscheidungstheorie verstößt. Dieses Prinzip besagt, dass Präferenzen allein vom Inhalt einer Entscheidung abhängen sollten, nicht von ihrer Formulierung.

Tversky und Kahneman konnten in mehreren Experimenten nachweisen, dass Personen bei positiv formulierten Szenarien (Gewinn-Frame) tendenziell risikoavers reagieren, während sie bei negativ formulierten Szenarien (Verlust-Frame) eher risikofreudig werden. Ein prominentes Beispiel ist das sogenannte Asian-Disease-Problem. Probanden erhielten inhaltlich identische statistische Informationen zu zwei medizinischen Programmen gegen eine hypothetische Krankheit, einmal in Form geretteter Leben, einmal in Form erwarteter Todesfälle. Obwohl beide Darstellungen logisch äquivalent waren, führten sie zu signifikant unterschiedlichen Wahlmustern.

Das Asian-Disease-Problem

Der Framing-Effekt wird besonders anschaulich im sogenannten Asian-Disease-Problem (Tversky und Kahneman, 1981). Die Versuchspersonen sollten sich vorstellen, dass eine seltene asiatische Krankheit in den USA ausbricht, von der 600 Menschen betroffen sein werden. Zwei alternative Programme zur Bekämpfung der Krankheit standen zur Auswahl. Beide Programme waren statistisch logisch äquivalent, wurden jedoch unterschiedlich formuliert.

Gewinn-Frame (positiv formuliert):

- Programm A: 200 Menschen werden gerettet.
- Programm B: Es besteht eine Wahrscheinlichkeit von 1/3, dass alle 600 gerettet werden, und eine Wahrscheinlichkeit von 2/3, dass niemand gerettet wird.

Ergebnis: Rund 72 % der Befragten wählten Programm A (eine sichere Rettung für 200 Menschen) und verhielten sich damit risikoavers.

Verlust-Frame (negativ formuliert):

- Programm C: 400 Menschen werden sterben.
- Programm D: Es besteht eine Wahrscheinlichkeit von 1/3, dass niemand stirbt, und eine Wahrscheinlichkeit von 2/3, dass alle 600 sterben.

Ergebnis: Rund 78 % der Befragten wählten Programm D (die risikoreichere Option), obwohl die statistischen Wahrscheinlichkeiten identisch mit den Optionen A und B waren.

Interpretation: Der inhaltlich gleiche Sachverhalt löste je nach Formulierung völlig unterschiedliche Wahlmuster aus. Wurde das Szenario in Gewinnen („Menschen werden gerettet") dargestellt, dominierten sichere Optionen (Risikoaversion). Wurde es in Verlusten („Menschen werden sterben") beschrieben, stieg die Risikobereitschaft. Dieses Verhalten entspricht den Vorhersagen der Prospect Theory. Gewinne werden tendenziell konservativ, Verluste hingegen risikofreudig behandelt.

Bedeutung für die Ökonomie: Das Asian-Disease-Problem verdeutlicht, dass Entscheidungen nicht allein vom objektiven Nutzen abhängen, sondern stark von der sprachlichen Darstellung beeinflusst werden. Für Politik, Wirtschaft und Medizin bedeutet dies, dass die Art der Präsentation von Optionen das Verhalten von Entscheidungsträgern und der Öffentlichkeit entscheidend prägen kann. ◀

Darüber hinaus zeigte sich, dass Transparenz eine entscheidende Rolle spielt: Ist die Überlegenheit einer Option klar erkennbar (transparente Dominanz), verhalten sich die meisten Entscheider rational. Wird dieselbe Entscheidung jedoch intransparenter formuliert, treten kognitive Verzerrungen auf, wie etwa die subadditive Gewichtung von Wahrscheinlichkeiten, ein zentrales Element der Prospect Theory.

Die Implikationen des Framing-Effekts sind weitreichend: Er beeinflusst nicht nur Konsumentenentscheidungen, sondern auch Urteile in Medizin, Politik, Wirtschaft und Recht, und zwar selbst bei Expertinnen und Experten. Damit liefert der Framing-Effekt ein weiteres Beispiel für die Abweichung menschlichen Entscheidungsverhaltens vom Ideal des Homo oeconomicus und unterstreicht die Bedeutung verhaltenswissenschaftlicher Ansätze in der Ökonomie.

3.1.2 Nudging

Im vorhergehenden ▶ Kap. wurde gezeigt, wie bereits die sprachliche Darstellung eines Entscheidungsproblems, also das **Framing**, dazu führen kann, dass Menschen systematisch unterschiedliche Wahlentscheidungen treffen, obwohl die zugrunde liegenden Informationen identisch sind. Damit wurde deutlich, dass Entscheidungen nicht allein von objektiven Fakten abhängen, sondern auch von der Art und Weise, wie diese präsentiert und in den kognitiven Kontext der Handelnden eingebettet sind.

An genau diesem Punkt setzt das Konzept des **Nudging** an. Es nutzt Erkenntnisse der Verhaltensökonomie, um die Entscheidungsarchitektur gezielt zu gestalten. Dies geschieht nicht, indem Handlungsoptionen verboten oder ökonomische Anreize verändert werden, sondern indem kleine „Stupser" die Wahrscheinlichkeit erhöhen, dass Menschen im eigenen Interesse oder im Sinne gesellschaftlicher Ziele handeln.

Der Begriff Nudge wurde von Richard Thaler und Cass Sunstein (Thaler und Sunstein, 2008) geprägt. Sie definieren Nudging als eine gezielte Veränderung der Entscheidungsumgebung, die das Verhalten von Menschen auf vorhersagbare Weise beeinflusst, ohne dabei Optionen auszuschließen oder materielle Anreize erheblich zu verändern.

Ein Nudge erfüllt drei zentrale Kriterien:

1. Beibehaltung der Wahlfreiheit: Keine Option wird verboten oder unzugänglich gemacht.
2. Sanfte Beeinflussung: Menschen werden in eine bestimmte Richtung „geschubst", ohne Druck oder Zwang.
3. Verhaltenswirksamkeit: Die Veränderung funktioniert durch psychologische Mechanismen wie Heuristiken, Biases oder soziale Normen und führt systematisch zu anderem Verhalten.

Damit unterscheidet sich Nudging deutlich von klassischen ökonomischen Steuerungsinstrumenten wie Preisen, Steuern oder Regulierung. Nudging baut direkt auf den Konzepten von System 1 und System 2 sowie auf Heuristiken und Biases auf. Beispiele für Nudging können sein:

- **Default-Effekte**: Menschen neigen dazu, voreingestellte Optionen beizubehalten. Ein prominentes Beispiel ist die Organspende-Regelung: In Ländern mit einer Widerspruchslösung (man ist automatisch Spender, sofern man nicht aktiv ablehnt) sind die Spenderquoten deutlich höher als in Ländern mit Zustimmungslösung.
- **Salienz und Sichtbarkeit**: In Kantinen steigt der Konsum von Obst signifikant, wenn dieses in Augenhöhe platziert wird, während ungesündere Alternativen etwas weniger präsent angeboten werden.
- **Soziale Normen**: Stromanbieter berichten ihren Kundinnen und Kunden den durchschnittlichen Verbrauch der Nachbarschaft. Wer überdurchschnittlich viel Energie verbraucht, reduziert seinen Konsum häufig, um nicht negativ abzuweichen.
- **Framing von Informationen**: Nudges nutzen auch die inhaltlichen Mechanismen des Framings. Beispielsweise reagieren Patienten stärker auf die Formulierung „90 % Überlebensrate" als auf „10 % Sterberisiko", obwohl beide Aussagen identisch sind.

Nudging wird in vielen Bereichen eingesetzt, etwa in Gesundheit (gesündere Ernährung), Finanzen (höhere Sparquoten), Umwelt (Energieeinsparung) oder Politik (Erhöhung der Wahlbeteiligung). Es gilt jedoch, ethische Fragen zu beachten. Ab wann gilt ein sanfter Stups als Manipulation? Und wer entscheidet, in welche Richtung die Bevölkerung „gestupst" werden soll? Thaler und Sunstein sprechen in diesem Zusammenhang von „libertärem Paternalismus". Nudges sollen die Entscheidungsfreiheit wahren, zugleich aber Menschen helfen, bessere Entscheidungen im eigenen Interesse zu treffen, zum Beispiel mehr Vorsorge zu betreiben oder gesünder zu leben.

Nudging zeigt, dass die Gestaltung der Entscheidungsarchitektur einen entscheidenden Einfluss auf menschliches Verhalten hat. Der Übergang vom Framing zum Nudging macht deutlich, wie eng Sprache, Wahrnehmung und Kontexteinstellungen zusammenwirken. Während Framing unbeabsichtigt Verzerrungen hervorruft, nutzt Nudging diese Mechanismen bewusst, um Verhalten in eine gewünschte Richtung zu lenken. Nudges kommen dabei ohne Zwang aus, entfalten aber regelmäßig eine spürbare Wirkung.

3.2 Leadership

Führung wirkt nicht primär über Ansagen, Ziele oder Organigramme, sondern über Zustände im Team. Sicherheit oder Unsicherheit, Zugehörigkeit oder Ausschluss, Autonomie oder Kontrollverlust sind solche Zustände und wirken wie Weichen. Aus neuro- und verhaltenswissenschaftlicher Sicht ist Leadership damit weniger Steuerung von außen als Regulation von innen: die Regulation von Motivation, Aufmerksamkeit und Kooperationsbereitschaft in einem sozialen System.

Das Gehirn jedes Mitarbeitenden bewertet Führungssituationen fortlaufend entlang einer einfachen Logik. Belohnung oder Bedrohung? Diese Bewertung ist schnell, häufig unbewusst und dennoch handlungsleitend. Sie entscheidet, ob Menschen offen denken, lernen, Verantwortung übernehmen und Risiken eingehen oder ob sie sich absichern, rechtfertigen, Informationen zurückhalten und auf Fehlervermeidung schalten. Produktivität, Kreativität und Vertrauen sind in diesem Sinne nicht nur kulturelle Schlagworte, sondern Resultate stabiler neuropsychologischer Zustände.

Damit wird verständlich, warum gute Führung nicht durch ein einzelnes Instrument erklärbar ist. Ein enges Monitoring kann für die eine Person Klarheit schaffen und Leistung stabilisieren, für die andere jedoch als Misstrauen erlebt werden und Widerstand auslösen. Monetäre Anerkennung kann motivieren oder als unfair wahrgenommen werden, wenn Kriterien unklar sind. Selbst gut gemeinte Veränderungen können als Verlust gerahmt werden und dadurch Abwehr provozieren. Führung ist daher immer auch Entscheidungsarchitektur. Sie strukturiert Wahrnehmung, setzt Frames und beeinflusst, welche Handlungsoptionen als sinnvoll, sicher oder lohnend erscheinen.

Die folgenden Abschnitte übersetzen dieses Grundprinzip in konkrete Modelle und Mechanismen. Sie beginnen mit Maslows Bedürfnishierarchie als klassischer Orientierungsrahmen, erweitern den Blick über die neurobiologische Bedeutung sozialer Eingebundenheit und führen mit dem SCARF-Modell ein präzises Instrument ein, um Status, Gewissheit, Autonomie, Verbundenheit und Fairness als zentrale Hebel der Führung zu verstehen. Den Abschluss bildet Peak Performance und damit die Frage, unter welchen Bedingungen Menschen ihr Leistungsoptimum erreichen und warum mehr Druck Leistung oft nicht erhöht, sondern das Gegenteil bewirken kann.

3.2.1 Die Bedeutung menschlicher Bedürfnisse

Führung ist weit mehr als das Setzen von Zielen und das Verteilen von Aufgaben. Moderne Neuro- und Verhaltenswissenschaften zeigen, dass erfolgreiche Führung entscheidend davon abhängt, wie gut eine Führungskraft die Bedürfnisse und Motivationsstrukturen ihrer Mitarbeiterinnen und Mitarbeiter versteht (Bojović und Stojadinović Jovanović, 2020). Denn Menschen treffen Entscheidungen, verhalten sich kooperativ oder verweigern Engagement nicht allein auf der Basis rationaler Kalküle, sondern in starkem Maße aufgrund emotionaler, kognitiver und sozialer Prozesse.

Neurowissenschaftliche Studien verdeutlichen, dass das Gehirn kontinuierlich eine Balance zwischen Belohnung und Bedrohung abwägt. Wird ein Bedürfnis, etwa nach Sicherheit, Anerkennung oder Autonomie, erfüllt, werden positive Emotionen und dopaminvermittelte Belohnungsreaktionen ausgelöst, die Motivation und Lernbereitschaft steigern. Wird es verletzt, aktiviert das Gehirn Stress- und Vermeidungssysteme, was Engagement blockiert und Widerstand verstärkt.

Für Leadership bedeutet dies, dass wirksame Führung ein Verständnis dafür voraussetzt, welche Bedürfnisse für welche Personen besonders relevant sind. Manche Mitarbeitende reagieren sensibel auf Anerkennung und Feedback, andere legen großen Wert auf Gestaltungsfreiheit oder auf die Verlässlichkeit von Strukturen. Ein und dieselbe Führungsmaßnahme, etwa ein enges Monitoring, kann daher auf die eine Person motivierend, auf die andere hingegen demotivierend wirken.

Verhaltensökonomische Konzepte wie Prospect Theory, Verlustaversion und Framing zeigen zusätzlich, dass Mitarbeitende Entscheidungen und Führungssituationen nicht neutral bewerten, sondern durch kognitive Verzerrungen geprägt sind. Ein Leader, der diese Mechanismen kennt, kann Kommunikations- und Entscheidungssituationen so gestalten, dass Mitarbeitende eher Chancen als Bedrohungen wahrnehmen, die Kooperationsbereitschaft steigt und Konflikte reduziert werden.

Damit ergibt sich ein neues Bild von Leadership. Nicht nur die klassischen Führungsinstrumente zählen, sondern die Fähigkeit, neuro- und verhaltenswissenschaftliche Erkenntnisse in das tägliche Führungsverhalten zu integrieren. Erfolgreiche Führungskräfte sind in diesem Verständnis zugleich Architekten von Entscheidungssituationen, die Motivation, Vertrauen und Leistungsbereitschaft fördern, weil sie die Bedürfnisstruktur der Menschen in ihrem Team ernst nehmen und gezielt berücksichtigen.

3.2.2 Die maslowsche Bedürfnispyramide

Das wohl bekannteste **Modell menschlicher Bedürfnisse stammt aus dem Jahr 1943**. In seinem grundlegenden Aufsatz *A Theory of Human Motivation* (Maslow, 1943) entwarf Abraham H. Maslow ein hierarchisches Modell menschlicher Bedürfnisse. Ausgangspunkt seiner Überlegungen war die Beobachtung, dass menschliches Verhalten in weiten Teilen auf die Befriedigung von Bedürfnissen ausgerichtet ist und dass diese Bedürfnisse in einer gewissen Rangordnung stehen.

Maslow unterscheidet **fünf Kategorien von Bedürfnissen**, die er in einer aufsteigenden Reihenfolge anordnet:

1. **Physiologische Bedürfnisse**
   Diese bilden die fundamentale Basis und umfassen biologische Notwendigkeiten wie Nahrung, Wasser, Schlaf und Atmung. Ohne deren Befriedigung können höhere Motive kaum Bedeutung entfalten.
2. **Sicherheitsbedürfnisse**
   Sind die Grundbedürfnisse weitgehend erfüllt, treten Sicherheitsaspekte in den Vordergrund, Schutz vor Gefahren, Stabilität der Umwelt, Ordnung und Verlässlichkeit.
3. **Soziale Bedürfnisse (Love and Belongingness)**
   Der Mensch strebt nach Zugehörigkeit, nach Freundschaft, Partnerschaft und Integration in soziale Gruppen. Gefühle von Isolation oder Ablehnung wirken daher stark demotivierend.
4. **Bedürfnis nach Achtung (Esteem)**
   Auf dieser Stufe unterscheidet Maslow zwei Dimensionen. Einerseits Selbstachtung, Kompetenz und Unabhängigkeit, andererseits Anerkennung, Status und Wertschätzung durch andere.
5. **Selbstverwirklichung (Self-Actualization)**
   An der Spitze der Hierarchie steht das Streben, die eigenen Potenziale voll zu entfalten und die eigenen Möglichkeiten „zu werden, was man sein kann". Maslow beschreibt dies als das Bedürfnis, Wachstum, Kreativität und Sinn zu realisieren.

Die Theorie zielt somit auf ein dynamisches, aber hierarchisches Verständnis menschlicher Motivation ab. Sie erklärt, warum Individuen in unterschiedlichen Lebenssituationen auf unterschiedliche Anreize reagieren, und sie legt den Grundstein für zahlreiche spätere Forschungs- und Anwendungsfelder in Psychologie, Ökonomie und Management.

Obwohl die maslowsche Bedürfnispyramide zu den bekanntesten Modellen der Motivationspsychologie gehört, ist sie in der wissenschaftlichen Diskussion vielfach kritisiert worden. Schon früh wurde die schwache empirische Basis der Theorie kritisiert (Wahba und Bridwell, 1976). Vor allem die zentrale Annahme, dass Bedürfnisse in einer festen hierarchischen Reihenfolge befriedigt werden müssen, ließ sich nicht bestätigen. Menschen verfolgen oft mehrere Bedürfnisse gleichzeitig, und höhere Motive können auch dann handlungsleitend sein, wenn basale Bedürfnisse nicht vollständig erfüllt sind.

Neuere Untersuchungen mit breiter Datenbasis zeigen zudem, dass die von Maslow beschriebenen Grundbedürfnisse zwar universell bedeutsam sind, sich aber nicht in der strikten Form einer Pyramide entfalten (Tay und Diener, 2011). So können Individuen etwa nach Selbstverwirklichung streben, obwohl Sicherheits- oder Zugehörigkeitsbedürfnisse nicht vollständig gedeckt sind. Darüber hinaus belegen kulturvergleichende Studien, dass die Gewichtung der Bedürfnisse erheblich variiert. Während in westlich-individualistischen

Gesellschaften die Selbstverwirklichung besonders hervorgehoben wird, stehen in kollektivistischen Kontexten soziale Einbindung und Gemeinschaft höher im Rang.

Darüber hinaus hält Maslows Modell den neueren neurowissenschaftlichen Erkenntnissen nur eingeschränkt stand. Die Entdeckung der Spiegelneuronen etwa zeigt, dass soziale Verbundenheit, Empathie und die Orientierung am Verhalten anderer Menschen tief im neuronalen System verankert sind. Solche Mechanismen wirken häufig automatisch und parallel zu anderen Motivationen und widersprechen damit der Vorstellung einer streng linearen Bedürfnisabfolge. Gerade aus Sicht der Neuroökonomie wird deutlich, dass Motivation weniger als Pyramide, sondern eher als dynamisches Zusammenspiel verschiedener neuronaler Systeme verstanden werden muss.

Damit bleibt die maslowsche Bedürfnispyramide vor allem ein heuristisches Modell, das eine anschauliche Orientierung für das Verständnis menschlicher Motivation bietet. Als empirisch abgesicherte Theorie ist sie jedoch nur eingeschränkt tragfähig. Für die Führungsforschung bedeutet dies, dass die Berücksichtigung von Bedürfnissen weiterhin zentral ist, ihre Ausprägung und Priorisierung aber stets kontext-, kultur- und neurobiologisch variabel verstanden werden müssen.

3.2.3 Die Bedeutung sozialer Eingebundenheit

Ein wichtiger Meilenstein in den Neurowissenschaften war die Entdeckung der sogenannten **Spiegelneuronen** Anfang der 1990er-Jahre. Ein Forscherteam um Giacomo Rizzolatti an der Universität Parma untersuchte damals das motorische System von Makaken. Ziel war es, herauszufinden, welche Nervenzellen im prämotorischen Kortex bei der Planung und Ausführung von Handlungen aktiv werden (Di Pellegrino et al., 1992).

Dabei stießen die Wissenschaftler auf ein überraschendes Phänomen. Bestimmte Neuronen feuerten nicht nur dann, wenn der Affe selbst eine Handlung ausführte, etwa wenn er nach einer Nuss griff, sondern auch dann, wenn er lediglich beobachtete, wie ein Mensch oder ein Artgenosse die gleiche Handlung vollzog. Die Zellen „spiegelten" also das Verhalten anderer im eigenen Nervensystem. Diese Nervenzellen erhielten später den Namen Spiegelneuronen.

Die Entdeckung hatte weitreichende Implikationen. Die Befunde deuten darauf hin, dass das Gehirn nicht nur zwischen „eigenem" und „fremdem" Handeln unterscheidet, sondern fremdes Verhalten automatisch in den eigenen Handlungsapparat übersetzt. Dadurch entstand eine neurobiologische Erklärung für Phänomene wie Nachahmungslernen, **Empathie** und soziales Verstehen. In der Folge wurde die Forschung an Spiegelneuronen auch für Psychologie, Pädagogik, Ökonomie und insbesondere für die Leadership-Forschung hochrelevant. Sie zeigt, dass menschliche Interaktion tief in der biologischen Ausstattung verankert ist.

Die Entdeckung der Spiegelneuronen hat unser Verständnis von sozialem Verhalten grundlegend erweitert und zeigt, dass das Gehirn von Beginn an auf soziale Interaktion ausgerichtet ist. Empathie, Nachahmungslernen und das intuitive Verstehen anderer lassen sich damit neurobiologisch erklären.

Diese Erkenntnis macht deutlich, dass soziale Verbundenheit nicht nur ein höheres Bedürfnis im Sinne Maslows ist, sondern eine tief im Nervensystem verankerte Grundfunktion. Bereits auf der Ebene einzelner Nervenzellen ist das menschliche Gehirn darauf programmiert, das Handeln anderer nachzuvollziehen und sich in sie hineinzuversetzen. Soziale Interaktion erscheint damit nicht als Luxus, sondern als grundlegende Voraussetzung für Lernen, Kooperation und Überleben.

Auch aus anthropologischer Perspektive lässt sich dies nachvollziehen. Der Mensch ist ein Herdentier, dessen Entwicklung und Überleben seit jeher von Zusammenarbeit abhingen. In frühen Jäger-und-Sammler-Gesellschaften war die enge Abstimmung innerhalb der Gruppe entscheidend für Nahrungssuche, Schutz und Kinderaufzucht. Wer soziale Signale nicht wahrnahm oder das Verhalten anderer nicht verstehen konnte, hatte geringere Überlebenschancen. Die Fähigkeit, sich in andere hineinzuversetzen, wurde so zu einem zentralen evolutionären Vorteil und spiegelt sich heute in den neuronalen Mechanismen der Spiegelneuronen wider.

Einen eindrucksvollen Beleg für diese fundamentale Bedeutung sozialer Zugehörigkeit liefert ein Experiment, bei dem Probandinnen und Probanden an einem virtuellen Ballspiel („Cyberball") teilnahmen (Eisenberger et al., 2003). Zunächst spielten sie scheinbar gemeinsam mit zwei anderen Spielern, wurden dann jedoch plötzlich von den Mitspielern ausgeschlossen und nicht mehr ins Spiel einbezogen. Währenddessen wurde ihre Gehirnaktivität mittels funktioneller Magnetresonanztomographie (fMRT) aufgezeichnet.

Das Ergebnis war bemerkenswert. Der soziale Ausschluss aktivierte dieselben Hirnregionen, die auch bei physischem Schmerz eine zentrale Rolle spielen, insbesondere den anterioren cingulären Kortex. Mit anderen Worten, das Gehirn verarbeitet den Verlust sozialer Zugehörigkeit ähnlich wie körperliche Verletzungen.

Dieses Experiment zeigt, dass soziale Eingebundenheit ein existenzielles Grundbedürfnis darstellt, dessen Frustration unmittelbare neuronale Stressreaktionen auslöst. Soziale Isolation wird nicht nur als psychologisch belastend erlebt, sondern ist tief im Schmerzsystem des Gehirns verankert.

Damit verdeutlicht die neurowissenschaftliche wie auch anthropologische Perspektive, dass soziale Interaktion kein nachgeordnetes Bedürfnis, sondern ein grundlegendes Element menschlicher Existenz darstellt. Für die Leadership-Forschung bedeutet das, dass Führung ohne die Anerkennung sozialer Verbundenheit kaum wirksam sein kann. Motivation, Kooperation und Vertrauen bauen unmittelbar auf diesem neurobiologisch und evolutionär verankerten Bedürfnis nach sozialer Eingebundenheit auf.

3.2.4 Das SCARF-Modell

Während Abraham Maslow mit seiner Bedürfnispyramide die menschlichen Motive in einer hierarchischen Struktur von physiologischen Grundbedürfnissen bis hin zur Selbstverwirklichung beschrieben hat, geht das **SCARF-Modell** einen anderen Weg (Rock, 2008). Es stellt insbesondere die Rolle sozialer Interaktionen in den Mittelpunkt und verdeutlicht, dass das menschliche Gehirn soziale Signale ähnlich stark verarbeitet wie physische Bedrohungen oder Belohnungen.

Ausgangspunkt des Modells ist das Prinzip der Annäherung und Vermeidung. Das Gehirn strebt danach, Belohnungen zu maximieren und Bedrohungen zu minimieren. Bedrohungen reduzieren die kognitive Leistungsfähigkeit und engen die Wahrnehmung ein, während Belohnungen Kreativität, Problemlösungsfähigkeit und Kooperation fördern. Dieses Prinzip wirkt im sozialen Kontext genauso wie bei primären Überlebensbedürfnissen.

Die Bedeutung der Annäherungs- und Vermeidungsreaktionen wird verständlicher, wenn man die deutlichen Auswirkungen, die diese Zustände auf Wahrnehmung und Problemlösung haben können, und die Implikationen für Entscheidungsfindung, Stressbewältigung, Zusammenarbeit und Motivation betrachtet.

In einer Studie untersuchten Friedman und Förster (2001), wie Annäherungs- versus Vermeidungsorientierung kognitive Prozesse beeinflusst, insbesondere die kreative Problemlösefähigkeit. Dazu nutzten sie ein scheinbar neutrales Papier-und-Bleistift-Labyrinth, um unterschiedliche motivational-emotionale Zustände zu aktivieren, ohne dies explizit zu thematisieren.

Die Versuchspersonen wurden zufällig zwei Gruppen zugeteilt. Beide Gruppen erhielten dasselbe Labyrinth, in dessen Zentrum sich eine stilisierte Maus befand. Die Aufgabe bestand darin, die Maus durch das Labyrinth zu einem Ziel am Rand zu führen. Der entscheidende Unterschied lag allein in der Art des Zielreizes. In der Annäherungsvariante war das Ziel ein Stück Käse, ein positiver, belohnungsbezogener Reiz. In der Vermeidungsvariante war das Ziel eine Eule, also ein potenzielles Raubtier und damit ein bedrohlicher Reiz.

Wichtig ist, dass den Teilnehmenden nicht erklärt wurde, dass ihre Motivation oder ihr emotionaler Zustand untersucht werden sollte. Die Annäherungs- bzw. Vermeidungsreaktion wurde somit implizit ausgelöst. Während die Personen das Labyrinth bearbeiteten, aktivierten sie unbewusst entweder ein auf Belohnung und Exploration ausgerichtetes motivationales System oder ein auf Gefahr, Vorsicht und Kontrolle ausgerichtetes System.

Unmittelbar nach dem Labyrinth bearbeiteten alle Teilnehmenden mehrere Kreativitätstests, etwa Aufgaben zum divergenten Denken (z. B. ungewöhnliche Verwendungsmöglichkeiten für Alltagsgegenstände). Dabei zeigte sich ein klarer Effekt. Personen aus der Annäherungsvariante lösten signifikant mehr kreative Probleme und produzierten originellere Lösungen als Personen aus der Vermeidungsvariante.

Die Autoren interpretierten dieses Ergebnis dahingehend, dass Annäherungsmotivation mit einem offeneren, flexibleren und explorativeren Denkstil einhergeht, der kreatives Denken begünstigt. Vermeidungsmotivation hingegen führt zu einem engeren, stärker kontrollierten Aufmerksamkeitsfokus, der zwar für Gefahrenerkennung sinnvoll ist, kreative Prozesse jedoch hemmt.

Das SCARF-Modell identifiziert fünf zentrale Dimensionen (◉ Tab. 3.1), die menschliches Verhalten in sozialen Kontexten prägen:

Tab. 3.1 Das SCARF-Modell

Buchstabe	Dimension	Beschreibung
S	Status	Wahrgenommene soziale Rangordnung; steigt oder sinkt im Vergleich zu anderen.
C	Certainty (Gewissheit)	Bedürfnis nach Vorhersagbarkeit und Klarheit, Unsicherheit erzeugt Stress.
A	Autonomy (Autonomie)	Gefühl, Kontrolle über eigene Entscheidungen zu haben.
R	Relatedness (Verbundenheit)	Gefühl von Zugehörigkeit, Vertrauen und sozialer Nähe.
F	Fairness (Gerechtigkeit)	Wahrnehmung, ob Prozesse oder Ergebnisse fair sind.

Diese Dimensionen stellen gleichzeitig auch Handlungsoptionen für Führungskräfte dar. Im Mittelpunkt steht dabei das Prinzip der Annäherung und Vermeidung. Nachstehend werden die Dimensionen des SCARF-Modells im Hinblick auf Handlungsmöglichkeiten für Führungskräfte betrachtet.

Status:

Status bezieht sich auf relative Bedeutung, Rangordnung („pecking order") und Seniorität. Menschen haben eine mentale Repräsentation ihres Status im Verhältnis zu anderen, was kognitive Prozesse auf vielfältige Weise beeinflusst (Zink et al., 2008). Das eigene Statusgefühl steigt, wenn man sich als besser im Vergleich zu einer anderen Person fühlt. In diesem Moment wird das primäre Belohnungssystem aktiviert. Ein Statusanstieg ist in seiner Wirkung mit einem finanziellen Gewinn vergleichbar (Izuma et al., 2008). Einen Schwimmwettbewerb zu gewinnen, ein Kartenspiel oder eine Diskussion für sich zu entscheiden, fühlt sich wahrscheinlich deshalb so gut an, weil die Wahrnehmung eines gestiegenen Status das Belohnungssystem aktiviert.

Die Wahrnehmung eines potenziellen oder realen Statusverlustes kann dagegen eine starke Bedrohungsreaktion auslösen. Wie oben bereits beschrieben, aktiviert ein Statusabfall infolge eines sozialen Ausschlusses dieselben Gehirnregionen wie physischer Schmerz.

Handlungsfeld 1: Anerkennung und Feedback

Führungskräfte können den Status ihrer Mitarbeitenden gezielt erhöhen, indem sie individuelle Leistungen sichtbar machen und anerkennen. Schon kleine Formen öffentlicher Wertschätzung, etwa ein Lob im Teammeeting oder die Hervorhebung besonderer Beiträge in einem Projektbericht, aktivieren das Belohnungssystem und stärken das Gefühl der Bedeutsamkeit. Wichtig ist dabei, dass Anerkennung spezifisch, authentisch und auf konkrete Fortschritte bezogen erfolgt.

Handlungsfeld 2: Möglichkeiten zur Weiterentwicklung

Auch die Förderung von Lern- und Entwicklungschancen erhöht das Statusgefühl. Wenn Mitarbeitende erleben, dass ihre Kompetenzen wachsen und ihr Wissen gefragt ist, steigert dies das subjektive Empfinden, besser zu sein als in der Vergangenheit. Führungskräfte können dies unterstützen, indem sie gezielt anspruchsvolle Aufgaben übertragen, Weiterbildungsangebote eröffnen oder Expertenrollen im Team vergeben. Damit wird Status nicht allein über Hierarchie oder Titel vermittelt, sondern über persönliche Entwicklung und Expertise.

Certainty (Sicherheit):

Das Gehirn ist in hohem Maße auf Mustererkennung spezialisiert und versucht fortwährend, die nahe Zukunft vorherzusagen. So ist das motorische System ohne die Einbindung sensorischer Informationen kaum funktionsfähig. Wenn wir beispielsweise eine Tasse Kaffee ergreifen, liefern die Sinnesorgane fortlaufend Rückmeldungen über die Fingerposition. Diese Informationen werden mit gespeicherten Erfahrungen abgeglichen, sodass Bewegungen präzise gesteuert werden können. Der Umgang mit einer Tasse muss nicht jedes Mal neu gelernt werden. Das Gehirn greift auf Erwartungen aus früheren Erfahrungen zurück. Fühlt sich die Tasse jedoch anders an, richtet sich unsere Aufmerksamkeit sofort darauf (Hawkins und Blakeslee, 2004). Das zeigt, dass das Gehirn nach Vorhersagbarkeit strebt, da diese Sicherheit bietet. Fehlt sie, muss die Verarbeitung über den energieintensiven präfrontalen Kortex erfolgen, was erheblich mehr Ressourcen beansprucht.

Bereits geringe Unsicherheit aktiviert im orbitofrontalen Kortex (OFC) eine Fehlermeldung. Diese lenkt die Aufmerksamkeit von den eigentlichen Zielen ab und bindet kognitive Kapazitäten (Hedden und Gabrieli, 2006). Unvollständige Informationen oder widersprüchliches Verhalten anderer können solche Fehlerreaktionen auslösen. Vergleichbar ist dies mit einem blinkenden Druckersymbol bei Papierstau. Solange das Problem nicht gelöst ist, fällt es schwer, sich auf anderes zu konzentrieren. Größere Unsicherheiten, etwa unklare Erwartungen des Vorgesetzten oder Zweifel an der Arbeitsplatzsicherheit, wirken entsprechend noch stärker belastend.

Umgekehrt ist das Erzeugen von Sicherheit belohnend. Wiedererkennbare Muster, wie sie in einfacher Musik vorkommen, werden als angenehm erlebt, weil sie Vorhersagen ermöglichen. Wenn Erwartungen erfüllt werden, reagiert das Belohnungssystem mit einer Erhöhung des Dopaminspiegels (Schultz, 1999). Auch die Rückkehr an vertraute Orte wirkt positiv, da gespeicherte mentale Karten ohne großen Aufwand aktiviert werden können.

Handlungsfeld 1: Erwartungen klar kommunizieren

Führungskräfte können Unsicherheit verringern, indem sie Aufgaben, Rollen und Ziele transparent machen. Schon kleine Maßnahmen wie die präzise Formulierung von Arbeitsaufträgen, das Festlegen klarer Zeitrahmen oder die vorherige Gliederung von Meetings schaffen Vorhersagbarkeit. Die Mitarbeitenden wissen dadurch, was sie erwartet, und können ihre Energie für die Aufgabenbewältigung verwenden, statt unklare Signale interpretieren zu müssen.

Handlungsfeld 2: Orientierung in Veränderungsprozessen geben

Gerade in Phasen des Wandels ist Unsicherheit besonders hoch. Führungskräfte können hier durch regelmäßige Updates, transparente Informationen und die Benennung klarer

Zeitpunkte, an denen neue Entscheidungen fallen, Sicherheit vermitteln. Dies funktioniert auch dann, wenn eine bestimmte Situation an sich unsicher bleibt. Schon das Wissen, wann es mehr Klarheit geben wird, reduziert Stress und stärkt Vertrauen.

Autonomy:

Autonomie bezeichnet die Wahrnehmung, Kontrolle über die eigene Umwelt auszuüben, sowie das Empfinden, Wahlmöglichkeiten zu haben. Das Maß der Kontrolle, das Organismen über einen Stressfaktor ausüben können, entscheidet darüber, ob dieser Stressor die Funktionsweise dieses Organismus beeinträchtigt oder nicht (Mineka und Hendersen, 1985). Unkontrollierbarer Stress kann hochgradig schädlich sein, während derselbe Stress, wenn er als beherrschbar erlebt wird, deutlich weniger destruktiv wirkt (Donny et al., 2006).

Eine Zunahme des Autonomieempfindens wirkt belohnend. Mehrere Studien zeigen starke Zusammenhänge zwischen dem Gefühl von Kontrolle und positiven Gesundheitseffekten (Rodin, 1986).

Umgekehrt kann ein Verlust an Autonomie eine deutliche Bedrohungsreaktion auslösen, etwa wenn Mitarbeitende Mikromanagement ausgesetzt sind. Das Gefühl mangelnder Kontrolle geht dann mit dem Erleben einher, keinen Einfluss auf Ergebnisse nehmen zu können und nicht handlungsfähig zu sein.

Handlungsfeld 1: Wahlmöglichkeiten eröffnen
Selbst kleine Spielräume stärken das Autonomieempfinden. Führungskräfte können Mitarbeitenden Optionen anbieten, etwa bei der Wahl von Arbeitsmethoden („Möchten Sie Variante A oder B umsetzen?"), bei der Gestaltung von Arbeitszeiten oder bei der Priorisierung einzelner Aufgaben. Das Gefühl, Entscheidungen selbst treffen zu dürfen, reduziert Bedrohungsreaktionen und steigert intrinsische Motivation.

Handlungsfeld 2: Verantwortung übertragen statt Mikromanagement
Anstatt Arbeitsschritte eng zu kontrollieren, sollten Führungskräfte ihren Mitarbeitenden Verantwortung für Ergebnisse übertragen und Vertrauen in deren Kompetenz zeigen. Dazu gehört, Ziele klar zu formulieren, aber die Umsetzung den Mitarbeitenden zu überlassen. Diese Freiheit signalisiert Vertrauen und fördert ein starkes Gefühl von Eigenverantwortung und Selbstwirksamkeit.

Relatedness (Verbundenheit):

Verbundenheit bedeutet, zu entscheiden, ob andere innerhalb oder außerhalb einer sozialen Gruppe stehen, ob jemand als Freund oder Feind wahrgenommen wird. Verbundenheit ist ein wesentlicher Treiber menschlichen Verhaltens in vielen Teamkonstellationen, sei es im Sport oder in organisatorischen Abteilungen. Anthropologisch betrachtet, neigen Menschen dazu, „Stämme" zu bilden, in denen sie ein Gefühl der Zugehörigkeit erleben.

Die Entscheidung, ob jemand Freund oder Feind ist, fällt sehr schnell und beeinflusst die Gehirnaktivität (Carter und Pelphrey, 2008). So werden Informationen von Menschen, die als „uns ähnlich" wahrgenommen werden, mit ähnlichen neuronalen

Schaltkreisen verarbeitet wie die eigenen Gedanken. Wird jemand dagegen als Feind gesehen, greifen andere Schaltkreise (Mitchell et al., 2006). Auch die Fähigkeit zur Empathie sinkt deutlich, wenn eine Person als Konkurrent betrachtet wird (Singer et al., 2006). Im Gegensatz zu Maslows Einordnung ist das Bedürfnis nach sicheren sozialen Kontakten als primäres Grundbedürfnis zu verstehen, vergleichbar mit dem Bedürfnis nach Nahrung (Cacioppo und Patrick, 2009). Fehlen sichere soziale Interaktionen, reagiert der Körper mit einer Bedrohungsantwort, die wir als Einsamkeit empfinden. Gleichzeitig erzeugt der Kontakt mit unbekannten Menschen automatisch eine Bedrohungsreaktion. Das erklärt, warum man sich auf einer Feier wohler fühlt, wenn man mehrere Personen kennt als nur eine. Das Hormon Oxytocin hilft dabei, die Feind-Freund-Schwelle zu überwinden.

So arbeiten Teams deutlich besser zusammen, wenn die Teammitglieder Oxytocin über ein Nasenspray erhalten (Kosfeld et al., 2005). Doch auch einfache Gesten wie ein Händedruck, das Austauschen von Namen oder ein Gespräch über Gemeinsamkeiten können das Gefühl von Nähe steigern, indem sie die Ausschüttung von Oxytocin fördern.

Das Konzept der Verbundenheit hängt eng mit dem des Vertrauens zusammen. Vertrauen entsteht gegenüber Menschen, die zur eigenen Gruppe zu gehören scheinen und mit denen eine Verbindung besteht. Dies erzeugt positive Annäherungsreaktionen. Umgekehrt führt unzuverlässiges Verhalten meist dazu, dass Vertrauen entzogen wird. Je stärker Menschen einander vertrauen, desto intensiver ist die Zusammenarbeit und desto mehr Informationen werden geteilt.

Handlungsfeld 1: Gelegenheiten für soziale Nähe schaffen
Führungskräfte können gezielt Räume für informelle Interaktion eröffnen, wie zum Beispiel kurze persönliche Austauschrunden zu Beginn von Meetings, gemeinsame Mittagessen oder Team-Events. Schon kleine Rituale wie das gegenseitige Begrüßen oder das Teilen persönlicher Erfahrungen (z. B. „Highlight der Woche") steigern das Zugehörigkeitsgefühl und reduzieren die automatische Bedrohungsreaktion gegenüber anderen.

Handlungsfeld 2: Vertrauensvolle Beziehungen fördern
Ein zentrales Element von Relatedness ist Vertrauen. Führungskräfte können dieses stärken, indem sie Transparenz schaffen, selbst Verlässlichkeit zeigen und aktiv Vertrauen in ihre Mitarbeitenden ausdrücken. Auch Mentoring- oder Buddy-Programme erhöhen das Gefühl von Zugehörigkeit. Wer erlebt, dass ihm vertraut wird, reagiert mit größerer Offenheit und kooperativerem Verhalten.

Fairness:

Studien von Golnaz Tabibnia und Matthew Lieberman an der UCLA zeigten, dass 0,50 US$ im Gehirn eine stärkere Belohnungsreaktion auslösten als 10 US$. Dieses wenig intuitive Ergebnis entspringt einem Setting, in dem der Erhalt von 0,50 US$ aus der Allokation von 1 US$ stammte, also die Hälfte des Gesamtbetrags ausmachte. Demgegenüber stammten die 10 US$ aus der Allokation von 50 US$ (Tabibnia und Lieberman, 2007). Diese und weitere Untersuchungen, wie zum Beispiel das Ultimatumspiel, verdeutlichen, dass faire Austauschprozesse intrinsisch belohnend wirken, unabhängig von anderen Faktoren. Das Bedürfnis nach Fairness könnte daher erklären, warum Menschen innere Belohnung empfinden, wenn sie ehrenamtlich tätig sind und damit Ungerechtigkeit in der Welt verringern.

Umgekehrt rufen unfaire Austauschprozesse eine starke Bedrohungsreaktion hervor. Mitunter ist dabei auch die Insula aktiv, ein Hirnareal, das mit intensiven Emotionen wie Ekel verbunden ist. Unfaire Situationen können Menschen so stark motivieren, dass sie sogar bereit sind, für die Beseitigung wahrgenommener Ungerechtigkeit ihr Leben zu riskieren, so zum Beispiel in politischen Auseinandersetzungen. Zudem empfinden Menschen, die andere als unfair wahrnehmen, kaum Empathie für deren Leiden. In manchen Fällen erleben sie es sogar als belohnend, wenn diese unfair Handelnden bestraft werden (Singer et al., 2006).

Handlungsfeld 1: Transparente Entscheidungsprozesse schaffen
Mitarbeitende empfinden Entscheidungen als deutlich fairer, wenn nachvollziehbar ist, wie sie zustande kommen. Führungskräfte können dies fördern, indem sie Kriterien für Beförderungen, Ressourcenzuteilungen oder Projektvergaben offenlegen. Auch das frühzeitige Einbinden von Mitarbeitenden in Entscheidungsprozesse erhöht die Wahrnehmung von Fairness und reduziert potenzielle Bedrohungsreaktionen.

Handlungsfeld 2: Einheitliche Regeln konsequent anwenden
Unterschiedliche Maßstäbe für verschiedene Teammitglieder werden schnell als ungerecht erlebt. Führungskräfte sollten daher klare Regeln formulieren und diese für alle sichtbar und konsistent anwenden. Selbst wenn eine Entscheidung nicht allen gefällt, wird sie eher akzeptiert, wenn sie auf nachvollziehbaren, gleichen Maßstäben beruht. Dies fördert Vertrauen und stärkt die Zusammenarbeit.

Damit verdeutlicht das SCARF-Modell, dass soziale Interaktion kein „höherstufiges" Bedürfnis wie in Maslows Modell ist, sondern ein grundlegender Faktor, der unser Denken, Fühlen und Handeln permanent beeinflusst. Neurowissenschaftliche Befunde, wie die Aktivierung von Schmerzzentren im Gehirn bei sozialem Ausschluss, stützen diese Sichtweise.

Für die Organisations- und Führungsforschung bedeutet dies, dass erfolgreiche Zusammenarbeit nicht allein durch materielle Anreize oder individuelle Selbstverwirklichung erklärbar ist. Vielmehr hängt sie davon ab, ob Führungskräfte und Organisationen soziale Bedürfnisse nach Status, Sicherheit, Autonomie, Verbundenheit und Fairness angemessen berücksichtigen.

3.2.5 Peak Performance

Die Frage, unter welchen Bedingungen Menschen ihre Bestleistung erbringen, beschäftigt die Psychologie, die Neurowissenschaften und die Managementforschung gleichermaßen. Mit dem Begriff **Peak Performance** (Spitzenleistung) wird jener Zustand beschrieben, in dem Personen ihr maximales Potenzial entfalten, sei es im Sport, in der Wissenschaft, im Beruf oder in anderen Lebensbereichen. Entscheidend ist dabei, dass Peak Performance nicht zufällig auftritt, sondern eng mit inneren und äußeren Bedingungen des Handelns verbunden ist.

Spitzenleistungen sind vielfältig: Sie können sich in hochpräzisen Experimenten der Wissenschaft ebenso zeigen wie in Extremsituationen der Luft- und Raumfahrt oder in sportlichen Wettkämpfen. Auffällig ist, dass die Bedingungen, unter denen Peak Performance entsteht, stark variieren. Manche Menschen verfügen über das Temperament eines Sprinters. Sie erreichen ihre Höchstleistung in Momenten kurzfristiger Aktivierung und intensiver Fokussierung. Andere wiederum entfalten ihr Potenzial eher in einem Marathon-Modus. Sie bleiben über lange Zeiträume konzentriert, ausdauernd und beharrlich. Damit wird deutlich, dass nicht die eine universelle Bedingung für Spitzenleistung existiert, sondern ein Spektrum unterschiedlicher Profile.

Im Sport spricht man vom **Sweet Spot**, also dem optimalen Treffpunkt am Schläger oder Schlägerkopf, der die bestmögliche Reaktion des Balls hervorruft. Übertragen auf die menschliche Leistungsfähigkeit bezeichnet der Sweet Spot jenen Zustand, in dem wir produktiv, effizient und zugleich mental stabil sind. Subjektiv erleben wir diesen Zustand als Flow, also als völliges Aufgehen in einer Tätigkeit. Doch wie erreicht man diesen Punkt? Und was unterscheidet Situationen, in denen wir ihn mühelos finden, von jenen, in denen wir scheitern?

Hinweise auf die Antwort auf diese Frage wurden bereits im Jahr 1908 gefunden. In Experimenten mit Ratten wurde gezeigt, dass ein moderates Maß an Aktivierung (Arousal) die Leistung beim Durchlaufen eines Labyrinths verbesserte. Wurde die Erregung jedoch zu stark gesteigert, zum Beispiel durch intensivere Stromstöße, brach die Leistungsfähigkeit rapide ein. Die Tiere waren nicht mehr konzentriert, sondern panisch und handlungsunfähig (Yerkes und Dodson, 1908). Aus diesen Ergebnissen leiteten Yerkes und Dodson ein allgemeines Prinzip ab, das bis heute Gültigkeit hat.

Arousal bezeichnet in der Psychologie den allgemeinen Aktivierungs- und Erregungszustand eines Organismus. Es beschreibt, wie wach, aufmerksam und reaktionsbereit ein Mensch ist, und umfasst sowohl physiologische als auch psychische Prozesse. Auf körperlicher Ebene zeigt sich Arousal unter anderem in Veränderungen von Herzfrequenz, Blutdruck, Atmung, Muskelspannung und der Ausschüttung von Stresshormonen wie Adrenalin. Psychisch äußert es sich in erhöhter Aufmerksamkeit, emotionaler Aktivierung und gesteigerter Handlungsbereitschaft.

Das Ausmaß des Arousals hat einen entscheidenden Einfluss auf Leistung und Verhalten. Bei sehr niedrigem Arousal, etwa bei Müdigkeit oder Langeweile, sind Aufmerksamkeit und Motivation gering, was zu einer schwachen Leistung führt. Steigt das Arousal auf ein mittleres Niveau, erhöht sich die Konzentrationsfähigkeit, Handlungen werden zielgerichteter, und die Leistungsfähigkeit erreicht ihr Optimum. Bei zu hohem Arousal, wie es bei starkem Stress oder Angst auftritt, kann es hingegen zu Übererregung kommen, die Konzentration beeinträchtigt und die Fehleranfälligkeit erhöht.

Dieser Zusammenhang wird klassisch durch das Yerkes-Dodson-Gesetz beschrieben, das eine umgekehrt U-förmige Beziehung zwischen Arousal und Leistung annimmt (◉ Abb. 3.1). Demnach ist ein mittleres Erregungsniveau für die meisten Aufgaben optimal, während sowohl Unter- als auch Übererregung leistungsmindernd wirken. Dabei variiert das optimale Arousal je nach Aufgabenart.

Arousal spielt zudem eine zentrale Rolle für Motivation, da es die Energie liefert, die Verhalten initiiert, aufrechterhält und intensiviert. Neurobiologisch ist Arousal unter anderem mit dem retikulären Aktivierungssystem, dem noradrenergen System des Locus coeruleus sowie dem sympathischen Nervensystem verbunden. Insgesamt beschreibt Arousal somit einen grundlegenden Zustand der Aktivierung, der maßgeblich beeinflusst, wie effektiv Menschen wahrnehmen, denken und handeln.

Das Yerkes-Dodson-Gesetz kommt in einer ganzen Reihe von Disziplinen zur Anwendung. Typische Bereiche sind Psychologie, Pädagogik, Sportwissenschaft und Management. Das Verständnis der umgekehrten U-Kurve verdeutlicht, dass Peak Performance kein statischer Zustand ist, sondern das Ergebnis einer optimalen Balance zwischen Unter- und Überforderung.

In der Praxis bedeutet dies, dass Führungskräfte die Aufgaben so gestalten müssen, dass die Mitarbeitenden ausreichend gefordert, aber nicht überlastet sind. Lernumgebungen profitieren von einem mittleren Anspannungsgrad, Prüfungsangst wirkt leistungshemmend, völlige Entspannung hingegen motivationssenkend. Individuen können durch Selbstregulation (z. B. Atemtechniken, Pausenmanagement, positive Selbstinstruktion) ihr Erregungsniveau beeinflussen und so gezielt in Richtung Sweet Spot steuern.

Peak Performance als Zusammenspiel von Arousal und Kontrolle

Eine erfahrene Tennisspielerin betritt das Spielfeld zu einem wichtigen Match. Ist ihr Arousal zu niedrig, wirkt sie unkonzentriert, reagiert verzögert und begeht einfache Fehler. Ist ihr Arousal hingegen zu hoch, etwa durch starken Leistungsdruck oder Angst vor dem Versagen, kommt es zu Muskelverkrampfung, vorschnellen Entscheidungen

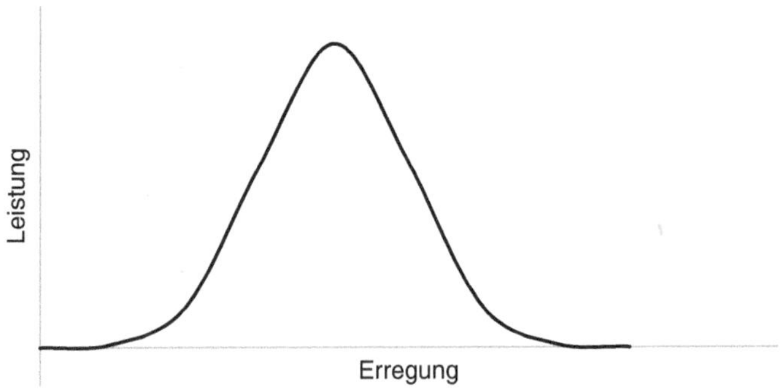

Abb. 3.1 Leistungsmaximales Erregungsniveau nach Yerkes-Dodson (eigene Darstellung)

und einer erhöhten Fehlerquote. Erst bei einem mittleren Arousal-Niveau erreicht sie ihre Peak Performance: Sie ist wach und fokussiert, ihre Bewegungen sind flüssig, Entscheidungen erfolgen schnell und intuitiv, und sie erlebt ein hohes Maß an Kontrolle über ihr Handeln.

Charakteristisch für diesen Zustand ist, dass Aufmerksamkeit selektiv auf aufgabenrelevante Reize gerichtet ist, während störende Gedanken in den Hintergrund treten. Subjektiv wird Peak Performance häufig als Gefühl von Handlungswirksamkeit (Agency), Kontrolle und intrinsischer Motivation erlebt. Zeit wird als verlangsamt oder beschleunigt wahrgenommen, und das eigene Können scheint mühelos abrufbar.

Dieses Beispiel verdeutlicht, dass Peak Performance nicht durch maximale Anstrengung oder Stress entsteht, sondern durch die fein abgestimmte Regulation von Arousal, unterstützt durch Erfahrung, Autonomie und wahrgenommene Kontrolle. Damit stellt Peak Performance einen praktischen Anwendungsfall der Arousal-Theorie dar und zeigt, wie psychologische Aktivierung gezielt leistungsfördernd eingesetzt werden kann. ◄

Wer aber braucht wie viel Aktivierung? Ein Beispiel für die Unterschiedlichkeit optimaler Leistungsbedingungen liefern die Biographien zweier Persönlichkeiten, des Wissenschaftlers Louis Pasteur und des Astronauten Gordon „Gordo" Cooper (◉ Abb. 3.2). Beide erzielten herausragende Spitzenleistungen, jedoch unter völlig verschiedenen Erregungsniveaus (Fabritius und Hagemann, 2017).

Pasteur arbeitete in der Ruhe seines Labors, geprägt von Ausdauer, Reflexion und methodischer Präzision. Sein Optimum lag in einem Zustand geringer bis mittlerer Erregung, der konzentriertes, langfristig orientiertes Denken begünstigte, vergleichbar mit einem Marathon-Mindset. Cooper hingegen erreichte Peak Performance in einer Hochrisikosituation. Während des Raumflugs mit der Kapsel Faith 7 musste er in Sekundenbruchteilen Entscheidungen treffen und auf unvorhersehbare Ereignisse reagieren. Sein Sweet

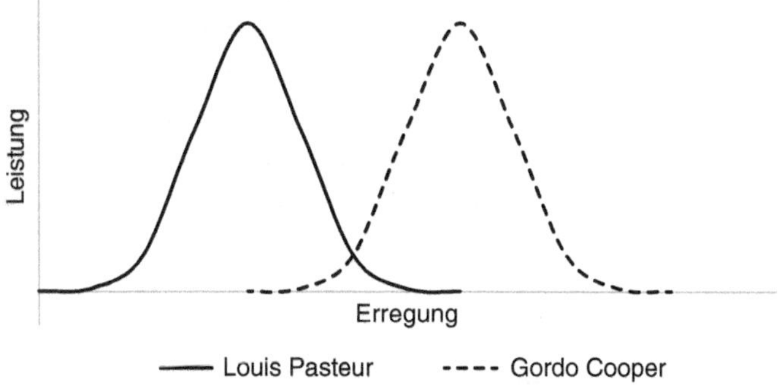

Abb. 3.2 Unterschiedliche Peak-Level, Fabritius, Hagemann, *Neurohacks*, © 2021 Alle deutschsprachigen Rechte bei Campus Verlag in der Beltz Verlagsgruppe · Weinheim

Spot lag in einem deutlich höheren Erregungsbereich, der schnelle Reaktionsfähigkeit und höchste Aufmerksamkeit mobilisierte.

Dieses Beispiel zeigt eindrücklich, dass das Yerkes-Dodson-Gesetz keine starre Norm vorgibt, sondern die individuell unterschiedliche Lage des optimalen Aktivierungsniveaus beschreibt. Während Unterforderung ebenso wie Überforderung die Leistung mindern, variiert der Punkt der maximalen Performance von Person zu Person und in Abhängigkeit von der Art der Aufgabe.

3.3 Konsum

Kaufentscheidungen sind die kleinste, aber wirkmächtigste Einheit des Marktes. In ihnen verdichten sich individuelle Bedürfnisse, verfügbare Mittel, Erwartungen und soziale Signale zu einem konkreten „Ja" oder „Nein". Jede einzelne Wahl ist privat – und gleichzeitig Teil eines kollektiven Steuerungsmechanismus. Aus Millionen Mikroentscheidungen entstehen Nachfragekurven, Marktanteile und letztlich die Richtung, in die sich Innovation, Produktion und Preise entwickeln.

Gerade weil Kaufentscheidungen von zentraler Bedeutung sind, sind sie besonders anfällig für systematische Einflüsse. Der Markt präsentiert nicht nur Produkte, sondern auch Bedeutungen, Werte, Statussymbole, Knappheit, Zugehörigkeit und Sicherheit. Konsumenten bewerten deshalb nicht im Vakuum, sondern relativ, im Vergleich zu Ankern, in Frames, unter Zeitdruck, in Stimmungen, im Blick auf andere. Das macht Konsum zu einem idealen Feld, um das Zusammenspiel von Biologie, Psychologie und Ökonomie sichtbar zu machen.

Die folgenden Abschnitte analysieren die Kaufentscheidung anhand ihrer wichtigsten Treiber. Zunächst geht es um die Biologie des Konsums, das Belohnungssystem, Dopamin, Erwartung und Selbstkontrolle, also die Frage, warum das Wollen oft früher einsetzt als das Denken. Danach werden typische verhaltensökonomische Verzerrungen gezeigt, mit denen Wertwahrnehmung und Zahlungsbereitschaft verschoben werden können: Framing, Anchoring, mentale Konten und Present Bias. Ergänzend werden Emotionen und soziale Dynamiken betrachtet, insbesondere Status- und Herdeneffekte. Den Abschluss bildet die Choice Architecture (Entscheidungsarchitektur). Dabei geht es darum, dass Kaufverhalten nicht nur von Präferenzen abhängt, sondern auch davon, wie Auswahlräume gestaltet sind.

Damit wird Konsum in diesem Kapitel nicht als irrationaler Ausreißer behandelt, sondern als normaler Ausdruck eines Gehirns, das effizient, sozial und belohnungsorientiert entscheidet und das in modernen Märkten auf hochprofessionelle Reize trifft.

3.3.1 Die Kaufentscheidung

Die Kaufentscheidung stellt in unserem Wirtschaftssystem die zentrale Schnittstelle zwischen Individuum und Markt dar. Sie ist der Moment, in dem Bedürfnisse, Präferenzen und Preise in eine konkrete Handlung übersetzt werden. Ein Konsument wählt ein Produkt oder eine Dienstleistung und signalisiert dadurch Nachfrage. Dieser Vorgang ist nicht nur für das Individuum von Bedeutung, das subjektiv einen erwarteten Nutzen realisiert, sondern auch für das Gesamtsystem, das durch unzählige Kaufentscheidungen gelenkt wird. Märkte werden koordiniert, Ressourcen allokiert und Innovationen belohnt oder abgestraft.

Das Wesen der Kaufentscheidung besteht darin, dass sie zugleich individuell und systemisch ist. Auf individueller Ebene verkörpert sie den Versuch, Knappheit und Bedürfnisbefriedigung in Einklang zu bringen. Auf systemischer Ebene erfüllt sie eine Steuerungsfunktion. Jede Wahl wirkt wie ein „Stimmzettel" im Marktprozess und entscheidet darüber, welche Produkte und Geschäftsmodelle überleben. Kaufentscheidungen sind damit Träger von Konsumentensouveränität, aber auch Ansatzpunkt für gezielte Beeinflussung durch Unternehmen, Werbung und soziale Dynamiken.

Das klassische ökonomische Verständnis geht dabei von einer freiwilligen, rationalen Wahl aus. Konsumenten entscheiden sich für ein Gut, wenn der erwartete Nutzen den Preis übersteigt. In der Realität zeigt sich jedoch, dass Kaufentscheidungen weit komplexer sind. Verhaltensökonomische Forschung belegt, dass Heuristiken, kognitive Verzerrungen und Emotionen systematisch Einfluss nehmen. So können etwa Framing-Effekte, soziale Normen oder Statusmotive eine Entscheidung lenken, auch wenn diese aus rationaler Sicht nicht optimal erscheint.

Da der empfundene **Nutzen** immer subjektiv ist, eröffnet sich ein breites Spektrum an Möglichkeiten, Kaufentscheidungen durch gezielte neuronale Aktivierungen zu beeinflussen (Plassmann et al., 2008). Marketing und Werbung nutzen diese Mechanismen bereits intensiv. Emotionale Bilder, Geschichten oder Preisrahmungen stimulieren das Belohnungssystem und können damit die wahrgenommene Attraktivität eines Produkts erhöhen. Gleichzeitig lassen sich durch Signale wie Knappheit (nur heute erhältlich) oder soziale Hinweise (die meistverkaufte Option) Areale aktivieren, die mit Verlustangst oder sozialer Zugehörigkeit verknüpft sind. Auf diese Weise kann die subjektive Nutzenbewertung systematisch verschoben werden, noch bevor eine bewusste, rationale Abwägung erfolgt.

Neuroökonomische Befunde verdeutlichen darüber hinaus, dass Kaufentscheidungen tief im menschlichen **Belohnungssystem** verankert sind. Aktivierungen im Nucleus accumbens oder im präfrontalen Kortex lassen erkennen, wie stark Lust, Erwartung und Selbstkontrolle den Moment der Wahl prägen (Knutson et al., 2007). Damit wird deutlich, dass die vermeintlich freie Kaufentscheidung zwar ein wichtiges konstitutives Element unseres Wirtschaftssystems darstellt, jedoch keineswegs auf reiner Rationalität beruht. Vielmehr ist sie das Ergebnis eines komplexen Zusammenspiels von ökonomischen Rahmenbedingungen, psychologischen Prozessen und neuronaler Dynamik.

Im Kern ist das Wesen der Kaufentscheidung daher ein paradoxes Phänomen. Sie gilt als Ausdruck individueller Freiheit und Selbstbestimmung, ist jedoch stets eingebettet in ein Geflecht von sozialen Erwartungen, kulturellen Mustern und neuronalen Automatismen. Ihre Bedeutung reicht damit über den einzelnen Konsumakt hinaus. Kaufentscheidungen sind Mikromomente, die das makroökonomische System tragen und zugleich Spiegel der menschlichen Natur in ihrer Rationalität, Emotionalität und Beeinflussbarkeit darstellen.

3.3.2 Die Biologie des Konsums

Kaufentscheidungen sind nicht allein kognitive Abwägungen von Kosten und Nutzen, sondern tief in der Biologie des menschlichen Gehirns verankert. Eine Schlüsselrolle spielt dabei das Belohnungssystem, das maßgeblich durch den Neurotransmitter Dopamin gesteuert wird. Dieses System ist evolutionär darauf ausgelegt, Verhalten zu fördern, das Überleben und die Fortpflanzung begünstigt, etwa die Nahrungsaufnahme, soziale Bindung oder die Suche nach Neuem. Im Kontext moderner Konsumgesellschaften wird dasselbe System durch Geld, Marken und Produkte aktiviert.

Dopamin wirkt dabei weniger als klassischer „Glücksstoff", sondern vielmehr als Signal für Erwartung und Motivation. Es zeigt dem Organismus an, dass eine lohnende Erfahrung bevorstehen könnte, und verstärkt das Verhalten, das zu dieser Erfahrung führt. Besonders zentral ist hier der Nucleus accumbens. Studien mit funktioneller Bildgebung (Knutson et al., 2001) zeigen, dass die Aktivierung des Nucleus accumbens zuverlässig den Wunsch, ein Produkt zu erwerben, vorhersagt.

Neuroökonomische Experimente verdeutlichen, dass schon der bloße Blick auf ein begehrtes Produkt oder eine attraktive Preisreduktion eine verstärkte Dopaminfreisetzung im Nucleus accumbens auslösen kann. Diese Aktivierung geht der eigentlichen Kaufentscheidung voraus und beeinflusst sie maßgeblich. Damit wird erklärbar, warum emotionale Reize wie Markenlogos, Rabatte oder Werbung so wirkungsvoll sind. Sie sprechen das Belohnungssystem direkt an und verschieben die subjektive Bewertung in Richtung Kauf.

Das Belohnungssystem erklärt zudem typische Konsumphänomene wie Impulskäufe. In Situationen starker Dopaminaktivierung tritt die rationale Abwägung in den Hintergrund, während das unmittelbare Belohnungsversprechen dominiert. Der für Selbstkontrolle und langfristige Planung zuständige präfrontale Kortex tritt in den Hintergrund. Gelingt die Regulation nicht, setzt sich das Belohnungssystem durch.

Insgesamt zeigt sich, dass Konsumakte nicht allein aus rationaler Nutzenmaximierung erklärbar sind. Vielmehr sind sie Ausdruck einer tief verankerten biologischen Dynamik, in der Dopamin und der Nucleus accumbens eine Schlüsselrolle spielen. Kaufentscheidungen erscheinen damit weniger als nüchterne Kalkulation, sondern als Ergebnis eines neurobiologischen Motivationsprozesses, der durch Marketingreize gezielt aktiviert werden kann.

3.3.3 Verhaltensökonomische Verzerrungen bei Kaufentscheidungen

Wie oben beschrieben bezeichnet man **Framing** als die Tatsache, dass die Art und Weise, wie Informationen präsentiert werden, einen erheblichen Einfluss auf Entscheidungen hat. Menschen treffen Kaufentscheidungen nicht allein aufgrund objektiver Merkmale eines Produkts, sondern lassen sich stark davon leiten, in welchem Rahmen (Frame) diese Merkmale dargestellt werden. Ein und dieselbe Information kann völlig unterschiedliche Wirkungen entfalten, je nachdem, ob sie als Gewinn oder Verlust, als seltene Gelegenheit oder als Standardoption kommuniziert wird.

Im Konsumkontext bedeutet dies, dass Marketing und Werbung gezielt Frames einsetzen, um die Wahrnehmung von Produkten zu verändern. Rabatte (statt 100 € jetzt nur 70 €), Hinweise auf Knappheit (nur heute verfügbar) oder auch der bloße Hinweis auf eine unverbindliche Preisempfehlung (UVP) sind typische Beispiele. Sie verändern nicht die intrinsische Qualität des Produkts, wohl aber die subjektive Bewertung durch den Konsumenten.

In einem Experiment verkosteten Probanden im Kernspintomografen eine Vielzahl verschiedener Weine, deren Preise manipuliert waren (Plassmann et al., 2008). Tatsächlich handelte es sich nur um drei verschiedene Weine. Dabei wurden identische Weine mal mit einem niedrigen, mal mit einem hohen Preis präsentiert (z. B. derselbe Wein einmal für 10 US$, einmal für 90 US$).

Die Ergebnisse waren eindeutig. Die als teurer deklarierten Weine wurden nicht nur als wohlschmeckender beurteilt, sondern führten auch zu einer verstärkten Aktivität im medialen orbitofrontalen Kortex, einer Hirnregion, die an der Verarbeitung angenehmen Erlebens beteiligt ist. Mit anderen Worten, der höhere Preis machte den Wein nicht nur scheinbar, sondern tatsächlich besser.

Dieses Experiment zeigt exemplarisch, dass Framing nicht nur Erwartungen beeinflusst, sondern direkt das subjektive Erleben verändert. Für die Konsumentenforschung bedeutet dies, dass sich Kaufentscheidungen nicht allein über rational kalkulierten Nutzen erklären lassen, sondern hochgradig anfällig für subtile Rahmensetzungen sind. Für das Marketing wiederum eröffnet sich ein machtvolles Instrument, durch gezielte Frames die Attraktivität von Produkten zu steigern, selbst ohne jede Veränderung ihrer eigentlichen Qualität.

Aus Audi 80 wird A4

Ein oft zitierter Beleg für die Wirkung strategischer Umbenennungen ist der Modellwechsel von Audi Mitte der 1990er-Jahre. Bis 1994 führte Audi sein Mittelklassenmodell unter der Bezeichnung Audi 80. Obwohl das Fahrzeug technisch ausgereift war und sich solide verkaufte, wirkte die Namensgebung zunehmend konventionell und wenig zukunftsorientiert. Mit der Einführung des Nachfolgemodells entschied sich Audi daher nicht nur für eine technische Weiterentwicklung, sondern auch für einen grundlegenden Schritt in der Markenkommunikation. Das Modell wurde fortan als Audi A4 vermarktet.

Diese Umbenennung war Teil einer umfassenden Neustrukturierung der Audi-Modellpalette. Die neue alphanumerische Nomenklatur (A4, A6, A8) schuf eine klare, hierarchische Ordnung und unterstützte Audis strategische Positionierung als Premiumhersteller. Der Name A4 vermittelte Modernität, technische Präzision und internationale Anschlussfähigkeit – Eigenschaften, die bewusst auf ein höherwertiges Markenimage abzielten.

Der Effekt dieser Maßnahme ging über reine Semantik hinaus. Die neue Bezeichnung erleichterte die Abgrenzung zu Wettbewerbern, stärkte die Wiedererkennbarkeit innerhalb der Modellfamilie und trug wesentlich dazu bei, Audi in der Wahrnehmung näher an etablierte Premiumanbieter heranzuführen. In Kombination mit Design-, Qualitäts- und Technologieverbesserungen führte die Umbenennung zu einer deutlich gesteigerten Marktakzeptanz und markierte einen Wendepunkt in der Wahrnehmung der Marke Audi.

Dieses Beispiel zeigt, dass Namensänderungen dann wirksam sind, wenn sie nicht isoliert erfolgen, sondern Teil einer konsistenten strategischen Neupositionierung sind. Ein neuer Name kann bestehende Produkte neu rahmen, Erwartungen verändern und so, bei entsprechender inhaltlicher Substanz, einen messbaren Beitrag zum Markterfolg leisten. ◄

Ein weiteres zentrales Konzept der Verhaltensökonomie ist das **Anchoring** (Ankereffekt). Darunter versteht man die Tendenz, sich bei Entscheidungen stark an einer zunächst präsentierten Zahl oder Information zu orientieren, selbst wenn diese sachlich kaum relevant ist. Der erste angebotene Wert dient als „Anker" und beeinflusst die spätere Urteilsbildung.

Im Konsumkontext wird Anchoring von Unternehmen gezielt eingesetzt, um Preiswahrnehmungen zu steuern. Besonders deutlich wird dies bei der Darstellung von unverbindlichen Preisempfehlungen (UVP) oder durch das Aufstellen von Scheinangeboten. Ein Produkt, das zuvor mit einem deutlich höheren Preis ausgezeichnet war, erscheint mit reduziertem Preis attraktiver, auch wenn dieser objektiv immer noch hoch ist. Der Anker, der ursprüngliche Preis, bleibt im Gedächtnis und relativiert die Bewertung der neuen Option. Anchoring wirkt auch dort, wo Konsumenten keine klaren Vergleichswerte besitzen. Wenn Kunden beispielsweise eine neue Produktkategorie kennenlernen, orientieren sie sich unbewusst an den zuerst gesehenen Preisen. Spätere Urteile darüber, ob ein Preis als günstig oder teuer empfunden wird, hängen stark von diesem Anker ab.

Ein bekanntes Beispiel für den Einsatz von Anchoring stammt aus der Schmuckbranche. Schwarze Perlen waren in den 1970er-Jahren auf dem Markt zunächst weitgehend unbekannt und fanden kaum Käufer (Ariely et al., 2008). Ein Juwelier platzierte die Perlen schließlich in seinem Schaufenster, jedoch nicht einzeln, sondern zusammen mit extrem teuren Diamanten und Platin. Der hohe Preis der Nachbarstücke diente als Anker, an dem sich die Kunden orientierten. Plötzlich erschienen die zuvor wertlosen Perlen exklusiv und begehrenswert. Sie wurden erfolgreich als Luxusgut etabliert, nicht durch ihre intrinsische Qualität, sondern durch die Preisrahmung über einen Anker.

Das Konzept des Anchoring verdeutlicht, dass Kaufentscheidungen häufig auf relativen Bewertungen beruhen und nicht auf absoluten Maßstäben. Preise, Rabatte und Vergleiche wirken nicht isoliert, sondern entfalten ihre Wirkung durch den Anker, an dem sich Konsumenten unbewusst orientieren. Für das Marketing ist dies ein hochwirksames Instrument, für Verbraucher hingegen eine Quelle systematischer Verzerrungen.

Das Konzept des **Mental Accounting** beschreibt die Tendenz von Menschen, ihr Geld nicht als austauschbare Ressource zu betrachten, sondern es in **mentale Konten** aufzuteilen. Diese Konten sind psychologische Kategorien, die den tatsächlichen ökonomischen Prinzipien widersprechen, nach denen Geld fungibel ist.

Jeder Euro ist gleichwertig und kann für beliebige Zwecke eingesetzt werden. In der Logik der Finanztheorie spielt es keine Rolle, aus welcher Quelle Geld stammt oder für welchen Zweck es verwendet wird. Genau hier setzt die verhaltensökonomische Kritik an (Thaler, 1985). Konsumenten behandeln Geld nicht fungibel, sondern ordnen es verschiedenen mentalen Konten zu. Einkommen aus einem Bonus oder Lottogewinn wird häufig leichter für Konsum ausgegeben als ein reguläres Gehalt, das eher für notwendige Ausgaben reserviert bleibt. Dieses psychologische Aufbrechen der Fungibilität erklärt, warum Menschen gleichzeitig sparen und Schulden haben können oder warum sie kleine Preisunterschiede intensiv beachten, während sie in anderen Budgetbereichen große Summen bedenkenlos ausgeben.

Konsumenten führen etwa Haushaltsbudgets für bestimmte Ausgabenbereiche wie Miete, Lebensmittel, Freizeit oder Urlaub. Ist das Freizeitbudget vermeintlich aufgebraucht, werden weitere Ausgaben vermieden, auch wenn auf dem Konto objektiv genug Geld vorhanden wäre. Umgekehrt fällt es leichter, für einen besonderen Anlass Geld auszugeben, weil es aus einem eigenen mentalen Konto genommen wird.

Diese Strukturierung kann Kaufentscheidungen massiv beeinflussen. Sie erklärt, warum Menschen gleichzeitig hohe Summen für Luxusgüter oder Restaurantbesuche ausgeben, während sie bei kleinen Preisunterschieden im Supermarkt intensiv nachdenken. Das Problem liegt nicht in der ökonomischen Realität, sondern in der psychologischen Buchführung. Ein klassisches Beispiel für Mental Accounting ist das sogenannte „Theater-Ticket-Problem" (Kahneman und Tversky, 1984).

Theater-Ticket-Problem

- Szenario 1: Eine Person kauft im Vorfeld ein Ticket für 10 €. Auf dem Weg ins Theater verliert sie das Ticket. Viele Menschen entscheiden sich in dieser Situation gegen den erneuten Kauf, da das Kulturbudget bereits belastet wurde.
- Szenario 2: Eine Person verliert auf dem Weg zum Theater einen 10-€-Schein, hat das Ticket aber noch nicht gekauft. In diesem Fall sind die meisten bereit, trotzdem ein Ticket für 10 € zu kaufen, obwohl der ökonomische Verlust in beiden Fällen identisch ist.
- Das Beispiel verdeutlicht, wie Konsumenten Geld in separaten mentalen Konten verbuchen und dadurch Entscheidungen unterschiedlich treffen. ◄

Die Bedeutung des Mental Accounting für die Konsumentenmanipulation liegt darin, dass Unternehmen diese psychologische Buchführung gezielt ansprechen. Rabattaktionen sind so gestaltet, dass sie bestimmte mentale Konten aktivieren, etwa wenn 20 % Rabatt auf Freizeitartikel angeboten wird und dadurch das Freizeitbudget scheinbar entlastet wird. Auch Finanzierungsmodelle wie 0 % Zinsen oder Monatsraten verschieben Ausgaben in andere mentale Budgets und lassen Anschaffungen leichter erscheinen, als sie es in ökonomischer Hinsicht sind.

Dieser Effekt kann herangezogen werden, um den Erfolg von Buy-now-pay-later-Anbietern zu erklären. Hier wird der Kaufakt in die Belohnung, den Erhalt des Konsumgutes, und dessen Bezahlung (Schmerz) zerlegt, was die Hürde für den Kauf des Konsumgutes herabsetzt.

Schließlich wirken Gutscheine oder Bonusprogramme wie zweckgebundene Konten, die Konsumenten stärker zum Ausgeben motivieren. Für die Verbraucher bedeutet Mental Accounting daher eine systematische Verzerrung. Kaufentscheidungen orientieren sich nicht in erster Linie an der tatsächlichen finanziellen Lage, sondern an der subjektiven Einordnung der Mittel in unterschiedliche Konten.

Ein weiteres zentrales Phänomen der Verhaltensökonomie ist die **Zeitinkonsistenz** von Entscheidungen. Klassische ökonomische Modelle gehen davon aus, dass Präferenzen über die Zeit stabil und konsistent sind. Individuen sollten also heute dieselben Entscheidungen treffen, die sie sich auch für die Zukunft vorgenommen haben. In der Realität jedoch zeigen Menschen eine systematische Tendenz, ihre Pläne zu ändern, sobald der Entscheidungsmoment näher rückt. Dieses Verhalten wird als **Present Bias** bezeichnet. Individuen gewichten die unmittelbare Gegenwart überproportional stark gegenüber zukünftigen Konsequenzen. Kurzfristige Belohnungen erscheinen attraktiver, während langfristige Kosten oder Nutzen in den Hintergrund treten. Ein Konsument entscheidet sich daher tendenziell spontan für einen sofortigen Kauf, obwohl er sich ursprünglich vorgenommen hatte, zu sparen.

Die psychologische Grundlage des Present Bias ist eng mit Impulskontrolle und Selbstregulation verknüpft. Neuroökonomische Studien zeigen, dass hierbei unterschiedliche Hirnareale interagieren. Das Belohnungssystem reagiert stark auf sofortige Anreize, während der präfrontale Kortex für die Berücksichtigung langfristiger Ziele zuständig ist. Kommt es zu einem Ungleichgewicht, etwa durch emotionale Reize oder situativen Stress, setzt sich die Gegenwart durch.

Für Unternehmen und Marketing eröffnet dies zahlreiche Möglichkeiten der Einflussnahme. „Sofort kaufen"-Buttons in Onlineshops, zeitlich begrenzte Angebote oder Ratenzahlungen verstärken die Gewichtung der Gegenwart. Auch Konsumkredite nutzen den Present Bias, indem sie den Kauf heute ermöglichen, während die Kosten erst später anfallen.

Aus Sicht der Konsumenten führt Zeitinkonsistenz zu systematischen Fehlentscheidungen. Man unterschätzt die langfristigen Belastungen und überschätzt den Wert des sofortigen Nutzens. Ein klassisches Beispiel ist der Spontankauf. Das neue Gerät oder Kleidungsstück wird sofort erworben, obwohl es mittelfristig kaum gebraucht wird und die finanzielle Belastung langfristig problematisch sein kann.

In einem Experiment wurden Versuchspersonen gebeten, eine Snackauswahl für zwei verschiedene Zeitpunkte zu treffen (Read und Van Leeuwen, 1998). Wenn sie für die Zukunft wählen sollten (Was möchten Sie morgen essen?), entschieden sich die meisten für gesunde Alternativen wie Obst. Sollten sie jedoch eine Entscheidung für die Gegenwart treffen (Was möchten Sie jetzt essen?), griffen viele spontan zur Schokolade. Das Ergebnis zeigt die Wirkung des Present Bias eindrücklich. Kurzfristige, sofort verfügbare

Belohnungen wiegen schwerer als langfristige Ziele, selbst wenn man diese Ziele wenige Stunden zuvor noch bevorzugt hat. Damit wird deutlich, warum Konsumenten häufig ihre Vorsätze („Ich spare.“, „Ich ernähre mich gesund.“) im entscheidenden Moment nicht umsetzen.

3.3.4 Emotionen und affektive Einflüsse

Emotionen beeinflussen menschliches Verhalten weit stärker, als es rationale Modelle der Entscheidungsfindung lange vermuten ließen. Sie steuern Aufmerksamkeit, Wahrnehmung und Motivation und wirken damit direkt auf ökonomische und soziale Entscheidungen. Besonders in Situationen mit sozialer Bedeutung, etwa im Wettbewerb, in Gruppen oder beim Konsum, bestimmen affektive Zustände, wie Menschen sich selbst und andere bewerten. Positive Emotionen können Zugehörigkeit und Stolz fördern, negative Emotionen dagegen Distanz und Abgrenzung.

Ein anschauliches Beispiel für solche affektiven Einflüsse liefert das Phänomen des „Basking in Reflected Glory“ (BIRG), das die Tendenz beschreibt, sich mit erfolgreichen Gruppen oder Personen zu identifizieren, um das eigene Selbstwertgefühl zu steigern. Diese Bezeichnung geht auf eine Studie zurück, in der gezeigt wurde, dass Studierende nach Siegen ihrer Universitätsmannschaft häufiger Kleidung mit dem Universitätslogo trugen und von „wir“ sprachen, während sie sich nach Niederlagen eher distanzierten. Dieses Verhalten tritt auf, obwohl die Person selbst keinen Beitrag zum Erfolg geleistet hat (Cialdini et al., 1976). Durch die Nähe zu erfolgreichen anderen entsteht das Gefühl, am Erfolg teilzuhaben. Dieser Effekt verstärkt sich, wenn nicht nur einzelne Spiele, sondern ganze Wettbewerbe gewonnen werden. So stiegen die Merchandising-Verkäufe von Paris Saint-Germain in den ersten zwölf Stunden nach dem 5:0-Finalsieg im Finale der UEFA-Champions-League 2025 um 4200 %. Dieser Zusammenhang zeigt sich nicht nur im Sport, sondern auch im Konsumverhalten, in der Markenbindung oder bei der Zugehörigkeit zu Organisationen.

Der Einfluss von Emotionen und Stimmungen auf Kaufentscheidungen zeigt sich auch im Phänomen der **Retail Therapy** (Atalay und Meloy, 2011). Retail Therapy bezeichnet den Versuch, die eigene Stimmung durch Einkaufen zu verbessern. Menschen greifen dabei gezielt zu Konsumhandlungen, um negative Gefühle wie Traurigkeit, Stress oder Frustration auszugleichen. Häufig handelt es sich um den Kauf kleiner Belohnungen wie Kleidung oder Süßigkeiten, die kurzfristig Freude, Ablenkung und ein Gefühl von Kontrolle vermitteln.

Lange Zeit galt Retail Therapy als Ausdruck mangelnder Impulskontrolle und wurde mit Schuldgefühlen und Reue in Verbindung gebracht. Neuere Forschung zeigt jedoch ein differenzierteres Bild. So konnte gezeigt werden, dass Einkäufe in negativer Stimmung nicht notwendigerweise unüberlegt oder problematisch sind. Vielmehr kann der gezielte Kauf kleiner Dinge ein strategischer Stimmungsregulationsmechanismus sein, der tatsächlich zu einer anhaltenden Verbesserung des Wohlbefindens führt. Personen, die sich bewusst etwas gönnen, erleben häufig eine Stärkung ihres Selbstwertgefühls und ihrer Handlungsfähigkeit, ohne die typischen Reuegefühle nach impulsiven Käufen. Damit verdeutlicht das Konzept der Retail Therapy, dass Konsum nicht nur ökonomische, sondern auch emotionale Funktionen erfüllt.

Marken nutzen sowohl das Basking in Reflected Glory als auch die Retail Therapy gezielt, um emotionale Bindung und Kaufimpulse zu fördern. Beim BIRG-Effekt machen sich Marken die menschliche Tendenz zunutze, sich mit erfolgreichen Gruppen oder Symbolen zu identifizieren. Besonders im Sportmarketing oder bei Lifestyle-Marken wird dieses Prinzip eingesetzt. Fans kaufen Trikots, Logos oder limitierte Kollektionen, um Teil des Erfolgs oder Images zu sein. Durch Kooperationen mit Siegern, Prominenten oder Trendfiguren übertragen Marken deren Erfolg, Attraktivität oder Prestige symbolisch auf die Konsumentinnen. So entsteht das Gefühl, selbst am Ruhm teilzuhaben. Als prominentes Beispiel kann hier die Kooperation des Sportartikelherstellers Adidas mit Lionel Messi herangezogen werden.

Die Idee der Retail Therapy nutzen Marken, indem sie positive Emotionen und Belohnungserlebnisse rund um den Einkauf aktiv fördern. Online-Shops und Werbung betonen Wohlbefinden, Selbstfürsorge oder kleine Freuden: „Gönn dir was", „Because you're worth it" (L'Oréal Paris). Rabatte, Limited Editions oder ästhetisch ansprechende Store-Umgebungen schaffen ein Umfeld, in dem Konsum als emotionale Belohnung erlebt wird. Auch der gezielte Einsatz von Musik, Düften oder Farben in Geschäften soll positive Stimmungen verstärken und spontane Käufe begünstigen.

3.3.5 Soziale Einflüsse auf Kaufentscheidungen

Das sogenannte Herdenverhalten oder Social Proof (Banerjee, 1992) beschreibt das Phänomen, dass Menschen ihr Verhalten an dem anderer orientieren, insbesondere in Situationen, in denen sie unsicher sind oder keine klaren Präferenzen haben. Wenn viele andere etwas tun, gilt dies automatisch als sozialer Beweis dafür, dass es richtig oder lohnenswert ist. Das Verhalten, die Bewertungen und Entscheidungen anderer beeinflussen, was Menschen kaufen. Produkte, die als beliebt oder häufig gekauft gelten („Bestseller", „Trending", „Most liked"), werden als qualitativ hochwertiger und vertrauenswürdiger wahrgenommen. Ebenso verstärken Kundenbewertungen, Sterne-Ratings oder Influencer-Empfehlungen diesen Effekt, da sie eine soziale Bestätigung liefern.

Aus psychologischer Sicht basiert Social Proof auf dem Bedürfnis nach sozialer Zugehörigkeit und Orientierung (Cialdini und Goldstein, 2004). Menschen möchten nicht „falsch" entscheiden und orientieren sich daher an der Mehrheit, insbesondere, wenn diese als kompetent oder ähnlich wahrgenommen wird.

Marken nutzen diesen Mechanismus gezielt, etwa durch Testimonials, Social-Media-Kampagnen, Follower-Zahlen oder Community-Darstellungen, um den Eindruck von Beliebtheit und Akzeptanz zu erzeugen. Dadurch steigen Vertrauen und Kaufwahrscheinlichkeit.

Status- und Signalkäufe bezeichnen Konsumentscheidungen, bei denen Produkte nicht nur aufgrund ihres Nutzens, sondern vor allem wegen ihrer sozialen Bedeutung gewählt werden. Menschen nutzen bestimmte Marken oder Luxusgüter, um Status, Erfolg, Stil oder Gruppenzugehörigkeit zu signalisieren. Solche Käufe dienen also der Selbstdarstellung und dem Ausdruck sozialer Identität.

Psychologisch beruhen Statuskäufe auf dem Bedürfnis nach Anerkennung, sozialem Vergleich und Distinktion (Escalas und Bettman, 2005). Der Konsum sichtbarer Markenartikel, etwa von Luxusmarken wie Rolex oder Gucci, sendet Botschaften über Prestige, Kompetenz oder Geschmack an die soziale Umwelt. Dabei spielt weniger der funktionale Nutzen eine Rolle als vielmehr der symbolische Wert des Produkts.

Marken fördern diesen Effekt gezielt durch exklusive Positionierung, begrenzte Verfügbarkeit und emotionale Inszenierung. Sie schaffen ein Gefühl von Besonderheit und sozialem Aufstieg. Auch in digitalen Kontexten wird Statuskonsum sichtbar und sozial verstärkt, indem Likes und Follower als moderne Statussymbole fungieren.

Warum sind Rolex-Uhren so knapp?

Ein häufig zitiertes Beispiel für künstliche Verknappung als psychologisches Steuerungsinstrument liefert der Luxusuhrenhersteller Rolex. Trotz hoher und technologisch effizienter Produktionskapazitäten sind viele Modelle über Jahre hinweg nur eingeschränkt verfügbar. Wartelisten bei autorisierten Händlern sind eher die Regel als die Ausnahme, selbst bei zahlungskräftigen Kunden.

Diese gezielte Knappheit erfüllt weniger eine logistische als vielmehr eine psychologische Funktion. Begrenzte Verfügbarkeit steigert die wahrgenommene Exklusivität eines Produkts und erhöht dessen subjektiven Wert. Was schwer erhältlich ist, wird nicht nur begehrlicher, sondern auch als sozial bedeutsamer wahrgenommen. Der Besitz signalisiert Zugang zu einer knappen Ressource und damit zu einem exklusiven Kreis.

Bemerkenswert ist, dass die Attraktivität der Marke nicht trotz, sondern gerade wegen dieser eingeschränkten Zugänglichkeit wächst. Die Verknappung wirkt als stilles Statussignal und stabilisiert die Premiumpositionierung von Rolex, ohne aggressive Werbung oder häufige Modellwechsel erforderlich zu machen. Das Beispiel verdeutlicht, wie Knappheit nicht nur Nachfrage beeinflusst, sondern aktiv Wert erzeugt. ◄

Damit erfüllen Status- und Signalkäufe eine doppelte Funktion. Sie befriedigen individuelle Bedürfnisse nach Identität und Selbstwert und wirken zugleich als soziales Kommunikationsmittel, das Zugehörigkeit oder Abgrenzung ausdrückt.

Kaufentscheidungen werden auch nach ethischen und moralischen Kriterien getroffen (Auger et al., 2003). Produkte sollen fair, nachhaltig und sozial verantwortlich hergestellt sein. Dieses Verhalten wird häufig als ethischer oder moralischer Konsum bezeichnet. Es beruht auf dem Wunsch, durch das eigene Kaufverhalten einen positiven Beitrag zur Gesellschaft oder Umwelt zu leisten.

Besonders Themen wie Fair Trade, ökologische Produktion, Tierschutz oder CO_2-Neutralität spielen eine zentrale Rolle. Konsumenten bevorzugen Marken, die Transparenz,

Gerechtigkeit und ökologische Verantwortung zeigen, und meiden zunehmend Unternehmen, die als unethisch oder ausbeuterisch gelten. Damit wird Konsum zu einer Form moralischer Selbstdarstellung. Man zeigt durch den Kauf bestimmter Produkte, dass man verantwortungsbewusst handelt und zu einer moralisch integren Gruppe gehört.

Aus psychologischer Sicht befriedigt **moralischer Konsum** sowohl altruistische Motive als auch egoistische Motive. Unternehmen reagieren darauf, indem sie Nachhaltigkeit und Fairness zu zentralen Bestandteilen ihrer Markenidentität machen und diese etwa durch Green Marketing, Corporate Social Responsibility (CSR) oder Purpose Branding in den Vordergrund rücken. So wird Moral zu einem wichtigen Bestandteil der Markenwahrnehmung. Sie schafft Vertrauen, Authentizität und emotionale Bindung und kann dadurch langfristig den wirtschaftlichen Erfolg fördern.

3.3.6 Choice Architecture und Nudging

Choice Architecture (Entscheidungsarchitektur) bezeichnet die bewusste Gestaltung von Entscheidungssituationen, um menschliches Verhalten auf vorhersehbare Weise zu beeinflussen, ohne dabei Wahlfreiheit einzuschränken. Sie macht sich dabei einige Aspekte der Verhaltensökonomie zunutze. Durch die Art und Weise, wie Optionen präsentiert, angeordnet oder vorausgewählt werden, können Entscheidungsträger angestupst (nudged) werden, bestimmte Alternativen zu wählen.

Default-Optionen bezeichnen voreingestellte Entscheidungen, die automatisch greifen, wenn Personen keine aktive Wahl treffen. Sie sind ein zentrales Konzept der Verhaltensökonomie und zeigen, wie stark Entscheidungen durch die Gestaltung von Wahlumgebungen beeinflusst werden können. Menschen neigen dazu, die Voreinstellung beizubehalten, weil dies weniger kognitive Anstrengung erfordert, als aktiv eine Alternative zu wählen. Dieses Phänomen wird als Status-quo-Verzerrung bezeichnet (Samuelson und Zeckhauser, 1988). Entsprechend ist relevant, ob eine Person aktiv, also durch eine eigene Handlung, zu einer Entscheidung gelangt oder ob diese bereits voreingestellt ist und das Gegenteil eine aktive Entscheidung erfordert.

Im Konsumkontext finden sich Default-Optionen häufig bei Abo-Verlängerungen, Newsletter-Anmeldungen, Versicherungen oder Datenschutzeinstellungen. Wenn etwa ein Streamingdienst ein Abo automatisch verlängert, solange man nicht kündigt, bleiben viele Kunden aus Bequemlichkeit oder Vergesslichkeit dabei, selbst wenn sie das Angebot kaum nutzen.

Psychologisch beruht der Default-Effekt auf Trägheit, Entscheidungsvermeidung und Vertrauensannahmen. Unternehmen nutzen dieses Wissen, um die Kundenbindung zu erhöhen oder gewünschte Entscheidungen zu begünstigen. Der bewusste Einsatz von Default-Optionen kann aber auch zu gesellschaftlich gewünschten Ergebnissen führen, etwa bei automatischen Organspende-Registrierungen (Johnson und Goldstein, 2003) oder nachhaltigen Voreinstellungen im Energieverbrauch. Insgesamt zeigen Default-Optionen, wie subtil Entscheidungsarchitektur menschliches Verhalten lenken kann, oft ohne dass sich der Entscheider dieser Einflussnahme bewusst ist.

Trägheit kann Leben retten

Der bewusste Einsatz von Default-Optionen stellt ein wirkungsvolles Instrument der Verhaltenssteuerung dar und kann gezielt zu gesellschaftlich erwünschten Ergebnissen beitragen. Defaults bezeichnen Voreinstellungen, die dann wirksam werden, wenn Individuen keine aktive Entscheidung treffen. Zahlreiche Studien zeigen, dass Menschen dazu neigen, solche Voreinstellungen beizubehalten, selbst wenn eine Abweichung mit geringem Aufwand möglich wäre.

Ein besonders gut untersuchtes Beispiel ist die Organspendebereitschaft. Johnson und Goldstein (2003) konnten zeigen, dass Länder mit einer sogenannten Opt-out-Regelung, bei der alle Bürger grundsätzlich als Organspender registriert sind, sofern sie nicht ausdrücklich widersprechen, signifikant höhere Zustimmungsraten aufweisen als Länder mit einer Opt-in-Regelung, die eine aktive Zustimmung erfordert. Der Unterschied lässt sich nicht allein durch kulturelle oder moralische Einstellungen erklären, sondern primär durch die Wirkung der Voreinstellung.

Default-Optionen wirken unter anderem, weil sie Entscheidungsaufwand reduzieren, als implizite Empfehlung wahrgenommen werden und Unsicherheit minimieren. In komplexen oder emotional belasteten Entscheidungssituationen, wie der Auseinandersetzung mit der eigenen Sterblichkeit, entfalten sie daher eine besonders starke Wirkung.

Das Beispiel verdeutlicht, dass verhaltensökonomische Interventionen nicht zwangsläufig manipulativ sein müssen. Richtig eingesetzt können Defaults individuelle Entscheidungsfreiheit wahren und gleichzeitig kollektive Wohlfahrtsziele unterstützen. Voraussetzung ist dabei Transparenz sowie die jederzeitige Möglichkeit, sich bewusst gegen die Voreinstellung zu entscheiden. ◄

Eine weitere verhaltenswissenschaftlich basierte Möglichkeit, Konsumentenentscheidungen zu beeinflussen, besteht in der Bündelung von Preisen. **Preisbündelung** beschreibt die Strategie, mehrere Produkte oder Leistungen zu einem Gesamtpreis anzubieten, der meist günstiger ist als die Summe der Einzelpreise. Dies hat zum Ziel, den wahrgenommenen Wert des Angebots zu erhöhen und die Kaufentscheidung zu erleichtern. Konsumenten empfinden Bündel oft als bequemer, fairer und attraktiver, selbst wenn der tatsächliche Preisvorteil gering ist (Stremersch und Tellis, 2002). Beispiele sind Kombi-Abos (z. B. Musik- und Videostreaming), Menüangebote in Restaurants oder Softwarepakete.

Ein weiteres Beispiel für den Einfluss von Preisen auf Konsumentenentscheidungen liefert der Köder-Effekt (Huber et al., 1982). Dabei geht es um die Einführung einer asymmetrisch dominierten Option, also eines bewusst unattraktiven Köders. Dieser Köderpreis soll die Präferenz für eine andere, teurere oder profitablere Option erhöhen.

Beispiel: Ein Zeitschriftenabo kostet online 50 €, die Print-Version 100 €, und das Kombi-Abo (Print + Online) ebenfalls 100 €. Obwohl das Kombi-Abo objektiv nicht günstiger ist als die Print-Version allein, entscheiden sich die meisten für diese Variante, da der „Köder“ – nur Print für denselben Preis – die Kombination attraktiver erscheinen lässt.

Beide Effekte zeigen die Relativität der Wahrnehmung von Preis und Wert. Nicht der absolute Preis entscheidet, sondern der Vergleichskontext. Unternehmen nutzen diese Erkenntnisse gezielt, um Entscheidungsprozesse zu steuern und Konsumenten subtil zu bestimmten Angeboten zu lenken.

Kurz und bündig

Dieser Abschnitt zeigt, dass Entscheidungen nicht isoliert im Individuum entstehen, sondern maßgeblich durch die Gestaltung der Entscheidungsumgebung geprägt werden. Entscheidungen sind das Ergebnis einer Interaktion zwischen inneren Präferenzen und äußerer Struktur.

Entscheidungsdesign/Choice Architecture rückt genau diese Struktur in den Mittelpunkt. Sprache, Reihenfolge, Hervorhebungen, Standardoptionen und soziale Hinweise wirken oft stärker auf das Verhalten als der objektive Inhalt der Entscheidung. Aus neuro- und verhaltensökonomischer Perspektive ist dies folgerichtig: Das Gehirn verarbeitet Informationen kontextabhängig, relativ und energieeffizient, nutzt Heuristiken und folgt impliziten Orientierungshilfen, um Komplexität zu reduzieren.

Kerngedanken des Kapitels sind:

- Framing zeigt, dass identische Informationen je nach Darstellung zu systematisch unterschiedlichen Entscheidungen führen. Präferenzen sind kontextsensitiv und verletzen das Invarianzprinzip der klassischen Entscheidungstheorie.
- Nudging überträgt diese deskriptiven Erkenntnisse in die Praxis der Gestaltung. Durch Defaults, Salienz, soziale Normen oder sprachliche Rahmung wird Verhalten vorhersehbar beeinflusst, ohne Wahlfreiheit aufzuheben.
- Entscheidungsdesign bewegt sich in einem ethisch-normativen Spannungsfeld zwischen Unterstützung und Manipulation („libertärer Paternalismus").
- Im Führungskontext wird deutlich, dass Leadership selbst eine Form von Entscheidungsarchitektur ist. Führung wirkt über die Gestaltung psychologischer Zustände wie Sicherheit, Autonomie, Zugehörigkeit und Fairness. Dazu gehören Modelle wie:
  - Maslows Bedürfnistheorie (heuristische Orientierung),
  - die neurobiologische Bedeutung sozialer Eingebundenheit (Spiegelneuronen, sozialer Schmerz),
  - das SCARF-Modell (Status, Certainty, Autonomy, Relatedness, Fairness).
- Diese zeigen, dass Motivation, Vertrauen und Kooperation neuropsychologisch reguliert sind.
- Mit Peak Performance wird verdeutlicht, dass Leistung kein Maximum an Druck, sondern eine optimale Balance von Aktivierung (Arousal) und Kontrolle erfordert (Yerkes-Dodson-Gesetz). Das leistungsoptimale Erregungsniveau ist individuell und aufgabenabhängig.
- Im Bereich Konsum wird gezeigt, dass Kaufentscheidungen

- tief im Belohnungssystem (Dopamin, Nucleus accumbens) verankert sind,
- systematisch durch Framing, Anchoring, Mental Accounting und Present Bias verzerrt werden und stark von Emotionen, sozialen Normen, Status- und Signaleffekten abhängen.

Abschließend macht der Abschnitt deutlich:

- Rationalität ist nicht nur eine Eigenschaft von Individuen, sondern auch von Systemen.
- Gute Entscheidungen entstehen dort, wo Entscheidungsumgebungen mit der Funktionsweise des menschlichen Gehirns kompatibel sind.
- Behavioral Economics und Neuroökonomie liefern damit das Fundament, um Entscheidungsdesign, Leadership und Konsum realistisch, wirksam und verantwortungsvoll zu gestalten.

Fragen zur Überprüfung Ihres aktuellen Wissensstands:

1. Was versteht man unter Entscheidungsdesign, und warum beeinflusst die Gestaltung der Entscheidungsumgebung das Verhalten so stark?
2. Was beschreibt der Framing-Effekt?
3. Was zeigt das Asian-Disease-Problem über den Einfluss sprachlicher Rahmung auf Entscheidungen unter Unsicherheit?
4. Was ist unter Nudging zu verstehen, und durch welche drei Merkmale lässt es sich von Zwang oder klassischer Regulierung abgrenzen?
5. Warum spielt die Gestaltung von Default-Optionen für Entscheidungen eine so große Rolle?
6. Welche zentrale Aussage verbindet sich mit dem SCARF-Modell, und welche fünf sozialen Dimensionen umfasst es?
7. Warum ist soziale Eingebundenheit aus neurobiologischer Sicht ein grundlegendes menschliches Bedürfnis?
8. Was besagt das Yerkes-Dodson-Gesetz, und wie erklärt es den Zusammenhang zwischen Erregung und Leistung? ◄

Literatur

Ariely, D., Zybak, M., & Ariely, D. (2008). *Denken hilft zwar, nützt aber nichts: Warum wir immer wieder unvernünftige Entscheidungen treffen*. Droemer.

Atalay, A. S., & Meloy, M. G. (2011). Retail therapy: A strategic effort to improve mood. *Psychology & Marketing*, *28*(6), 638–659. https://doi.org/10.1002/mar.20404

Auger, P., Burke, P., Devinney, T. M., & Louviere, J. J. (2003). What will consumers pay for social product features? *Journal of Business Ethics*, *42*(3), 281–304. https://doi.org/10.1023/A:1022212816261

Banerjee, A. V. (1992). A simple model of herd behavior. *The Quarterly Journal of Economics*, *107*(3), 797–817. https://doi.org/10.2307/2118364

Bojović, I. & Stojadinović Jovanović, S. (2020). Transformational leadership and psychological needs of employees. *Technium Social Sciences Journal*, *7*, 226–235. https://doi.org/10.47577/tssj.v7i1.512

Cacioppo, J. T., & Patrick, W. (2009). *Loneliness: Human nature and the need for social connection* (1st Norton paperback ed.). Norton.

Carter, E. J., & Pelphrey, K. A. (2008). Friend or foe? Brain systems involved in the perception of dynamic signals of menacing and friendly social approaches. *Social Neuroscience*, *3*(2), 151–163. https://doi.org/10.1080/17470910801903431

Cialdini, R. B., & Goldstein, N. J. (2004). Social influence: Compliance and conformity. *Annual Review of Psychology*, *55*(1), 591–621. https://doi.org/10.1146/annurev.psych.55.090902.142015

Cialdini, R. B., Borden, R. J., Thorne, A., Walker, M. R., Freeman, S., & Sloan, L. R. (1976). Basking in reflected glory: Three (football) field studies. *Journal of Personality and Social Psychology*, *34*(3), 366–375. https://doi.org/10.1037/0022-3514.34.3.366

Di Pellegrino, G., Fadiga, L., Fogassi, L., Gallese, V., & Rizzolatti, G. (1992). Understanding motor events: A neurophysiological study. *Experimental Brain Research*, *91*(1), 176–180. https://doi.org/10.1007/BF00230027

Donny, E. C., Bigelow, G. E., & Walsh, S. L. (2006). Comparing the physiological and subjective effects of self-administered vs yoked cocaine in humans. *Psychopharmacology*, *186*(4), 544–552. https://doi.org/10.1007/s00213-006-0312-8

Eisenberger, N. I., Lieberman, M. D., & Williams, K. D. (2003). Does rejection hurt? An fMRI study of social exclusion. *Science*, *302*(5643), 290–292. https://doi.org/10.1126/science.1089134

Escalas, J. E., & Bettman, J. R. (2005). Self-construal, reference groups, and brand meaning. *Journal of Consumer Research*, *32*(3), 378–389. https://doi.org/10.1086/497549

Fabritius, F., & Hagemann, H. W. (2017). *The Leading Brain: Neuroscience Hacks to Work Smarter, Better, Happier*. Penguin Publishing Group.

Friedman, R. S., & Förster, J. (2001). The effects of promotion and prevention cues on creativity. *Journal of Personality and Social Psychology*, *81*(6), 1001–1013. https://doi.org/10.1037/0022-3514.81.6.1001

Hawkins, J., & Blakeslee, S. (2004). *On intelligence* (1st ed). Times Books.

Hedden, T., & Gabrieli, J. D. E. (2006). The ebb and flow of attention in the human brain. *Nature Neuroscience*, *9*(7), 863–865. https://doi.org/10.1038/nn0706-863

Huber, J., Payne, J. W., & Puto, C. (1982). Adding asymmetrically dominated alternatives: Violations of regularity and the similarity hypothesis. *Journal of Consumer Research*, *9*(1), 90. https://doi.org/10.1086/208899

Izuma, K., Saito, D. N., & Sadato, N. (2008). Processing of Social and Monetary Rewards in the Human Striatum. *Neuron*, *58*(2), 284–294. https://doi.org/10.1016/j.neuron.2008.03.020

Johnson, E. J., & Goldstein, D. (2003). Do defaults save lives? *Science*, *302*(5649), 1338–1339. https://doi.org/10.1126/science.1091721

Kahneman, D., & Tversky, A. (1984). Choices, values, and frames. *American Psychologist*, *39*(4), 341–350. https://doi.org/10.1037/0003-066X.39.4.341

Knutson, B., Adams, C. M., Fong, G. W., & Hommer, D. (2001). Anticipation of increasing monetary reward selectively recruits nucleus accumbens. *The Journal of Neuroscience*, *21*(16), RC159–RC159. https://doi.org/10.1523/JNEUROSCI.21-16-j0002.2001

Knutson, B., Rick, S., Wimmer, G. E., Prelec, D., & Loewenstein, G. (2007). Neural predictors of purchases. *Neuron*, *53*(1), 147–156. https://doi.org/10.1016/j.neuron.2006.11.010

Kosfeld, M., Heinrichs, M., Zak, P. J., Fischbacher, U., & Fehr, E. (2005). Oxytocin increases trust in humans. *Nature*, *435*(7042), 673–676. https://doi.org/10.1038/nature03701

Maslow, A. H. (1943). A theory of human motivation. *Psychological Review*, *50*(4), 370–396. https://doi.org/10.1037/h0054346

Mineka, S., & Hendersen, R. W. (1985). Controllability and predictability in acquired motivation. *Annual Review of Psychology*, *36*(1), 495–529. https://doi.org/10.1146/annurev.ps.36.020185.002431

Mitchell, J. P., Macrae, C. N., & Banaji, M. R. (2006). Dissociable medial prefrontal contributions to judgments of similar and dissimilar others. *Neuron*, *50*(4), 655–663. https://doi.org/10.1016/j.neuron.2006.03.040

Plassmann, H., O'Doherty, J., Shiv, B., & Rangel, A. (2008). Marketing actions can modulate neural representations of experienced pleasantness. *Proceedings of the National Academy of Sciences*, *105*(3), 1050–1054. https://doi.org/10.1073/pnas.0706929105

Read, D., & Van Leeuwen, B. (1998). Predicting hunger: The effects of appetite and delay on choice. *Organizational Behavior and Human Decision Processes*, *76*(2), 189–205. https://doi.org/10.1006/obhd.1998.2803

Rock, D. (2008). SCARF: A brain-based model for collaborating with and influencing others. *NeuroLeadership Journal*, *1*, 44–52.

Rodin, J. (1986). Aging and health: Effects of the sense of control. *Science*, *233*(4770), 1271–1276. https://doi.org/10.1126/science.3749877

Samuelson, W., & Zeckhauser, R. (1988). Status quo bias in decision making. *Journal of Risk and Uncertainty*, *1*(1), 7–59. https://doi.org/10.1007/BF00055564

Schultz, W. (1999). The reward signal of midbrain dopamine neurons. *Physiology*, *14*(6), 249–255. https://doi.org/10.1152/physiologyonline.1999.14.6.249

Singer, T., Seymour, B., O'Doherty, J. P., Stephan, K. E., Dolan, R. J., & Frith, C. D. (2006). Empathic neural responses are modulated by the perceived fairness of others. *Nature*, *439*(7075), 466–469. https://doi.org/10.1038/nature04271

Stremersch, S., & Tellis, G. J. (2002). Strategic bundling of products and prices: A new synthesis for marketing. *Journal of Marketing*, *66*(1), 55–72. https://doi.org/10.1509/jmkg.66.1.55.18455

Tabibnia, G., & Lieberman, M. D. (2007). Fairness and cooperation are rewarding: Evidence from social cognitive neuroscience. *Annals of the New York Academy of Sciences*, *1118*(1), 90–101. https://doi.org/10.1196/annals.1412.001

Tay, L., & Diener, E. (2011). Needs and subjective well-being around the world. *Journal of Personality and Social Psychology*, *101*(2), 354–365. https://doi.org/10.1037/a0023779

Thaler, R. (1985). Mental accounting and consumer choice. *Marketing Science*, *4*(3), 199–214. https://doi.org/10.1287/mksc.4.3.199

Thaler, R. H., & Sunstein, C. R. (2008). *Nudge: Improving decisions about health, wealth, and happiness*. Yale University Press.

Tversky, A., & Kahneman, D. (1981). The framing of decisions and the psychology of choice. *Science*, *211*(4481), 453–458. https://doi.org/10.1126/science.7455683

Tversky, A., & Kahneman, D. (1986). Rational choice and the framing of decisions. *The Journal of Business*, *59*(S4), S251. https://doi.org/10.1086/296365

Wahba, M. A., & Bridwell, L. G. (1976). Maslow reconsidered: A review of research on the need hierarchy theory. *Organizational Behavior and Human Performance*, *15*(2), 212–240. https://doi.org/10.1016/0030-5073(76)90038-6

Yerkes, R. M., & Dodson, J. D. (1908). The relation of strength of stimulus to rapidity of habit-formation. *Journal of Comparative Neurology and Psychology*, *18*(5), 459–482. https://doi.org/10.1002/cne.920180503

Zink, C. F., Tong, Y., Chen, Q., Bassett, D. S., Stein, J. L., & Meyer-Lindenberg, A. (2008). Know your place: Neural processing of social hierarchy in humans. *Neuron*, *58*(2), 273–283. https://doi.org/10.1016/j.neuron.2008.01.025

4 Finanzmärkte

Ökonomische Prozesse sind nie rein technisch. Märkte, Preise, Geld und Finanzinstitutionen erscheinen zwar oft als abstrakte Systeme aus Zahlen, Modellen und Regeln, sie sind jedoch untrennbar mit menschlicher Wahrnehmung, Motivation und Erwartung verbunden. Jede ökonomische Struktur wirkt letztlich über individuelles Entscheiden, das wiederum in biologische, psychologische und soziale Kontexte eingebettet ist. **Damit ist die Ökonomie nicht nur eine Lehre von Ressourcenallokation, sondern auch eine Theorie des menschlichen Verhaltens unter Unsicherheit.**

In modernen Wirtschaftssystemen verdichten sich diese Zusammenhänge besonders stark. Abstrakte Größen wie Geld, Preise, Zinsen oder Renditen fungieren als Orientierungspunkte, an denen sich individuelles und kollektives Handeln ausrichtet. Sie strukturieren Erwartungen, setzen Anreize und definieren Erfolg oder Scheitern. Gleichzeitig sind sie keine objektiven Naturgesetze, sondern Resultate sozialer Übereinkünfte, institutioneller Rahmenbedingungen und psychologischer Deutungen. Was als wertvoll, riskant oder lohnend gilt, entsteht nicht allein aus Daten, sondern aus deren Interpretation.

Ein zentrales Bindeglied zwischen individueller Psychologie und makroökonomischer Ordnung ist **Vertrauen**. Das Vertrauen in Geld, Institutionen, Märkte und andere Akteure bildet die Voraussetzung dafür, dass ökonomische Systeme stabil funktionieren. Ohne dieses Vertrauen wären Kreditvergabe, Investitionen oder langfristige Planungen nicht denkbar. Vertrauen ist jedoch kein rein rationales Kalkül. Es speist sich aus Erfahrungen, sozialen Normen, Narrativen und emotionalen Bewertungen. Vertrauen baut sich in den meisten Fällen langsam und langfristig auf, es kann jedoch auch abrupt zerstört werden.

Finanzmärkte gelten traditionell als Orte rationaler **Informationsverarbeitung**, an denen Preise objektive Knappheiten und Erwartungen widerspiegeln. Gleichzeitig zeigen empirische Befunde, dass Märkte auch emotionale Räume sind. Euphorie, Angst, Gier und Unsicherheit beeinflussen Risikowahrnehmung, Handelsverhalten und Preisbildung.

M. Friedrich, *Einführung in die Verhaltens- und Neuroökonomie*, Edition Hochschule Weserbergland,
https://doi.org/10.1007/978-3-662-73735-4_4

Kognitive Verzerrungen, soziale Dynamiken und mediale Rahmungen können sich gegenseitig verstärken und zu kollektiven Übertreibungen, Fehlbewertungen oder abrupten Korrekturen führen.

Dabei ist entscheidend, dass diese Phänomene nicht als individuelle Irrationalität missverstanden werden. Sie sind vielmehr Ausdruck normaler menschlicher Informationsverarbeitung unter begrenzten kognitiven Ressourcen. Menschen sind keine fehlerhaften Rechner, sondern adaptive Systeme, die in komplexen Umwelten handeln. Die daraus entstehenden Verzerrungen sind stabil, teilweise vorhersehbar und weit verbreitet. Damit erlangen sie eine große ökonomische Relevanz.

Der vorliegende Abschnitt verfolgt daher einen integrativen Ansatz. Er verbindet die Entstehung und Funktion ökonomischer Institutionen mit ihrer psychologischen Wirkung auf Wahrnehmung, Motivation und Entscheidung. Geld, Märkte und Preise werden nicht isoliert betrachtet, sondern als Teile eines umfassenden sozioökonomischen Systems, in dem individuelle Entscheidungen, kollektive Erwartungen und institutionelle Rahmenbedingungen ineinandergreifen.

Im weiteren Verlauf wird gezeigt, wie diese Mechanismen konkret wirken. Dabei wird deutlich, wie abstrakte ökonomische Größen emotional aufgeladen werden und dadurch weit über ihre rein technische Funktion hinaus Bedeutung erlangen. Es wird erläutert, wie kognitive Verzerrungen die Verarbeitung von Informationen und die Wahrnehmung von Risiken systematisch beeinflussen und Entscheidungen verzerren können. Zudem wird aufgezeigt, wie sich individuelle Wahrnehmungen und Erwartungen zu kollektiven Dynamiken verdichten, die zu Marktineffizienzen, spekulativen Blasen und ökonomischen Krisen führen. Schließlich wird herausgearbeitet, weshalb selbst hochentwickelte, liquide und institutionell abgesicherte Märkte nicht frei von systematischen Fehlbewertungen sind, sondern immer wieder von psychologischen und sozialen Einflussfaktoren geprägt werden.

Ziel dieses Kapitels ist es nicht, klassische ökonomische Modelle zu ersetzen, sondern sie zu ergänzen. Erst im Zusammenspiel von ökonomischer Logik und psychologischer Realität lässt sich verstehen, wie moderne Wirtschaftssysteme tatsächlich funktionieren und warum sie zugleich erstaunlich leistungsfähig und strukturell fragil sind.

4.1 Geld

Geld ist weit mehr als ein technisches Mittel des Austauschs oder ein praktisches Instrument wirtschaftlicher Organisation. Es durchdringt nahezu alle Lebensbereiche und prägt das Denken, Fühlen und Handeln von Individuen ebenso wie die Strukturen ganzer Gesellschaften. In modernen Ökonomien fungiert Geld als universelles Bezugssystem, über das Werte gemessen, Verpflichtungen festgelegt und soziale Beziehungen strukturiert werden. Die Frage, was Geld eigentlich ist, berührt daher nicht nur ökonomische, sondern auch gesellschaftliche und psychologische Dimensionen. Geld repräsentiert Vertrauen, Erwartung und Macht. Es ist eine soziale Institution, deren Funktionsweise auf kollektiven Vorstellungen von Wert und Verbindlichkeit beruht.

Im Zentrum dieser Betrachtung steht die Erkenntnis, dass **Geld keine naturgegebene Größe ist**, sondern ein soziales Konstrukt, das durch menschliche Übereinkunft und institutionelle Prozesse geschaffen wird. Der Umgang mit Geld folgt bestimmten Regeln, die von Finanzsystemen, Staaten und Banken geprägt werden, zugleich aber tief in kulturelle und historische Deutungssysteme eingebettet sind. So wie Sprache Bedeutung transportiert, vermittelt Geld ökonomische und symbolische Werte, die über Zahlen hinausgehen. Es ist Ausdruck gesellschaftlicher Organisation und damit immer auch ein Spiegel des zugrunde liegenden Verständnisses von Schuld, Vertrauen und Macht.

Das **heutige Geldsystem**, wie es in modernen Volkswirtschaften praktiziert wird, basiert im Kern auf der Schöpfung von Geld durch Kreditvergabe. Diese Struktur, die als Passivgeldordnung bezeichnet wird, unterscheidet sich grundlegend von der Vorstellung, Geld müsse durch materielle Werte oder Ersparnisse gedeckt sein. Tatsächlich entsteht der überwiegende Teil des umlaufenden Geldes durch Buchungsvorgänge in den Bilanzen von Geschäftsbanken, ein Mechanismus, der verdeutlicht, dass Geld auf Vertrauen und rechtlich abgesicherten Schuldverhältnissen beruht. Diese Mechanik verbindet ökonomische und psychologische Aspekte. Während sie technisch auf Bilanzlogik und Zinsmechanismen basiert, verlangt sie gleichzeitig ein stabiles kollektives Vertrauen in die Werthaltigkeit des geschaffenen Geldes.

Ein Verständnis des modernen Geldes erfordert daher sowohl eine ökonomische Erklärung seiner Entstehung als auch eine psychologische Betrachtung seiner Wirkung. Erst wenn deutlich wird, dass Geld nicht einfach existiert, sondern im Zusammenspiel von Kreditvergabe, Vertrauen und Erwartung entsteht, lässt sich begreifen, weshalb es zugleich ökonomische Rationalität und emotionale Bedeutung in sich trägt. Im Folgenden wird daher zunächst erläutert, wie Geld in unserem heutigen System entsteht, welche Mechanismen hinter der Passivgeldordnung stehen und weshalb diese Struktur das Verhältnis zwischen Schulden, Vertrauen und wirtschaftlicher Aktivität bestimmt.

4.1.1 Die Passivgeldordnung: Funktionsweise der gegenwärtigen Geldschöpfung

Was genau ist Geld eigentlich, und wie entsteht es? Unser heutiges Geldsystem kann als Passivgeldordnung verstanden werden (Mayer, 2014). Darunter versteht man ein System, in dem der Großteil des Geldes über Kreditvergabe durch Geschäftsbanken entsteht. Diese Form der Geldschöpfung ist charakteristisch für moderne Volkswirtschaften und beruht auf der doppelten Buchführung. Wird ein Kredit vergeben, erscheint in der Bankbilanz auf der Aktivseite die Forderung gegenüber dem Kreditnehmer und auf der Passivseite eine entsprechende Einlage. Das neu entstandene Guthaben stellt für den Kunden Geld dar, obwohl es nicht durch vorherige Ersparnisse oder physische Werte gedeckt ist.

Auf diese Weise entsteht sogenanntes Giralgeld, also Buchgeld, das im Zahlungsverkehr wie gesetzliches Zahlungsmittel verwendet wird (◉ Abb. 4.1). Es handelt sich dabei

Aktiva	Bankbilanz Passiva
Kredit	Sichteinlage
(Forderung an Kunden)	(Verbindlichkeit gegenüber Kunden)

Abb. 4.1 Giralgeldschöpfung (eigene Darstellung)

um privat geschöpftes Geld, das im Kern auf Schuldverhältnissen beruht. Solange der Kredit besteht, existiert auch das zugehörige Geld. Mit der Rückzahlung des Kredits wird es wieder aus dem Umlauf genommen. Der größte Teil des Geldes, der in modernen Volkswirtschaften zirkuliert, ist daher kein staatlich emittiertes Bargeld, sondern durch Banken geschaffene Forderungen und Verbindlichkeiten.

Diese Mechanik der Geldschöpfung führt dazu, dass sich die Geldmenge und die Verschuldung in einer Volkswirtschaft entsprechen. Solche Bankeinlagen sind nur zu einem sehr kleinen Teil durch Zentralbankreserven gedeckt. Dieses sogenannte Teilreservesystem ermöglicht eine effiziente Kreditvergabe, setzt aber gleichzeitig voraus, dass das Vertrauen der Einleger bestehen bleibt. Wenn viele Einleger gleichzeitig über ihre Guthaben verfügen möchten, kann es zu Liquiditätsengpässen kommen.

Zusammengefasst beschreibt die Passivgeldordnung ein bankbasiertes, kreditgetriebenes Geldsystem, in dem die Geldschöpfung dezentral durch Geschäftsbanken erfolgt. Es stützt sich auf Vertrauen, Bilanzmechanismen und die Wechselwirkung zwischen Kreditvergabe, Zins und wirtschaftlicher Aktivität. Diese Funktionsweise bildet die Grundlage der modernen Geldwirtschaft und zugleich den Ausgangspunkt für Diskussionen über mögliche Alternativen, wie Mayer sie in seiner Idee einer „Aktivgeldordnung" weiterentwickelt.

4.1.2 Geld als Werkzeug und Droge

Kaum etwas beeinflusst menschliches Verhalten so unmittelbar wie Geld. Es ist Versprechen, Sicherheit und Macht. Geld kann als einer der stärksten Anreize menschlichen Handelns beschrieben werden. Diese Anreize wirken nicht ausschließlich ökonomisch, sondern auch psychologisch. Geld wirkt in zwei Dimensionen: als **Werkzeug und als Droge** (Lea und Webley, 2006).

In seiner ersten Eigenschaft fungiert Geld als Werkzeug. In der ökonomischen Betrachtung erfüllt Geld drei Funktionen:

- Wertaufbewahrungsfunktion
- Tauschfunktion
- Wertmaßstab

In dieser Sichtweise ist Geld neutral. Es soll funktionieren. Wer Geld verdient, spart oder ausgibt, tut das, um andere Bedürfnisse zu erfüllen, zum Beispiel Nahrung, Schutz, Zugehörigkeit, Komfort. Geld ist hier ein Hilfsmittel, das keine eigene emotionale Bedeutung trägt.

Doch Lea und Webley zeigen, dass diese rationale Perspektive nur die halbe Wahrheit erzählt. Mit der Zeit beginnt Geld, eigene Kraft zu entwickeln. Es wird selbst zum Ziel, zum Belohnungsreiz, der das Gehirn ähnlich stimuliert wie primäre Bedürfnisse oder gar psychoaktive Substanzen. Diese zweite Dimension macht Geld zur Droge. Im biologischen Sinn löst Geld Reaktionen im dopaminergen Belohnungssystem aus. Es werden Gehirnregionen angesprochen, die auf Freude, Motivation und Erwartung ansprechen. Schon der Gedanke an Geld oder der Klang einer Zahl kann diese Systeme aktivieren. Geld wird damit zu einem emotionalen Stimulus, der nicht mehr bloß Mittel ist, sondern Ziel an sich.

Psychologisch funktioniert das über sekundäre Verstärkung. Geld steht in enger Verbindung zu primären Belohnungen, zu allem, was Freude, Sicherheit oder Anerkennung erzeugt. Im Lauf des Lebens lernen Menschen, dass Geld diese Zustände ermöglicht. Irgendwann reicht das Symbol selbst, um ähnliche Gefühle hervorzurufen. Geld wird zum „conditioned reinforcer", einem erlernten Verstärker, der im Gehirn dieselben chemischen Signale auslöst wie die Belohnung, die er verspricht. Dies erklärt, warum Menschen manchmal Geld anhäufen, ohne es ausgeben zu wollen. Der Besitz an sich wirkt bereits belohnend.

Lea und Webley führen diese Beobachtung noch weiter und beschreiben Parallelen zwischen Geld und Drogen. Wie bei einer Sucht kann auch beim Umgang mit Geld eine Form von Toleranz entstehen. Je mehr man besitzt, desto höher muss der Reiz sein, um den gleichen Dopaminausstoß zu induzieren. Umgekehrt ruft der Verlust von Geld Entzugserscheinungen wie Stress, Angst, Scham oder gar körperliche Anspannung hervor. Der bloße Anblick von Geld, Zahlen oder Börsenkursen kann Belohnungserwartungen auslösen, selbst ohne reale Auszahlung. So bilden sich Belohnungsschleifen, in denen Menschen ihr Verhalten immer wieder am Reiz des Geldes ausrichten.

Obwohl Geld als eine kulturelle Erscheinung zu betrachten ist, entfaltet es psychologische Wirkungen. Menschen verhalten sich in Geldfragen selten rational. Sie empfinden Verlustaversion oder überschätzen kurzfristige Belohnungen und vernachlässigen langfristige Stabilität.

4.1.3 Geld und Motivation

Die Frage, ob und wie Geld motivierend wirken kann, steht seit Jahrzehnten im Zentrum der Managementforschung. Bereits in den 1980er-Jahren wurde die Selbstbestimmungstheorie (Self-Determination Theory) entwickelt (Deci und Ryan, 1985). Die Selbstbestimmungstheorie unterscheidet erstmals klar zwischen intrinsischer und extrinsischer

Motivation. Intrinsisch motivierte Handlungen entspringen einem Interesse, während extrinsisch motivierte Handlungen auf äußere Belohnung oder Druck zurückgehen.

Intrinsische Motivation entsteht, wenn Menschen eine Tätigkeit um ihrer selbst willen ausführen. Sie handeln aus Neugier, Interesse oder Freude am Tun. Das Verhalten ist selbstbelohnend. Diese Form der Motivation fördert Kreativität, Ausdauer und psychisches Wohlbefinden, weil sie auf den drei psychologischen Grundbedürfnissen beruht, die Deci und Ryan als universell beschreiben:

- Autonomie, das Gefühl, selbstbestimmt zu handeln,
- Kompetenz, das Erleben von Wirksamkeit und Können,
- Soziale Eingebundenheit, das Gefühl, verbunden und anerkannt zu sein.

Wenn diese Bedürfnisse erfüllt sind, entsteht intrinsische Motivation fast automatisch. Sie ist Ausdruck von psychologischer Gesundheit und innerer Kohärenz. Der Mensch tut etwas, weil es Sinn ergibt, nicht weil er muss.

Demgegenüber steht die extrinsische Motivation. Sie ist auf äußere Konsequenzen wie Belohnung, Anerkennung, Geld oder Vermeidung von Strafe gerichtet. Hier wird das Verhalten nicht aus eigenem Antrieb ausgeführt, sondern um ein Ziel außerhalb der Handlung zu erreichen. Extrinsische Motivation ist also zweckorientiert und sie funktioniert nach dem Prinzip „Wenn ich X tue, bekomme ich Y".

In der Praxis überschneiden sich beide Formen oft. Viele Tätigkeiten beginnen extrinsisch, etwa um ein Ziel zu erreichen, und werden mit der Zeit intrinsisch, wenn sie Freude, Kompetenz oder Sinn vermitteln. Umgekehrt kann intrinsische Motivation verloren gehen, wenn äußere Anreize die Aufmerksamkeit von der Handlung auf die Belohnung verschieben. Hier setzt die Rolle von Geld als Belohnung an. Geld kann die intrinsische Motivation untergraben, wenn es als kontrollierend erlebt wird.

Psychologisch geschieht das, weil externe Belohnungen das Gefühl der Autonomie verringern. Wenn eine Person eine Aufgabe nicht mehr aus eigenem Interesse ausführt, sondern nur noch, um eine Belohnung zu erhalten, verliert sie das Empfinden, selbstbestimmt zu handeln. Statt auf die Aufgabe selbst, richtet sich das Handeln auf die Belohnung. Der innere Antrieb wird überdeckt.

Menschen, die für eine an sich interessante Aufgabe plötzlich Geld erhalten, verlieren ihre Motivation, wenn die Bezahlung endet. In der Logik des Gehirns ist die Tätigkeit dann Teil eines Belohnungssystems geworden.

Geld aktiviert kurzfristig das dopaminerge Belohnungssystem, doch diese Aktivierung bleibt extern gesteuert und kurzfristig. Intrinsische Motivation dagegen rekrutiert Netzwerke, die mit Selbstwirksamkeit, Sinn und langfristiger Zielverfolgung verbunden sind. Wird die Kontrolle durch externe Anreize zu stark, wird das autonome Motivationsnetzwerk gehemmt. Das System lernt, dass Handlungen nicht mehr aus Selbstbestimmung, sondern aus Erwartung erfolgen.

Deci und Ryan weisen darauf hin, dass diese Wirkung nicht durch Geld an sich ausgelöst wird, sondern durch die Bedeutung, die ihm zugeschrieben wird. Wird eine

Bezahlung als Anerkennung oder Unterstützung erlebt, bleibt die Motivation erhalten oder steigt sogar. Wird sie hingegen als Kontrolle oder Druckmittel empfunden, sinkt sie. Entscheidend ist also, wie eine Belohnung auf die psychologischen Grundbedürfnisse wirkt.

Folglich ist Geld kein neutraler Motivator. Es kann Motivation fördern, wenn es Autonomie ermöglicht, oder sie zerstören, wenn es Autonomie ersetzt.

In der Praxis wirken beide Mechanismen oft gleichzeitig. Ob Geld motiviert oder lähmt, hängt davon ab, welche Interpretationslinie dominiert:

- Autonomieorientierte Kontexte (z. B. partizipative Führung, sinnvolle Aufgaben, Anerkennung). Hier wirkt Geld unterstützend.
- Kontrollorientierte Kontexte (z. B. starre Zielvorgaben, Druck, Belohnungsabhängigkeit). Hier wirkt Geld demotivierend.

Menschen sind keine Automaten

Ein anschauliches Praxisbeispiel für die ambivalente Wirkung von Geld liefert der Artikel „Das Lohndilemma" von Ralf Grötker (Grötker, 2008). Der Beitrag stellt die weit verbreitete Annahme infrage, Leistung lasse sich durch finanzielle Anreize linear steigern. Grötker nutzt dafür eine zugespitzte Metapher: „Menschen funktionierten nicht wie Automaten, in die man oben Geld einwerfe, um unten zuverlässig mehr Leistung zu erhalten".

Der Artikel beschreibt, dass leistungsabhängige Vergütungssysteme zwar kurzfristig messbare Effekte erzeugen können, langfristig jedoch häufig zu unerwünschten Nebenwirkungen führen. Sobald Bezahlung eng an Kennzahlen, Zielvorgaben oder individuelle Boni gekoppelt wird, verschiebt sich die Aufmerksamkeit der Mitarbeitenden von der Tätigkeit selbst auf deren monetäre Bewertung. Leistung wird nicht mehr als sinnvolle, selbstwirksame Aktivität erlebt, sondern als Mittel zum Zweck. Entscheidend ist nicht mehr, was fachlich oder organisatorisch sinnvoll wäre, sondern was sich rechnet.

Grötker verweist darauf, dass solche Systeme Kooperation schwächen, Verantwortungsübernahme reduzieren und das Denken verengen. Mitarbeitende beginnen, Risiken zu vermeiden, Wissen zurückzuhalten oder Aufgaben strategisch auszuwählen. Tätigkeiten, die für das Gesamtsystem wichtig sind, aber nicht direkt honoriert werden, verlieren an Attraktivität. Damit entsteht genau jene Form der Zweckorientierung, die die intrinsische Motivation untergräbt.

Bemerkenswert ist, dass der Artikel nicht Geld an sich kritisiert, sondern dessen Funktion als Steuerungsinstrument. Dort, wo Bezahlung als Anerkennung, Sicherheit oder faire Gegenleistung verstanden wird, bleibt Motivation erhalten. Wird sie jedoch zum Kontrollmechanismus, verliert Arbeit ihren inneren Sinn. Das Lohndilemma besteht somit nicht in der Höhe der Bezahlung, sondern in ihrer psychologischen Bedeutung.

Der Beitrag illustriert damit die Selbstbestimmungstheorie. Sobald externe Anreize Autonomie einschränken, Kompetenz instrumentalisieren oder soziale Eingebundenheit ersetzen, sinkt die intrinsische Motivation. Das Lohndilemma zeigt, wie diese theoretischen Zusammenhänge in organisationalen Kontexten konkret erfahrbar werden und warum Geld kein neutraler Motivator ist, sondern ein psychologisch hoch wirksames Signal. ◄

Menschen mit hoher intrinsischer Orientierung empfinden externe Anreize schneller als Eingriff in ihre Autonomie, während extrinsisch orientierte Personen sie leichter akzeptieren.

4.1.4 Geld und der Weg zum Glück?

Die Beziehung zwischen Geld und Glück gehört zu den ältesten Fragen der Psychologie und Ökonomie. In einer Studie aus dem Jahr 2010 wurden Daten aus über 130 Ländern ausgewertet, um zu verstehen, welche Faktoren das subjektive Wohlbefinden beeinflussen (Diener et al., 2010). Dabei wurden zwei Dimensionen des Glücks unterschieden:

- Kognitive Lebensbewertung, wie Menschen ihr Leben insgesamt einschätzen („Wie zufrieden bin ich mit meinem Leben?“),
- Emotionales Wohlbefinden, wie oft Menschen im Alltag positive oder negative Gefühle erleben („Wie häufig empfinde ich Freude, Lächeln oder Interesse?“).

Demnach hat materieller Wohlstand, gemessen an Einkommen, Besitz und wirtschaftlicher Sicherheit, einen positiven Einfluss auf die Lebensbewertung. Menschen mit höherem Einkommen bewerten ihr Leben insgesamt positiver, fühlen sich sicherer und erfolgreicher.

Auf der anderen Seite hängen positive Emotionen wie Freude, Gelassenheit oder Dankbarkeit stärker von psychosozialen Faktoren wie sozialer Unterstützung, dem Gefühl von Autonomie, Respekt und Sinnhaftigkeit ab.

Geld verbessert also die Bewertung des Lebens, aber nicht automatisch das Erleben des Lebens. Ab einem gewissen Einkommensniveau, wenn Grundbedürfnisse wie Nahrung, Wohnen und Sicherheit gedeckt sind, flacht der Zusammenhang zwischen Geld und emotionalem Wohlbefinden deutlich ab. Zusätzlicher materieller Reichtum steigert zwar das Gefühl von Kontrolle und Status, führt aber kaum noch zu einem häufigeren Erleben positiver Gefühle. Diese Sättigung lässt sich kulturübergreifend beobachten. Es kommt lediglich darauf an, dass das jeweilige Existenzminimum gesichert ist.

- Materielle Prosperität liefert äußere Sicherheit, Stabilität und Bewertungskriterien für den sozialen Status.
- Psychosoziale Prosperität speist sich dagegen aus Beziehung, Sinn, Vertrauen und Selbstbestimmung und prägt die emotionale Qualität des Lebens.

Solange Menschen um Existenzsicherung ringen, wirkt Geld unmittelbar motivierend. Es reduziert Unsicherheit und Stress. Sobald jedoch materielle Bedürfnisse gedeckt sind, verschiebt sich die Bedeutung des Geldes. Es wird zum Symbol für Erfolg, Anerkennung oder Selbstwert, verliert aber seine Fähigkeit, dauerhaftes Glück zu erzeugen.

Während die Befriedigung von Grundbedürfnissen limbische Strukturen aktiviert, die Sicherheit und Belohnung signalisieren, sind höhere Wohlstandsziele stärker mit präfrontalen Bewertungsnetzwerken verknüpft. Dort geht es um den sozialen Vergleich und die Selbstbewertung. Die emotionale Intensität nimmt dabei ab, die kognitive Reflexion zu.

4.1.5 Geld und Luxus: Das Paradox des Wohlstands

Dass Geld nicht automatisch zum Glück führt, wirft die Frage der Rolle von Luxusgütern auf. Nie zuvor in der Geschichte verfügten Menschen über so viel materiellen Reichtum, und doch hat sich das durchschnittliche Glücksniveau in wohlhabenden Gesellschaften kaum erhöht.

Dieses Phänomen ist als „Luxusfieber" (Frank, 2000) bekannt. Es beschreibt das kollektive Streben nach immer höheren Standards. Diese Standards reflektieren jedoch weniger tatsächliche Bedürfnisse, sondern sind vielmehr durch soziale Vergleiche getrieben.

Hier spielt der im **Ultimatumspiel** liegende Gedanke relativer Auszahlungen eine Rolle. Menschen, so die zentrale These, bewerten ihren Wohlstand nicht absolut, sondern relativ zu anderen. Das eigene Haus, das Auto oder der Urlaub erscheinen nicht allein objektiv wertvoll, sondern vor allem deshalb, weil sie im Vergleich zu denen anderer besser wirken. Diese Betrachtung von Wohlstand führt zu einem Wettlauf um Statussymbole, die herangezogen werden, um eine relative Position auf der sozialen Rangliste zu verbessern.

Dieses Verhalten ist ökonomisch ineffizient und psychologisch kostspielig. Luxusgüter unterliegen der hedonistischen Adaption, verschaffen kurzfristige Freude und soziale Anerkennung, verblassen jedoch längerfristig. Mit jedem Schritt nach oben wächst die Erwartung, das neue Niveau halten oder übertreffen zu müssen. So entsteht eine Spirale aus Vergleich, Anpassung und Unzufriedenheit, die das Glück nicht vermehrt, sondern verschiebt.

Diese Dynamik hat nicht nur individuelle, sondern auch gesellschaftliche Folgen. Während Wohlhabende immer größere Summen für Statussymbole ausgeben, geraten immaterielle Lebensqualitäten wie Zeit, Ruhe oder soziale Verbundenheit ins Hintertreffen. Das Streben nach sichtbarem Erfolg verdrängt Werte wie Kooperation, Fairness und Nachhaltigkeit.

Bei der Bewertung der Wirkung von Luxus kommt es darauf an, welche Funktion dieser erfüllt. Wird er als Ausdruck von Freude oder Kreativität wahrgenommen, kann er positiv wirken. Wird er zum Symbol der Verortung auf der sozialen Skala, so mutiert Luxus zum Mittel im Konkurrenzkampf. In dieser Perspektive ähnelt die Argumentation den Annahmen der Self-Determination Theory. Das **Paradox des Wohlstands** liegt also nicht im Luxus selbst, sondern in seiner Bedeutung.

Der Oyster Explorers Club

Das Manager Magazin berichtet über den britischen Yachtbauer Oyster Yachts, der sich auf maßgeschneiderte Luxusyachten im Superpremiumsegment spezialisiert hat (Hinze, 2025). Diese Schiffe, oft über 20 Meter lang, sind mehr als bloße Fortbewegungsmittel: Sie sind schwimmende Symbole von Erfolg, Exklusivität und Abgrenzung.

Bemerkenswert ist, dass selbst in dieser extrem wohlhabenden Klientel ein neuer Wettlauf um Distinktion entsteht. Die Besteigung des Mount Everest, einst Inbegriff des ultimativen Abenteuers, gilt inzwischen als „Mainstream-Erlebnis". Oyster Yachts reagiert auf diesen Trend mit dem „Explorers Club". Im Explorers Club werden individuelle Weltumsegelungen, Expeditionen in unberührte Regionen und Segelrouten angeboten, die nur mit modernster Technik und riesigem Aufwand möglich sind. Luxus wird hier nicht mehr über Besitz, sondern über Erfahrungsknappheit definiert.

Dieses Phänomen lässt sich als Fortsetzung der hedonistischen Tretmühle im Hochpreissegment verstehen. Je mehr materielle Sättigung eintritt, desto stärker verschiebt sich der Wettbewerb vom Haben zum Erleben.

Dieser Geschäftsbereich macht innerhalb von Oyster Yachts bereits 12 % des Gesamtumsatzes aus. Glaubt man dem Eigentümer, Richard Hadida, so werden diese exklusiven Dienstleistungen zukünftig einen noch größeren Anteil des Umsatzes ausmachen. ◄

4.1.6 Eine Anthropologie des Geldes

Wie in ► Abschn. 4.1.1 beschrieben, beruht das moderne Schuldgeldsystem auf der grundlegenden Idee, dass Geld nicht primär ein neutrales Tauschmittel, sondern eine Form von verrechtlichter Schuld ist. Im modernen Finanzsystem entsteht neues Geld vor allem durch Kreditvergabe: Wenn Banken Kredite vergeben, schaffen sie Buchgeld, das als Forderung gegenüber dem Schuldner in den Wirtschaftskreislauf gelangt. Jeder Geldeinheit steht somit eine Schuld gegenüber. Dieses Prinzip verweist auf eine tiefere, historische und moralische Bedeutung von Schuld (Graeber, 2022).

Graeber argumentiert, dass Schuldenbeziehungen älter und fundamentaler sind als Märkte oder Münzgeld. Entgegen der klassischen ökonomischen Annahme, dass Geld aus dem Tauschhandel hervorgegangen sei, zeigt er, dass gesellschaftliche Verpflichtungen in Form von moralisch oder sozial verankerten Schulden die eigentliche Grundlage wirtschaftlicher Systeme bildeten. Schulden sind somit nicht ausschließlich ökonomische Größen, sondern soziale Bindungen, die Hierarchien, Machtverhältnisse und moralische Erwartungen strukturieren. Als Beleg dafür kann die in der deutschen Sprache doppeldeutige Verwendung des Wortes „Schuld" herangezogen werden.

In diesem Licht erscheint das moderne Schuldgeldsystem nicht als technisches Finanzkonstrukt, sondern als Institutionalisierung moralischer Verpflichtungen auf systemischer

Ebene. Wenn Geld durch Verschuldung entsteht, wird das gesamte Wirtschaftssystem zu einem Netz von Verpflichtungen, das von der Erwartung zukünftiger Rückzahlung und damit von Vertrauen abhängt. Geldsysteme bringen somit gleichzeitig immer auch Machtbeziehungen zum Ausdruck. Wer über die Fähigkeit verfügt, Schulden zu schaffen oder zu erlassen, übt eine fundamentale Form von Herrschaft aus. Zentralbanken, Staaten und Finanzinstitute bestimmen heute, welche Schulden legitim sind und welche nicht.

Das Schuldgeldsystem reproduziert diese Entfremdung, indem es Schuldbeziehungen monetarisiert und anonymisiert. Schulden werden nicht mehr zwischen Personen, sondern zwischen Institutionen abgewickelt – ein Prozess, der die moralische Dimension von Schuld verschleiert, sie aber nicht aufhebt. Vielmehr bleibt der moralische Druck, Schulden zu begleichen, bestehen und wird auf eine abstrakte Ebene verlagert.

Eine Psychologie des Geldes lässt sich nur im Kontext der strukturellen Verknüpfung von Geld und Schuld adäquat verstehen. Geld fungiert nicht allein als ökonomisches Austauschmittel, sondern als Träger sozialer und normativer Bedeutungen, die auf Schuld- und Vertrauensverhältnissen beruhen. Entsprechend muss eine psychologische Analyse des Geldes die zugrunde liegenden Schuldmechanismen und ihre Wirkung auf Wahrnehmung, Motivation und Verhalten einbeziehen.

4.1.7 Geldillusion

Unter **Geldillusion** (money illusion) versteht man die systematische Neigung von Menschen, in nominalen Geldbeträgen zu denken und zu urteilen, statt in realer Kaufkraft. Einkommen, Löhne, Preise oder Vermögen werden danach bewertet, wie hoch die Zahl ist, nicht danach, was man sich dafür tatsächlich leisten kann. Ökonomisch relevante Größen wie Inflation oder Preisniveauveränderungen werden dabei unzureichend oder verzerrt berücksichtigt.

Der Begriff geht auf Irving Fisher zurück (Fisher, 2011 [1928]), der bereits früh darauf hinwies, dass wirtschaftliche Entscheidungen häufig nicht auf realen, sondern auf nominalen Größen beruhen. Während die klassische ökonomische Theorie lange davon ausging, dass rationale Akteure reale Werte korrekt berücksichtigen, zeigt die empirische Forschung seit mehreren Jahrzehnten, dass diese Annahme psychologisch nicht haltbar ist.

Geldillusion ist kein Randphänomen, sondern ein robuster und weit verbreiteter Wahrnehmungs- und Bewertungsfehler, der sowohl individuelle Entscheidungen als auch kollektive wirtschaftliche Prozesse beeinflusst.

Um Geldillusion zu verstehen, ist die Unterscheidung zwischen nominalen und realen Größen zentral:

- Nominal bezeichnet Geldbeträge in ihrer reinen Zahlenform (z. B. 3.000 € Monatsgehalt).
- Real bezeichnet die Kaufkraft dieser Beträge, also die Menge an Gütern und Dienstleistungen, die damit erworben werden können.

Ökonomisch relevant ist ausschließlich die reale Größe. Psychologisch jedoch sind nominale Beträge einfacher wahrnehmbar, greifbarer und leichter vergleichbar. Menschen erleben ihren Lohn auf dem Gehaltszettel, nicht das abstrakte Preisniveau. Inflation wirkt indirekt und diffus, nominale Veränderungen dagegen direkt und persönlich.

Ein klassisches Beispiel verdeutlicht diesen Unterschied. Eine Person erhält eine Lohnerhöhung von 3 % bei einer Inflation von 5 %. Real sinkt ihre Kaufkraft, subjektiv wird die Situation jedoch häufig als Verbesserung wahrgenommen, da die nominale Zahl steigt. Umgekehrt werden nominale Lohnkürzungen selbst dann als schmerzhaft erlebt, wenn sie real lediglich eine Anpassung an sinkende Preise darstellen.

Die Persistenz der Geldillusion lässt sich durch mehrere psychologische Mechanismen erklären. Nominale Geldbeträge sind konkret, sichtbar und sozial vergleichbar. Preisniveauveränderungen dagegen sind verteilt über viele Einzelpreise und zeitlich verzögert wahrnehmbar. Das menschliche Gehirn bevorzugt einfache, direkt zugängliche Informationen.

Menschen bewerten Einkommensveränderungen relativ zu einem bestehenden Referenzpunkt, meist dem bisherigen nominalen Einkommen. Eine nominale Lohnsenkung stellt aus dieser Perspektive einen klaren Verlust dar, unabhängig von der realen Kaufkraftentwicklung.

Nach der Prospect Theory werden Verluste stärker empfunden als gleich große Gewinne. Nominale Verluste aktivieren dieses System besonders stark, da sie eindeutig als Verlust kodiert werden. Nominale Lohnkürzungen werden als aktive Entscheidung eines Arbeitgebers interpretiert und damit personalisiert. Inflation wird dagegen als externer, anonymer Prozess wahrgenommen. Dies führt dazu, dass nominale Kürzungen als unfair gelten, reale Verluste jedoch eher akzeptiert werden.

Die Geldillusion ist empirisch gut belegt (Shafir et al., 1997). In einer Reihe von Experimenten wurde gezeigt, dass Menschen systematisch nominale Einkommensveränderungen bevorzugen, selbst wenn diese sie real schlechterstellen. Menschen neigen zu einer kognitiven Koexistenz nominaler und realer Bewertungen, wobei nominale Informationen dominieren.

Lohnsenkung? Okay – aber nicht nominal

Die griechische Schuldenkrise machte ein zentrales Problem von Währungsunionen sichtbar: die Neigung, nominale Löhne stärker wahrzunehmen als reale Kaufkraft und Wettbewerbsfähigkeit. Solange Anpassungen über den Wechselkurs erfolgen können, bleibt diese Illusion oft intakt. Mit dem Euro entfiel für Griechenland jedoch die Möglichkeit einer Abwertung. Stattdessen war das Land zur internen Abwertung gezwungen. Dies übersetzte sich in Maßnahmen wie Ausgabenkürzungen, Steuererhöhungen und vor allem nominale Lohnsenkungen im öffentlichen Sektor. Ökonomisch waren diese Maßnahmen notwendig, politisch wirkten sie jedoch destabilisierend. Sichtbare Einkommenskürzungen wurden als Verlust und äußere Zumutung empfunden. Dies löste Proteste, Streiks und soziale Unruhen aus, die sich offen gegen die damalige deutsche Bundeskanzlerin Angela Merkel richteten.

Die Austeritätspolitik machte damit offen, was eine Währungsabwertung sonst verdeckt hätte. Reale Anpassung erzeugt immer Verlierer. In einer gemeinsamen Währung verschiebt sich diese Anpassung von abstrakten Wechselkursbewegungen hin zu konkreten Lohnsenkungen. Geldillusion erweist sich so nicht nur als individuelles Wahrnehmungsproblem, sondern als strukturelle Herausforderung für Währungsunionen. Wie das Beispiel Griechenland zeigt, birgt dies ein erhebliches Konfliktpotenzial. ◄

Geldillusion ist damit kein irrationaler Fehler Einzelner, sondern ein strukturelles Merkmal menschlicher Entscheidungsfindung, das in ökonomischen Modellen, Organisationsgestaltung und politischer Kommunikation berücksichtigt werden muss.

4.2 Emotionale und kognitive Verzerrungen in der Verarbeitung von Finanzinformationen

Die Verarbeitung von Finanzinformationen erfolgt selten rein rational. Zahlreiche verhaltenswissenschaftliche Befunde zeigen, dass emotionale und kognitive Prozesse das Urteils- und Entscheidungsverhalten von Anlegerinnen und Anlegern auf systematische Weise beeinflussen. Finanzmärkte sind nicht nur Orte der Informationsverarbeitung, sondern auch emotionale Räume, in denen Angst, Hoffnung, Vertrauen oder Euphorie Handlungen leiten. Emotionen wirken dabei als Filter, die bestimmen, welche Informationen wahrgenommen, wie sie interpretiert und in welcher Form sie erinnert werden.

Gerade in komplexen, unsicheren und zeitkritischen Entscheidungssituationen greifen Menschen auf vereinfachende mentale Strategien und emotionale Heuristiken zurück. Diese dienen zwar der Reduktion von Komplexität, führen aber häufig zu systematischen Fehlurteilen. Solche Verzerrungen sind nicht zufällig, sondern Ausdruck tief verankerter psychologischer Mechanismen, die auf das Bedürfnis nach Kohärenz, Kontrolle und emotionaler Stabilität zurückgehen.

Im Kontext der Finanzmärkte zeigen sich diese Mechanismen besonders deutlich. Anleger suchen bevorzugt Informationen, die ihre bestehenden Überzeugungen bestätigen. Unter Stress oder hoher kognitiver Belastung verengt sich die Aufmerksamkeit, sodass intuitive, emotional gesteuerte Entscheidungen an Gewicht gewinnen. Schließlich spielt auch die emotionale Gestaltung von Finanzinformationen selbst eine Rolle. Die Art und Weise, wie Unternehmen, Analysten oder Medien ökonomische Sachverhalte sprachlich und emotional rahmen, kann die Wahrnehmung von Risiko, Vertrauen und Stabilität erheblich beeinflussen.

Die folgenden Abschnitte beleuchten diese drei zentralen Einflussfaktoren: Bestätigungsverzerrungen, Stress und kognitive Belastung sowie emotionale Kommunikation. Gemeinsam verdeutlichen sie, dass ökonomische Entscheidungen nicht allein durch rationales Kalkül bestimmt werden, sondern in hohem Maße von der emotionalen und kognitiven Verarbeitung finanzieller Informationen abhängen. Ein vertieftes Verständnis dieser Prozesse ist daher entscheidend, um systematische Fehlurteile zu erkennen, zu vermeiden und die Qualität von Finanzentscheidungen nachhaltig zu verbessern.

4.2.1 Bestätigungsverzerrungen

Der **Confirmation Bias** (Nickerson, 1998) beschreibt die Tendenz von Menschen, Informationen so auszuwählen, zu interpretieren und zu erinnern, dass sie bereits bestehende Überzeugungen oder Erwartungen bestätigen, während widersprüchliche Informationen ignoriert, abgewertet oder emotional abgewehrt werden. Emotional betrachtet dient dieser Mechanismus der kognitiven Dissonanzreduktion. Das Gehirn vermeidet Unbehagen (disconfirming evidence) und bevorzugt kohärente, emotional angenehme Informationen. Dies kann in Bezug auf Finanzinformationen zu suboptimalen Investitions- und Handelsentscheidungen führen (Chao, 2024).

Investoren in Online-Aktienforen bevorzugen vor allem jene Beiträge, die ihre bereits bestehenden Überzeugungen über eine Aktie stützen (Park et al., 2013). Diese selektive Informationsverarbeitung führt dazu, dass widersprüchliche oder kritische Inhalte seltener beachtet oder als weniger verlässlich wahrgenommen werden. Dadurch entsteht ein verzerrtes Bild der Marktsituation, das die objektive Beurteilung von Risiken und Chancen erheblich beeinträchtigt.

Besonders ausgeprägt ist dieser Mechanismus bei Personen, die sich selbst als besonders sachkundig einschätzen oder eine starke emotionale Bindung zu bestimmten Investments haben. Das subjektive Gefühl von Kompetenz verstärkt den Bestätigungsbias, weil vermeintlich erfahrene Anleger stärker dazu neigen, ihre eigenen Einschätzungen zu verteidigen, anstatt sie kritisch zu hinterfragen. Dieses Zusammenspiel von Bestätigungsbias und Überkonfidenz kann zu übermäßigem Handel und unrealistischen Gewinnerwartungen führen, mit der paradoxen Folge, dass diese Anleger trotz höherer Aktivität keine besseren, sondern häufig sogar schlechtere Ergebnisse erzielen.

Bestätigungsbias

Eine Anlegerin hat Aktien eines Technologieunternehmens gekauft, weil sie überzeugt ist, dass die Firma großes Wachstumspotenzial hat.

Wenn sie danach Finanznachrichten liest, achtet sie besonders auf Berichte über neue Produkte, steigende Nutzerzahlen oder positive Prognosen. All diese Informationen bestätigen ihre Meinung.

Negative Informationen wie sinkende Gewinne, hohe Schulden oder kritische Analystenberichte blendet sie dagegen aus oder bewertet sie als vorübergehend oder übertrieben.

Dadurch verstärkt sich ihre ursprüngliche Überzeugung, obwohl eine objektive Bewertung aller Daten vielleicht zeigen würde, dass das Unternehmen riskanter ist, als sie denkt. ◄

Die Bewusstmachung des Phänomens ist der erste Schritt. Um dem Bestätigungsbias in der Verarbeitung von Finanzinformationen entgegenzuwirken, haben sich verschiedene empirisch gestützte Ansätze bewährt. Ein wirksamer Ansatz ist der Perspektivwechsel, bei dem Anleger bewusst nach Gegenargumenten suchen und alternative Sichtweisen einbeziehen, etwa durch die sogenannte Devil's-Advocate-Technik (Schweiger et al., 1989). Ebenso hilfreich sind strukturierte Entscheidungsprozesse, etwa in Form von Checklisten, die sicherstellen, dass auch widersprüchliche oder negative Informationen systematisch berücksichtigt werden. Darüber hinaus kann die Diversifikation von Informationsquellen dazu beitragen, ein ausgewogeneres Bild der Marktsituation zu erhalten, indem unterschiedliche Meinungen und unabhängige Analysen in die Entscheidungsfindung einfließen. Schließlich fördern regelmäßiges Feedback und kritische Reflexion, also die Überprüfung vergangener Anlageentscheidungen und ihrer Begründungen, ein höheres Maß an Selbstkontrolle und Bewusstsein für kognitive Verzerrungen. Zusammengenommen können diese Strategien dazu beitragen, die negativen Folgen des Bestätigungsbias zu reduzieren und die Qualität von Finanzentscheidungen nachhaltig zu verbessern.

4.2.2 Bedeutung von Freude, Stress und kognitiver Belastung

Aus verhaltenswissenschaftlicher Sicht wir deutlich, dass **Emotionen** eine zentrale Rolle in der Verarbeitung von Risiko-, Belohnungs- und Verlustinformationen spielen. Dieselben Gehirnareale, die emotionale Zustände erzeugen, sind auch an der Bewertung finanzieller Optionen beteiligt. Dadurch beeinflussen Emotionen finanzielle Entscheidungen auf systematische und vorhersehbare Weise. Positive Emotionen wie Aufregung oder Freude führen dazu, dass Menschen mehr Risiken eingehen und größeres Vertrauen in ihre Entscheidungsfähigkeit entwickeln. Im Gegensatz dazu bewirken negative Emotionen, etwa Angst oder Unsicherheit, vorsichtigeres Verhalten und eine geringere Risikobereitschaft (Kuhnen und Knutson, 2011). Zudem passen Menschen ihre Überzeugungen oft so an, dass ein positiver emotionaler Zustand erhalten bleibt. Informationen, die den eigenen Entscheidungen widersprechen, werden dabei häufig ignoriert oder abgewertet – ein Mechanismus, der an den Bestätigungsbias erinnert.

Auch äußere Faktoren wie Marktbewegungen oder vergangene Anlageergebnisse können Emotionen verändern und damit zukünftige Entscheidungen beeinflussen. Insgesamt verdeutlichen diese Befunde, dass rationale Finanzentscheidungen untrennbar mit emotionalen Prozessen verknüpft sind.

Sportergebnisse und Aktienkurse

Eine Untersuchung zu den Auswirkungen sportlicher Resultate auf die Aktienrenditen der Johannesburg Stock Exchange (JSE) ergab ein uneinheitliches, aber interessantes Bild. Während die Regressionsergebnisse keinen klaren Zusammenhang zwischen Sportergebnissen und Marktverhalten zeigten, gab es Hinweise auf einen leichten positiven Effekt nach Siegen (Smith und Krige, 2010).

Für Fußball- oder Cricketergebnisse zeigten sich tendenziell höhere Renditen nach Siegen, ein sogenannter „Win Effect". Ein entsprechender „Loss Effect", also niedrigere Renditen nach Niederlagen, konnte hingegen nicht signifikant nachgewiesen werden.

Im Vergleich zu früheren Studien (z. B. Ashton et al., 2003), die negative Marktreaktionen auf Sportniederlagen berichteten, weisen diese Ergebnisse darauf hin, dass positive Emotionen nach Siegen eine größere Rolle spielen könnten als negative nach Niederlagen.

Trotz gemischter Befunde liefern die Daten Hinweise darauf, dass positive Stimmung nach sportlichen Erfolgen das Anlageverhalten und die Marktstimmung kurzfristig positiv beeinflussen kann. ◄

Entscheidungen werden häufig unter dem Einfluss von **Stress** getroffen, der durch äußere Anforderungen oder Drucksituationen entsteht. Akuter Stress verändert die Art und Weise, wie Menschen Risiken bewerten und Entscheidungen treffen (Porcelli und Delgado, 2009). Unter Stress neigen Menschen dazu, sich stärker auf automatisierte, emotionale Reaktionen zu verlassen, anstatt rationale Überlegungen anzustellen. Es zeigte sich, dass gestresste Entscheider ein ausgeprägteres Risikoverhalten und einen stärkeren sogenannten „Reflection Effect" aufwiesen, indem sie bei Gewinnen weniger, bei Verlusten jedoch mehr Risiken eingingen. Diese Befunde deuten darauf hin, dass Stress bestehende kognitive Verzerrungen wie etwa die verschiedenen Risikoneigungen im Rahmen der Prospect Theory verstärken und somit zu weniger objektiven Finanzentscheidungen führen kann.

Kognitive Belastung beschreibt die vorübergehende Beanspruchung der mentalen Ressourcen, die für Informationsverarbeitung, Aufmerksamkeit und Entscheidungsfindung zur Verfügung stehen. Sie entsteht immer dann, wenn die Komplexität einer Aufgabe, Zeitdruck oder parallele Anforderungen die verfügbaren geistigen Kapazitäten übersteigen. Im Finanzkontext betrifft dies etwa das gleichzeitige Analysieren umfangreicher Berichte, das Bewerten widersprüchlicher Kennzahlen oder das Treffen von Anlageentscheidungen unter Unsicherheit.

Experimentelle Befunde zeigen, dass kognitive Überlastung die Qualität von Entscheidungen systematisch beeinträchtigt (Deck et al., 2021). Es konnte gezeigt werden, dass die Beeinflussung der kognitiven Kapazität durch verschiedene Methoden mit schwächeren Leistungen in Mathematik- und Logikaufgaben sowie einer höheren Risikoaversion in Entscheidungssituationen einherging. Einfache Verteilungsentscheidungen blieben hingegen weitgehend unbeeinflusst. Die Beeinflussung wurde durch Zahlenerinnerungsaufgaben, visuelle Mustererkennung, auditive Gedächtnistests und Zeitdruck erzielt. Diese Ergebnisse deuten darauf hin, dass komplexe analytische Prozesse besonders empfindlich auf kognitive Belastung reagieren, während intuitive oder routinisierte Entscheidungen vergleichsweise stabil bleiben.

Für die Finanzpraxis lassen sich daraus wichtige Schlussfolgerungen ableiten. Unter hoher Informationsdichte, Zeitdruck oder Stress neigen selbst erfahrene Personen dazu, vereinfachte Heuristiken anzuwenden oder Risiken vorsichtiger zu bewerten. Die Folge können übermäßige Risikoaversion, Verzögerungen bei Investitionsentscheidungen oder Fehleinschätzungen von Chancen sein. Um dies zu vermeiden, sollten Entscheidungsprozesse so gestaltet werden, dass kognitive Belastung reduziert wird, etwa durch klare Informationsstruktur, Visualisierung komplexer Daten und ausreichend Zeit für Analyse und Reflexion.

4.2.3 Emotionale Kommunikation und Gestaltung von Finanzinformationen

Die Verwendung **emotionaler Sprache** in den Jahresberichten von Banken verändert sich in Zeiten der Krise. Untersucht wurde, wie sich emotionale Ausdrucksformen in den Jahresberichten von zwölf börsennotierten Banken aus Jordanien, Bahrain, den Vereinigten Arabischen Emiraten, Oman, Kuwait und Saudi-Arabien zwischen 2002 und 2017 verändert haben (Elsayed und Mousa, 2019). Zur Analyse wurden acht Emotionskategorien herangezogen. Dabei handelte es sich um Vertrauen, Erwartung, Traurigkeit, Ärger, Angst, Ekel, Überraschung und Freude.

Die Studie liefert einen wichtigen Beitrag zur Rechnungslegungs- und Kommunikationsforschung, da sie als erste die Pollyanna-Hypothese (Boucher und Osgood, 1969) überprüfte, also die Annahme, dass positive Emotionen in der Sprache tendenziell überwiegen. Die Ergebnisse zeigen, dass in den Jahresberichten der untersuchten Banken durchschnittlich rund 22 % aller Wörter emotionale Bedeutung aufweisen. Besonders stark betroffen waren während der Finanzkrise die Emotionskategorien Vertrauen, Erwartung und Angst. Während der Anteil vertrauensbezogener Begriffe deutlich zurückging, nahmen Wörter, die Angst oder Erwartung ausdrücken, spürbar zu.

Unabhängig von der Finanzkrise dominieren in den Jahresberichten der Banken jedoch weiterhin positive Emotionen, insbesondere Vertrauen und Erwartung, gegenüber negativen Ausdrucksformen wie Ekel oder Überraschung. Damit konnte die Pollyanna-Hypothese nicht verworfen werden.

Diese Ergebnisse verdeutlichen, dass auch im hoch formalisierten Kontext der Finanzberichterstattung emotionale Sprache eine spiegelnde Funktion wirtschaftlicher Unsicherheit übernimmt. In Krisenzeiten verschieben sich emotionale Ausdrucksmuster. Vertrauen wird zurückhaltender formuliert, während Angst und Erwartung stärker in den Vordergrund treten. Diese Ergebnisse liefern wertvolle Hinweise darauf, wie Emotionen in Finanztexten implizit Vertrauen oder Verunsicherung transportieren und somit das Bild von Stabilität und Glaubwürdigkeit einer Institution prägen können.

Die Wortwahl in Finanzberichten kann die Wahrnehmung und Bewertung eines Unternehmens entscheidend beeinflussen. Selbst kleine sprachliche Unterschiede, etwa die Verwendung von Substantiven („Das Unternehmen ist ein Anbieter von …“) gegenüber Verben („Das Unternehmen bietet …“), verändern, wie stabil oder dynamisch ein Unternehmen wahrgenommen wird (Yang und Tan, 2024). Studien zeigen, dass

Investoren Unternehmen mit stabiler Finanzentwicklung positiver einschätzen, wenn deren Berichte nominal formuliert sind. Diese Effekte verdeutlichen, dass Sprache nicht nur Information transportiert, sondern auch emotionale und kognitive Bewertungen lenkt. Für Unternehmen, Analysten und Regulierungsbehörden ist es daher wichtig, die Wirkung sprachlicher Rahmung (Framing) in der Finanzkommunikation zu berücksichtigen.

4.3 Effiziente Finanzmärkte

Die **Effizienzmarkthypothese** markiert einen zentralen Referenzpunkt der klassischen Finanzökonomie. Sie formuliert ein klares, in sich konsistentes Ideal. Märkte werden als hochleistungsfähige Informationsverarbeitungssysteme verstanden, in denen Preise jederzeit den bestmöglichen Ausdruck des verfügbaren Wissens darstellen. In dieser Perspektive sind Abweichungen von einem objektivierbaren Wert weder systematisch noch dauerhaft, sondern lediglich das Resultat neuer, zufälliger Informationen. Unsicherheit wird nicht eliminiert, sie wird entpersonalisiert und nicht als psychologisches, sondern statistisches Problem verstanden.

Gerade diese Eleganz macht die Effizienzmarkthypothese so einflussreich. Sie liefert nicht nur eine Erklärung für Preisbildung, sondern auch eine normative Richtschnur. Wenn Märkte effizient sind, dann ist passives Investieren rational, aktive Selektion überflüssig und Regulierung nur begrenzt notwendig. Der Markt erscheint als disziplinierender Mechanismus, der individuelle Fehler neutralisiert und kollektive Rationalität erzeugt.

Doch genau an diesem Punkt setzt die weiterführende Analyse an. Denn reale Finanzmärkte bestehen nicht aus abstrakten Informationsverarbeitern, sondern aus Menschen und Institutionen, die Informationen interpretieren, gewichten und emotional bewerten. Erwartungen, Vertrauen, Unsicherheit und soziale Dynamiken spielen dabei eine Rolle, die sich nicht vollständig in Preisen auflösen. Die Frage ist daher weniger, ob Märkte Informationen verarbeiten, sondern wie sie dies tun und unter welchen Bedingungen diese Verarbeitung systematisch verzerrt sein kann.

Die folgenden Abschnitte greifen diese Spannung auf. Zunächst wird die Logik der Effizienzmarkthypothese präzise entfaltet, um ihre innere Konsequenz und empirische Plausibilität zu verstehen. Anschließend wird gezeigt, wo und warum diese Annahmen an ihre Grenzen stoßen. Empirische Befunde aus der Behavioral Finanzmärkte legen nahe, dass Märkte nicht nur auf Informationen reagieren, sondern auch auf deren psychologische Interpretation. Über- und Unterreaktionen, Herdenverhalten, Overconfidence und emotionale Schocks können zu temporären, aber systematischen Fehlbewertungen führen.

Damit wird die Effizienzmarkthypothese nicht verworfen, sondern eingeordnet. Sie beschreibt ein theoretisches Referenzmodell, an dem sich reale Marktprozesse messen lassen. Erst im Kontrast zwischen diesem Ideal und beobachtbarem Marktverhalten wird verständlich, warum Finanzmärkte zugleich bemerkenswert leistungsfähig und anfällig für kollektive Irrtümer sind.

4.3.1 Das Konzept der Markteffizienz

Die Effizienzmarkthypothese (Efficient Market Hypothesis, EMH) beschreibt die Idee, dass Kapitalmärkte Informationen so verarbeiten, dass zu jedem Zeitpunkt alle verfügbaren Informationen vollständig in den Preisen der Wertpapiere enthalten sind (Fama, 1970). In einem effizienten Markt reagieren die Preise also unmittelbar, korrekt und vollständig auf neue Informationen. Dadurch werden systematische Überrenditen, also Gewinne, die über das Marktdurchschnittsniveau hinausgehen, ausgeschlossen. Dies gilt nur, wenn Anleger über allgemein zugängliche Informationen verfügen. Preisänderungen entstehen somit ausschließlich durch das Eintreffen neuer, unerwarteter Informationen und verlaufen daher zufällig.

Fama unterscheidet drei Stufen der Markteffizienz. Die schwache Form besagt, dass alle historischen Kurs- und Renditeinformationen bereits in den aktuellen Preisen enthalten sind. Vergangene Kursentwicklungen erlauben daher keine verlässlichen Prognosen über zukünftige Preisbewegungen, sodass technische Analyse keinen Mehrwert bietet. In der halbstarken Form der Effizienz spiegeln die Preise zusätzlich alle öffentlich verfügbaren Informationen wider, etwa Unternehmensnachrichten, Konjunkturdaten oder Zinspolitik. Da der Markt diese Informationen sofort einpreist, kann auch die Fundamentalanalyse keine dauerhaften Überrenditen erzielen. Die starke Form der Effizienz schließlich geht davon aus, dass selbst nicht-öffentliche, also Insiderinformationen, in den Kursen berücksichtigt sind. In diesem idealisierten Fall hätte kein Marktteilnehmer einen Informationsvorsprung, und niemand könnte den Markt langfristig schlagen.

Selbst professionelle Investoren oder Fondsmanager können unter diesen Bedingungen keine überdurchschnittlichen Renditen erzielen, da kein Informationsvorsprung existiert (Jensen, 1969). Jensen zeigte anhand einer Reihe von Investmentfonds, dass diese im Durchschnitt keine Renditen erzielen, die über die Vergütung des markttypischen Risikos hinausgehen. Damit wird die Annahme gestützt, dass Kapitalmärkte in hohem Maße effizient sind und sich Kursentwicklungen nur durch neue, zufällige Informationen erklären lassen. Der aktuelle Preis eines Wertpapiers stellt somit den besten verfügbaren Schätzer seines wahren Werts dar. Jede Abweichung entsteht nur durch neue, zufällige Informationen.

Beispiel von Richard Thaler (Thaler, 2019)

Angenommen, eine Aktie wird derzeit zu 30 US$ pro Stück gehandelt, und man weiß mit Sicherheit, dass sie bald zu 35 US$ gehandelt werden wird. Es wäre dann einfach, ein großes Vermögen zu machen, indem man die Aktie zu Preisen unter 35 US$ kauft und sie später verkauft, wenn die Prognose eintritt. Wenn die Information, auf der diese Vorhersage beruht, jedoch öffentlich bekannt ist, bleibt man höchstwahrscheinlich nicht der Einzige, der über diese Erkenntnis verfügt. Sobald die Information allgemein zugänglich wird, beginnen alle informierten Anleger, die Aktie zu kaufen, und der Preis steigt nahezu augenblicklich auf 35 US$. Damit verschwindet die Gewinnmöglichkeit sofort. Diese Logik ist überzeugend, und frühe empirische Tests der Theorie schienen sie zu bestätigen. ◄

4.3.2 Empirische und theoretische Kritik an der Markteffizienz

Die Effizienzmarkthypothese geht davon aus, dass alle verfügbaren Informationen in den aktuellen Aktienkursen vollständig und sofort eingepreist sind. Nach dieser Theorie spiegelt der Marktpreis jederzeit den intrinsischen Wert eines Unternehmens wider, sodass es unmöglich ist, systematisch überdurchschnittliche Renditen zu erzielen. Auch Methoden wie die Analyse von Fundamentaldaten oder des vergangenen Kursverlaufs liefern keinen systematischen Vorteil. Wenn diese Annahme tatsächlich uneingeschränkt gelten würde, gäbe es keinen rationalen Grund für aktiven Aktienhandel oder gezieltes Stock-Picking, da kein Anleger dauerhaft einen Informationsvorsprung besitzen könnte.

Tom und Jerry handeln keine Apple-Aktien (Thaler, 2019)

Stellen Sie sich zwei Finanzanalysten vor, Tom und Jerry, die eine Runde Golf spielen. Tom erwähnt, dass er darüber nachdenkt, 100 Apple-Aktien zu kaufen. Jerry sagt: „Das trifft sich gut, ich hatte vor, 100 Aktien zu verkaufen. Ich könnte Ihnen meine Aktien verkaufen und so die Provision für meinen Broker vermeiden.“ Bevor sie sich auf einen Deal einigen können, überlegen es sich beide noch einmal. Tom erkennt, dass Jerry ein kluger Kopf ist, und fragt sich, warum er verkauft. Jerry denkt dasselbe über Tom, also sagen sie den Handel ab. Ähnlich verhält es sich, wenn alle glauben, dass jede Aktie bereits richtig bewertet ist und immer richtig bewertet sein wird, dann hätte es wenig Sinn, zu handeln, zumindest nicht mit der Absicht, den Markt zu schlagen. ◄

In der Realität jedoch wird an den Finanzmärkten tagtäglich gehandelt, und einige Investoren, wie etwa Warren Buffett, erzielen über Jahrzehnte hinweg außergewöhnlich hohe Renditen. Buffetts Ansatz des Value Investing widerspricht dabei dem Kern der Effizienzmarkthypothese. Value-Investoren gehen davon aus, dass Märkte nicht immer effizient sind, sondern kurzfristig Übertreibungen, Fehleinschätzungen und emotionale Reaktionen zeigen. Durch sorgfältige Fundamentalanalyse versuchen sie, Aktien zu identifizieren, die unter ihrem inneren Wert notieren, um von einer späteren Kurskorrektur zu profitieren.

Damit steht das Value Investing sinnbildlich für den praktischen Gegenentwurf zur Theorie der vollkommenen Markteffizienz. Es setzt auf Rationalität und langfristige Bewertung in einem Umfeld, das häufig von kurzfristigen Emotionen und Informationsverzerrungen geprägt ist. Die Existenz erfolgreicher Value-Investoren wird daher oft als empirischer Beleg dafür gesehen, dass die Effizienzmarkthypothese nicht,oder wenigstens nicht immer zutrifft.

Als ein zentraler Wendepunkt in der Anerkennung der Effizienzmarkthypothese kann die Arbeit von Werner F. M. De Bondt und Richard H. Thaler betrachtet werden (De Bondt und Thaler, 1985). De Bondt und Thaler kombinierten erstmals psychologische Erkenntnisse aus der Forschung von Daniel Kahneman und Amos Tversky mit empirischer Finanzmarktforschung. Kahneman und Tversky hatten gezeigt, dass Menschen dazu neigen, auf neue oder schwache Informationen übertrieben stark zu reagieren („overreaction"). Diese kognitive Verzerrung übertrugen De Bondt und Thaler auf das Verhalten von Investoren. Anleger könnten Kursentwicklungen zu stark extrapolieren, also „Gewinneraktien" überbewerten und „Verliereraktien" zu stark abstrafen. Um diese Hypothese zu testen, wurden die Kursverläufe sämtlicher an der New York Stock Exchange (NYSE) notierten Aktien analysiert. Sie teilten die Unternehmen auf Basis ihrer bisherigen Performance über mehrere Jahre in zwei Gruppen ein:

- „Winners": Aktien mit überdurchschnittlichen Kursgewinnen in der Vergangenheit
- „Losers": Aktien mit überdurchschnittlichen Kursverlusten

Im Anschluss untersuchten sie die Kursentwicklung dieser Gruppen über die folgenden Jahre. Entsprechend der Effizienzmarkthypothese hätten beide Portfolios langfristig ähnliche Renditen erzielen müssen. Tatsächlich zeigte sich jedoch das Gegenteil. Die Verliereraktien erzielten im Durchschnitt deutlich höhere zukünftige Renditen als die Gewinneraktien.

In einer Auswertung über fünf Jahre stiegen die Kurse der „Loser"-Portfolios um etwa 30 % stärker als der Gesamtmarkt, während die „Winner"-Portfolios rund 10 % hinter dem Markt zurückblieben. Dieses Ergebnis deutet klar auf eine Überreaktion der Marktteilnehmer hin und widerspricht damit den zentralen Annahmen der Effizienzmarkthypothese.

De Bondt und Thaler interpretierten ihre Befunde als Hinweis auf eine systematische Tendenz zur Überreaktion („generalized overreaction") an den Finanzmärkten. Anleger überschätzen gute Nachrichten und unterschätzen schlechte, was zu temporären Fehlbewertungen führt, die sich später durch Regression zur Mitte wieder ausgleichen.

Märkte reagieren jedoch nicht nur über-, sondern auch unterproportional. Die Marktüber- und -unterreaktionen können durch übermäßiges Selbstvertrauen und verzerrte Selbstzuschreibung von Anlegern erklärt werden (Daniel et al., 1998). Investoren überreagieren auf private Informationen, die sie als Bestätigung ihrer Fähigkeiten interpretieren, und unterreagieren auf öffentliche Informationen. Dadurch entstehen kurzfristige Momentum-Effekte und langfristige Preisumkehrungen (Reversals). Die Überreaktion auf private Informationen kann hier als Ausdruck von Overconfidence verstanden werden.

Überreaktion und Korrektur am Aktienmarkt während der Corona-Pandemie

Der starke Einbruch des DAX im März 2020 zu Beginn der Corona-Pandemie lässt sich als Marktüberreaktion auf einen plötzlichen globalen Schock erklären. Getrieben von Unsicherheit, Angst und Herdenverhalten verkauften viele Anleger ihre Positionen, wodurch die Kurse weit stärker fielen, als es die fundamentalen Daten rechtfertigten. Wie oben beschrieben reagieren Investoren häufig übermäßig auf negative Informationen, insbesondere in Phasen hoher Unsicherheit.

Die rasche Erholung des DAX ab Ende März 2020 spiegelt eine Korrektur dieser Überreaktion wider. Geld- und fiskalpolitische Stützungsmaßnahmen, verbesserte Erwartungen und ein teilweiser Stimmungsumschwung führten zu erneuten

Kursanstiegen, teils wiederum übertrieben optimistisch. Das Muster aus starkem Einbruch und schneller Erholung verdeutlicht das Zusammenspiel von psychologischen Faktoren und Marktmechanismen bei der Preisbildung in Krisenzeiten. ◄

Bei Aktiengesellschaften mit stark saisonabhängigem Geschäftsmodell, etwa in der Tourismus-, Konsum- oder Agrarbranche, schwanken die Aktienkurse häufig mit den jeweiligen Umsatz- und Absatzzahlen. Aus einer rationalen, auf den Jahresverlauf bezogenen Perspektive erscheinen diese Reaktionen jedoch nicht sinnvoll, da die saisonalen Muster vorhersehbar sind und somit bereits in den Fundamentaldaten enthalten sein sollten.

Behavioral Finanzmärkte erklärt solche Kursbewegungen als Überreaktionen auf bekannte, aber emotional wirksame Informationen. Anleger interpretieren saisonale Schwankungen oft fälschlich als neue Signale über die zukünftige Ertragskraft eines Unternehmens. Dadurch entstehen kurzfristige Preisverzerrungen, obwohl sich die langfristigen Werttreiber kaum verändern.

Wie stark und in welche Richtung Märkte auf neue Informationen reagieren, hängt nicht nur vom Informationsgehalt, sondern auch von deren Interpretation durch Investoren ab. Am Beispiel von Greenwashing-Vorwürfen konnte dies gezeigt werden (Schultz et al., 2024). Der Aktienkurs betroffener Finanzunternehmen fiel erst dann signifikant, als sich die Finanzaufsicht aktiv einschaltete und nicht bereits bei der Veröffentlichung der Vorwürfe. Erst das Handeln der Aufsichtsbehörden wurde von Anlegern als glaubwürdiges Signal für potenzielle finanzielle Konsequenzen interpretiert.

Dies unterstreicht, dass Marktreaktionen nicht rein mechanisch auf Informationen folgen, sondern von Erwartungen, Vertrauen und Signalwirkung geprägt sind. Analog reagieren Märkte auch bei saisonalen oder wiederkehrenden Ereignissen unterschiedlich stark, je nachdem, ob die Marktteilnehmer die Information als bedeutsam oder als vorhersehbar einstufen.

Die beschriebenen systematischen Verzerrungen eröffnen Möglichkeiten, Handelsstrategien zu entwickeln, die auf eine Korrektur („Reversion") solcher Überreaktionen setzen.

Die klassische Form ist die oben genannte Contrarian-Strategie. Anleger kaufen Wertpapiere, die in der Vergangenheit stark gefallen sind („Loser"), und verkaufen solche, die stark gestiegen sind („Winner"). Da Märkte überreagieren, kehren die Kurse oft in den folgenden Monaten oder Jahren zu ihrem Gleichgewichtsniveau zurück. Empirische Studien zeigen, dass solche Strategien über längere Zeiträume Überrenditen erzielen können, die nicht vollständig durch Risikofaktoren erklärt werden. Ebenso können externe Schocks in diesem Sinne ausgenutzt werden, so zum Beispiel bei der Offenlegung des Abgasskandals bei Volkswagen.

Der Volkswagen-Dieselskandal

Ein Jahr nach Bekanntwerden des Dieselskandals lag die Volkswagen-Aktie weiterhin deutlich unter dem Niveau vor der Skandalaufdeckung. Zwar hatte sich der Kurs im Verlauf des Jahres teilweise erholt, doch blieb er rund 25 % niedriger als vor dem Bekanntwerden der Manipulationen. Unmittelbar nach der öffentlichen Enthüllung im

September 2015 brach der Kurs jedoch um fast 40 % ein. Dies markierte den Tiefpunkt. Dieser starke unmittelbare Kurssturz kann als Ausdruck einer Marktüberreaktion interpretiert werden, bei der Anleger in Panik reagierten und die negativen Folgen des Skandals zunächst überschätzten. Zwar setzte danach eine gewisse Gegenbewegung ein, doch gelang es dem Unternehmen auch nach einem Jahr nicht, das Vertrauen der Investoren vollständig zurückzugewinnen oder die Verluste dauerhaft auszugleichen.

In Erwartung einer Korrektur dieser Überreaktion wäre es also eine Strategie gewesen, die Volkswagen-Aktie unmittelbar nach der Enthüllung zu kaufen. ◀

Diese Strategie beruht auf dem Gedanken, dass Märkte nicht sofort und vollständig effizient sind. Anlegerpsychologie, Herdenverhalten und übermäßiges Vertrauen führen zu vorhersehbaren Preisbewegungen, die sich gezielt ausnutzen lassen. Behavioral-Finanzmärkte-Modelle liefern damit nicht nur eine Erklärung für Marktanomalien, sondern auch eine praktische Grundlage für strategisches Investieren.

4.4 Informationsverzerrung und Marktineffizienz

Ein weiteres grundlegendes Problem der Effizienzmarkthypothese liegt in der kognitiven Verarbeitung von Informationen durch Marktteilnehmer. Selbst wenn alle relevanten Informationen vollständig und zeitnah verfügbar sind, bedeutet dies nicht, dass sie auch objektiv und rational verarbeitet werden. Menschen unterliegen bei der Wahrnehmung, Interpretation und Bewertung von Informationen verschiedenen kognitiven Verzerrungen, die zu systematischen Fehlentscheidungen führen können. Diese **Verzerrungen** beeinflussen nicht nur individuelle Anlageentscheidungen, sondern können sich in ihrer Gesamtheit auch auf das Marktgeschehen auswirken und somit der Annahme effizienter Märkte entgegenstehen. Wie können effiziente Märkte entstehen, wenn Marktteilnehmer nicht einmal einen Gorilla bemerken, der über eine Bühne läuft? In den vorangegangenen Abschnitten wurden bereits einige kognitive Verzerrungen dargestellt. ◉ Tab. 4.1 liefert eine Übersicht mit den jeweiligen Konsequenzen für die Marktergebnisse.
Diese verschiedenen Verzerrungen treten teilweise verschachtelt auf. So können leicht verfügbare Informationen zum Beispiel zu Herdenverhalten führen, was wiederum in Finanzmarktblasen münden kann.

4.4.1 Overconfidence und Transaktionshäufigkeit

Overconfidence trägt maßgeblich zu **übermäßigem Handel** (Overtrading) bei und kann damit die Anlageergebnisse vieler Privatinvestoren deutlich verschlechtern. In einer Studie wurden die Handelsdaten von über 60.000 Privatanlegern untersucht, die zwischen 1991 und 1996 bei einem großen US-amerikanischen Discount-Broker aktiv waren (Barber und Odean, 2000).

Tab. 4.1 Kognitive Verzerrungen

Kognitive Verzerrung	Beschreibung	Typisches irrationales Marktergebnis
1. Overconfidence Bias (Selbstüberschätzung)	Anleger überschätzen ihre Informationsverarbeitung oder Prognosefähigkeit.	Übermäßiger Handel („Excessive Trading“) → höhere Transaktionskosten, geringere Renditen, erhöhte Volatilität.
2. Confirmation Bias (Bestätigungsfehler)	Informationen werden selektiv wahrgenommen, um bestehende Meinungen zu bestätigen.	Fehlbewertung von Aktien oder Märkten, da konträre Informationen ignoriert werden → Preisblasen oder Fehleinschätzungen bleiben länger bestehen.
3. Anchoring Bias (Ankerheuristik)	Zu starke Orientierung an einem Referenzwert (z. B. Kaufpreis, frühere Höchststände).	Fehlende Anpassung an neue Informationen → Trägheit der Preise, „Underreaction“ nach Nachrichten.
4. Availability Bias (Verfügbarkeitsheuristik)	Leicht erinnerbare oder emotionale Informationen werden überbewertet.	Überreaktionen auf medienwirksame Ereignisse → kurzfristige Preissprünge oder Panikreaktionen.
5. Herding Behavior (Herdenverhalten)	Anleger orientieren sich an der Masse, statt an Fundamentaldaten.	Spekulationsblasen (z. B. Dotcom-Blase, Immobilienkrisen) oder kollektive Panikverkäufe.
6. Loss Aversion (Verlustaversion)	Verluste werden stärker empfunden als Gewinne.	Anleger halten verlustreiche Positionen zu lange („Disposition Effect“) → verzögerte Kursanpassungen.
7. Representativeness Bias (Repräsentativitätsheuristik)	Urteile basieren auf oberflächlichen Ähnlichkeiten statt auf Wahrscheinlichkeiten.	Überbewertung von „Trendaktien“ oder Wachstumsbranchen → Bildung von Blasen, Fehleinschätzung von Risiken.
8. Framing-Effekt	Entscheidungen hängen von der Darstellung von Informationen ab.	Unterschiedliche Anlageentscheidungen bei gleicher Sachlage → ineffiziente Kapitalallokation.
9. Recency Bias (Gegenwartsverzerrung)	Jüngste Ereignisse beeinflussen Erwartungen überproportional.	Überreaktion auf aktuelle Marktentwicklungen → Trendverstärkung, kurzfristige Über- und Unterbewertungen.
10. Information Overload (Informationsüberlastung)	Zu viele Informationen führen zu Verwirrung oder Vereinfachung.	Anleger reagieren gar nicht oder falsch auf neue Informationen → ineffiziente Preisbildung, höhere Volatilität.

Ein typischer Anleger handelt aktiv über einen Discount-Broker und verfolgt regelmäßig Finanznachrichten sowie Analystenempfehlungen. Aufgrund einzelner erfolgreicher Transaktionen entwickelt er die Überzeugung, überdurchschnittlich gut einschätzen zu können, welche Aktien sich kurzfristig besser entwickeln als der Gesamtmarkt.

In der Folge beginnt er, sein Depot häufig umzuschichten. Aktien, die kurzfristig Gewinne erzielen, werden rasch verkauft, um diese Gewinne zu sichern, während vermeintlich aussichtsreiche neue Titel gekauft werden. Besonders bevorzugt investiert er in kleinere, stark schwankende Aktien, da er hier das größte Gewinnpotenzial vermutet. Innerhalb eines Jahres tauscht er einen Großteil seines Portfolios aus. Die Umschlaghäufigkeit seines Depots liegt bei etwa 75 %.

Objektiv betrachtet verschlechtert dieses Verhalten jedoch sein Anlageergebnis. Jede Transaktion verursacht Kosten, und viele der getroffenen Prognosen erweisen sich im Nachhinein als nicht besser als Zufallsentscheidungen. Während der Gesamtmarkt im Untersuchungszeitraum eine durchschnittliche jährliche Rendite von 17,9 % erzielt, erreicht der Anleger, wie viele der besonders aktiven Händler in der Studie, lediglich rund 11,4 % pro Jahr.

Der entscheidende Grund für diese Unterperformance liegt nicht in mangelnder Information, sondern in Selbstüberschätzung. Der Anleger überschätzt sowohl die Qualität seiner Informationen als auch seine Fähigkeit, diese korrekt zu interpretieren. Diese Overconfidence führt zu übermäßigem Handel, erhöhten Transaktionskosten und letztlich zu einer systematisch schlechteren Rendite. Das Beispiel zeigt, dass häufiges Handeln nicht Ausdruck besonderer Kompetenz ist, sondern im Gegenteil ein zentrales Risiko für den Anlageerfolg darstellen kann.

4.4.2 Confirmation Bias und die Preiswirksamkeit neuer Informationen

Menschen neigen dazu, neue Informationen selektiv so zu interpretieren, dass sie ihre bestehenden Überzeugungen bestätigen. Dieses Verhalten ist Ausdruck des **Bestätigungsfehlers**. Anstatt widersprüchliche Evidenz objektiv zu berücksichtigen, neigen Menschen dazu, solche Informationen zu ignorieren oder abzuwerten. Wenn eine Person eine Wahrscheinlichkeitsbewertung darüber anstellt, welche von zwei Hypothesen zutrifft, überschätzt sie systematisch die Richtigkeit derjenigen, an die sie bereits glaubt. Dies geschieht auch dann, wenn eine objektive Einschätzung ergäbe, dass die bevorzugte Hypothese weniger wahrscheinlich wahr ist. In extremen Fällen kann der Bestätigungsfehler sogar dazu führen, dass eine Person mit nahezu absoluter Gewissheit an eine falsche Hypothese glaubt, selbst wenn sie eine unbegrenzte Menge an neuen Informationen erhält (Rabin und Schrag, 1999).

Für die Finanzmärkte hat dieses Verhalten erhebliche Konsequenzen. Wenn Investoren neue Marktinformationen durch den Filter ihrer bestehenden Meinungen deuten, werden konträre oder negative Signale häufig ignoriert. Dadurch bleiben Fehlbewertungen und

Preisblasen länger bestehen, weil Korrekturprozesse durch neue Informationen verlangsamt oder ganz verhindert werden. In der Folge kann es zu anhaltenden Überbewertungen oder Unterbewertungen kommen, die erst dann korrigiert werden, wenn die Diskrepanz zwischen Wahrnehmung und fundamentalen Werten zu groß wird. Der Bestätigungsfehler trägt somit wesentlich dazu bei, dass Märkte nicht immer effizient reagieren und dass irrationale Überzeugungen kollektiver Marktteilnehmer über längere Zeiträume hinweg die Preisbildung dominieren können.

Der Bestätigungsfehler wird zur selbsterfüllenden Prophezeiung

Eine empirische Untersuchung von Handelsdaten und Befragungsergebnissen lieferte Hinweise auf das Vorhandensein des Bestätigungsfehlers (Confirmation Bias) im Verhalten von Marktteilnehmern (Khachikian, 2021). Ziel war es, zu analysieren, ob und in welchem Ausmaß diese kognitive Verzerrung das Handelsverhalten von Investoren auf Finanzmärkten beeinflusst. Die Teilnehmenden wurden gebeten, zu prognostizieren, welches von sechs börsennotierten Unternehmen im kommenden Monat die höchste Rendite erzielen würde. Ein Teil der Befragten musste seine Einschätzung zusätzlich schriftlich begründen, um mögliche Verstärkungseffekte des Bestätigungsfehlers zu erfassen. Untersucht wurde, ob die zuvor abgegebene Prognose das spätere Handelsverhalten unbewusst beeinflusste und zu einer stärkeren Bindung an die ursprüngliche Einschätzung führte – ein typisches Merkmal des Bestätigungsfehlers. Die Ergebnisse zeigen, dass jene Teilnehmenden, die Microsoft als das Unternehmen mit der erwarteten höchsten Rendite prognostiziert hatten, im weiteren Verlauf tatsächlich größere Nettopositionen in Microsoft-Kontrakten aufbauten. ◄

4.4.3 Anchoring, Loss Aversion und die Trägheit der Preisanpassung

Anchoring beschreibt eine weitere Quelle der Informationsverzerrung, die zu systematischen Abweichungen von rationaler Preisbildung führen kann. Der Ankereffekt kann dabei in drei Ausprägungen auftreten: Trägheit in der Preisreaktion, Referenzpunktorientierung und Fehlbewertungen durch irrelevante Vergleichswerte zählen zu den zentralen Ursachen von Marktineffizienzen.

Trägheit in der Preisreaktion bedeutet, dass Marktteilnehmer neue Informationen nur langsam und unvollständig in ihren Erwartungen und Bewertungen berücksichtigen. Statt sofortiger Preisreaktionen kommt es zu einer schrittweisen Anpassung, was als Underreaction bezeichnet wird. Diese Trägheit kann dazu führen, dass Aktienkurse über längere Zeiträume systematisch hinter ihrem fundamentalen Wert zurückbleiben. Erst wenn die Mehrheit der Marktteilnehmer ihre Einschätzungen revidiert, erfolgt eine angemessene Preisanpassung. Solche Verzögerungen tragen zur Entstehung von Momentum-Effekten bei, bei denen positive oder negative Trends über einen gewissen Zeitraum fortbestehen.

Gemäß der Prospect Theory bewerten Anleger Gewinne und Verluste relativ zu einem subjektiven Referenzpunkt, meist dem ursprünglichen Kaufpreis einer Anlage. Diese Bezugsrahmenabhängigkeit führt zu typischen Entscheidungsverzerrungen. Verluste werden als besonders schmerzhaft empfunden, weshalb viele Anleger verlustreiche Positionen in der Hoffnung auf eine positive Kurskorrektur zu lange halten. Gleichzeitig werden Gewinne häufig zu früh realisiert. Dieses Verhalten ist als Dispositionseffekt bekannt und widerspricht der Annahme rationaler Portfolioumschichtungen (Haase, 2016).

Der durch **Verlustaversion** und die unterschiedlichen Risikoneigungen gekennzeichnete Verlauf der Wertfunktion führt dazu, dass Anleger abseits des Referenzpunktes asymmetrische Wertveränderungen erfahren. ◉ Abb. 4.2 verdeutlicht dies durch die unterschiedlichen Höhen der gestrichelten Rechtecke. Im Verlustbereich würde eine Erholung des Aktienkurses zu einem starken Zuwachs an Wert führen. In dieser Hoffnung halten Anleger verlustreiche Aktien tendenziell länger. Umgekehrt gilt in der Gewinnzone, dass weitere Kursgewinne aufgrund der konkaven Form der Wertfunktion nur unterproportional wahrgenommen würden. Ein Rückgang des Kurses auf das Niveau des Referenzpunktes ginge dann aber mit einem überproportional hohen subjektiven Wertverlust einher.

Ein weiteres häufiges Phänomen ist die Orientierung an Ankerwerten, die objektiv keine Relevanz für den fairen Marktwert besitzen. Frühere Höchststände, Analystenschätzungen oder runde Kursziele dienen Investoren als mentale Bezugspunkte, an denen sie ihre Preisvorstellungen ausrichten. Als solche Bezugspunkte können zum Beispiel die Einstandskurse der betrachteten Wertpapiere oder historische Renditen betrachtet werden. Der Bezug auf solche Referenzpunkte wurde sogar bei professionellen Kapitalanlegern festgestellt (Kaustia et al., 2008). Diese Ankereffekte führen dazu, dass Bewertungen nicht den aktuellen fundamentalen Informationen folgen, sondern von subjektiv gesetzten Vergleichsgrößen bestimmt werden. Dadurch können Über- oder Unterbewertungen entstehen, die erst allmählich durch Marktkorrekturen abgebaut werden.

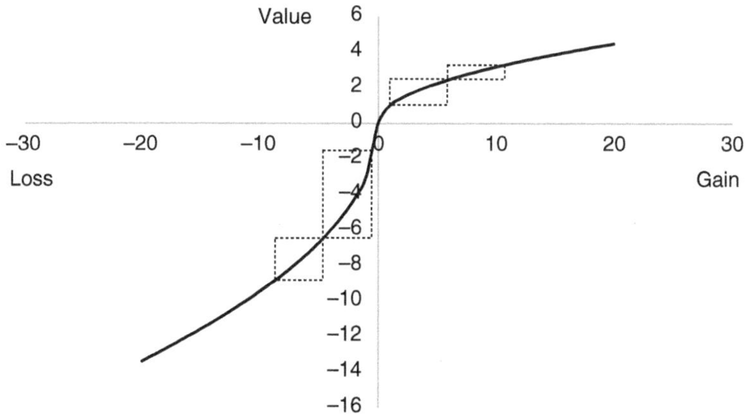

Abb. 4.2 Der Dispositionseffekt (eigene Darstellung)

4.4.4 Availability Bias

Der **Availability Bias** (Verfügbarkeitsheuristik) beschreibt die Tendenz von Menschen, die Wahrscheinlichkeit von Ereignissen danach zu beurteilen, wie leicht entsprechende Informationen verfügbar sind. Statt objektive Wahrscheinlichkeiten oder Daten zu berücksichtigen, entscheiden Kapitalanleger häufig auf der Basis aktueller, emotional geprägter oder medienwirksamer Informationen. Dieses Verhalten führt dazu, dass Märkte kurzfristig überreagieren, Risiken falsch eingeschätzt und Preisbewegungen verstärkt werden. Ein typisches Merkmal ist die Überreaktion auf aktuelle oder stark publizierte Ereignisse. Unternehmensskandale, politische Krisen oder euphorische Boomphasen werden überproportional gewichtet, während langfristige Fundamentaldaten in den Hintergrund treten. Dies führt zu übertriebenen Kursbewegungen und zu kurzfristigen Über- oder Unterbewertungen von Wertpapieren und kann grundsätzlich zu einer Fehlallokation von Ressourcen führen (Da et al., 2011). Gleichzeitig zeigt sich eine Vernachlässigung seltener, aber relevanter Risiken. Ereignisse wie Finanzkrisen, Zinsänderungen oder Kreditausfälle werden in stabilen Marktphasen unterschätzt, solange sie nicht im öffentlichen Bewusstsein präsent sind. Anleger blenden derartige Risiken aus. Solche unerwarteten Ereignisse werden als „Schwarze Schwäne" bezeichnet (Taleb, 2016). Sie treten vermeintlich plötzlich auf. Erst eine retrospektive Analyse der zugrunde liegenden Fundamentaldaten zeigt dann, dass dieses Ereignis hätte erkannt werden können. Ein Beispiel hierfür ist die Finanzkrise der Jahre 2007/2008.

War die Finanzkrise 2007/2008 ein „Schwarzer Schwan"?

Die globale Finanzkrise von 2007/2008 wird häufig im Kontext des Begriffs des „Schwarzen Schwans" diskutiert. Ein „Schwarzer Schwan" beschreibt ein Ereignis, das (1) extrem selten auftritt, (2) schwer vorhersehbar ist und (3) massive Auswirkungen auf Wirtschaft und Gesellschaft hat. Auf den ersten Blick scheint die Finanzkrise diese Kriterien zu erfüllen. Sie löste die schwerste globale Rezession seit den 1930er-Jahren aus, brachte das internationale Finanzsystem an den Rand des Zusammenbruchs und traf die meisten Marktteilnehmer völlig unvorbereitet. Viele Investoren und Aufsichtsbehörden gingen noch kurz vor dem Zusammenbruch von einem stabilen und selbstregulierenden Finanzsystem aus. Dies ist ein klassisches Beispiel für kollektive Fehleinschätzungen, Selbstüberschätzung und Herdenverhalten.

Gleichzeitig spricht jedoch vieles dagegen, die Krise als echten Schwarzen Schwan zu interpretieren. Zwar blieb das Ausmaß der Verwerfungen von den meisten Akteuren unbeachtet, doch mehrere Marktteilnehmer und Ökonomen warnten bereits Jahre zuvor vor systemischen Risiken. Die übermäßige Kreditvergabe, die wachsende Komplexität von Derivaten und die Fehlanreize im Hypothekenmarkt waren empirisch beobachtbar und wurden von einigen Akteuren gezielt ausgenutzt. Prominente Investoren wie Michael Burry (Lewis, 2011), John Paulson oder die Hedgefonds von Goldman Sachs positionierten sich aktiv gegen den Subprime-Markt, indem sie Hypothekenpapiere „shorteten" (Zuckerman, 2010). Diese Akteure erkannten die Instabilität des Systems, interpretierten verfügbare Informationen rationaler als der Markt im Durchschnitt und erzielten enorme Gewinne, als die Krise eintrat.

Aus dieser Perspektive war die Finanzkrise kein unvorhersehbares Zufallsereignis, sondern vielmehr das Ergebnis akkumulierter Fehlanreize, kognitiver Verzerrungen und institutioneller Blindheit. Das Ereignis blieb zwar für die Mehrheit unerwartet, war aber für einige gut informierte und weniger voreingenommene Marktteilnehmer durchaus antizipierbar.

Daher lässt sich argumentieren, dass die Finanzkrise 2007/2008 kein „Schwarzer Schwan" im strengen Sinne Talebs war. Sie war nicht vollkommen unvorhersehbar, sondern vielmehr eine wahrscheinliche Konsequenz eines systematisch verzerrten und überoptimistischen Marktverhaltens, das durch kurzfristiges Denken, Confirmation Bias und Übervertrauen geprägt war. Ihre Unvorhersehbarkeit lag weniger in der Natur des Ereignisses selbst, sondern in der menschlichen Tendenz, bekannte Risiken zu ignorieren, solange die Märkte wachsen. ◄

Insgesamt führt dies dazu, dass Risiken mit einer falschen Risikolandkarte gesteuert werden. Dieser Mechanismus kann zur Bildung spekulativer Blasen beitragen. Ein weiterer Effekt des Availability Bias besteht in der Verstärkung von Herdenverhalten. Da viele Marktteilnehmer dieselben leicht zugänglichen Informationen verarbeiten, kommt es durch Medienberichte, Trendmeldungen oder Analystenkommentare zu kollektiven Bewegungen in dieselbe Richtung. Dadurch werden Trends überzeichnet und Preisblasen weiter befeuert, bis eine plötzliche Neubewertung einsetzt. Diese Tendenz wird durch trendverstärkende Social-Media-Angebote noch verstärkt.

4.4.5 Herdenverhalten (Herd Behavior)

Herdenverhalten beschreibt die Tendenz von Marktteilnehmern, ihre Entscheidungen nicht primär auf eigene Informationen oder unabhängige Analysen zu stützen, sondern sich an den Handlungen und Erwartungen anderer Akteure zu orientieren. Dieses Verhalten widerspricht der Annahme der traditionellen Finanztheorie, dass Marktpreise ausschließlich durch die individuelle Verarbeitung aller verfügbaren Informationen durch den Homo oeconomicus bestimmt werden. Stattdessen entstehen kollektive Dynamiken, in denen sich rationale und irrationale Entscheidungen überlagern und gegenseitig verstärken. Diese Tendenz findet sich verstärkt bei Marktteilnehmern, die Momentum-Strategien verfolgen (Bikhchandani und Sharma, 2000).

Momentum-Investing

Der US-amerikanische Finanzwissenschaftler Robert A. Levy untersuchte in seiner Studie „Relative Strength as a Criterion for Investment Selection" (Levy, 1967), ob Aktien mit einer überdurchschnittlichen Kursentwicklung in der Vergangenheit auch künftig bessere Renditen erzielen. Dazu entwickelte er ein Maß der relativen Stärke, das die Performance einer Aktie im Verhältnis zu einem Marktindex oder zu anderen Titeln erfasst. Seine empirischen Ergebnisse zeigten, dass Aktien mit hoher relativer Stärke tendenziell auch in den folgenden Perioden überdurchschnittlich abschneiden. Levy identifizierte damit eine kurzfristige Trendpersistenz, die aufzeigt, dass Kursgewinne oft fortgesetzt und Verluste verlängert werden. Diese Erkenntnis stellte die Vorstellung vollständig effizienter Märkte infrage und legte die Grundlage für das spätere Konzept des Momentum-Investing.

Herdenverhalten kann verschiedene Ursachen haben. Einerseits spielt informationsbasiertes Herdenverhalten eine Rolle. Wenn Investoren annehmen, dass andere Marktteilnehmer über bessere Informationen verfügen, folgen sie deren Handlungen. Andererseits existiert reputationsbasiertes Herdenverhalten, insbesondere bei institutionellen Investoren oder Fondsmanagern, die sich an der Mehrheit orientieren, um für Fehlentscheidungen nicht zur Verantwortung gezogen werden zu können (Scharfstein und Stein, 1990). Auch soziale und emotionale Faktoren wie Angst, Gier oder das Bedürfnis nach sozialer Bestätigung können Herdenentscheidungen begünstigen.

In ihrer Gesamtheit führen diese Mechanismen dazu, dass Marktpreise systematisch von fundamentalen Werten abweichen können. Dieses sich selbst verstärkende Verhalten kann über längere Zeiträume anhalten. Solange die allgemeine Markterwartung optimistisch bleibt, werden Warnsignale oder negative Informationen oft ignoriert oder umgedeutet. Dies kann durch kognitive Verzerrungen wie den Confirmation Bias oder die Availability Heuristic zusätzlich verstärkt werden. Sobald jedoch das Vertrauen kippt, kann sich die Dynamik abrupt umkehren. Die gleiche Herdenlogik, die zuvor zu steigenden Kursen führte, kann nun einen beschleunigten Preisverfall auslösen. Auf diese Weise bilden Herdenverhalten und Massenpsychologie nicht nur den Nährboden für Spekulationsblasen, sondern auch für deren Zusammenbruch.

4.4.6 Representativeness Bias und Recency Bias

Der **Representativeness Bias** verzerrt Marktergebnisse, weil Investoren Ereignisse nach ihrer Ähnlichkeit zu bekannten Mustern bewerten, statt nach realistischen Wahrscheinlichkeiten. Dadurch neigen sie dazu, Unternehmen oder Vermögenswerte zu überschätzen, die wie typische „Erfolgsgeschichten" wirken, während sie unscheinbare, aber solide Anlagen unterschätzen. Positive oder negative Nachrichten werden häufig überinterpretiert, weil sie als repräsentativ für einen langfristigen Trend angesehen werden, was zu starken Marktüberreaktionen führt (Barberis et al., 1998). Diese Verzerrungen können Blasen und Paniken begünstigen, da Anleger aus wenigen Beispielen weitreichende Erwartungen ableiten und zum Beispiel die tatsächliche Erfolgswahrscheinlichkeit eines Unternehmens ignorieren. Die Suche nach scheinbaren Mustern in Kursbewegungen verstärkt dieses Verhalten zusätzlich. Dadurch weichen Marktpreise kurzfristig oft deutlich von ihren fundamentalen Werten ab, weil psychologische Übertreibungen die Preisbildung dominieren.

Konsequenzen des Representativeness Bias können sein:

- Extrapolation von Trends aufgrund kleiner Stichproben
- Überbewertung „repräsentativer" Erfolgsgeschichten
- Unterbewertung unscheinbarer, aber fundamental starker Unternehmen
- Blasen (Dotcom, Immobilien, Krypto) durch Musterüberinterpretation

Historische Marktepisoden wie die **Dotcom-Blase** und die Immobilienblase zeigen besonders deutlich, wie der Representativeness Bias zu massiven Fehlbewertungen beitragen kann. Da es hier um Trendfortschreibungen geht, kommt es gleichzeitig zu einer Überbewertung der letzten verfügbaren Information. Dieser Effekt wird als Recency Bias beschrieben. Während der Dotcom-Blase wurden wenige erfolgreiche Internetunternehmen als typisch für die gesamte Zukunft der Wirtschaft interpretiert. Diese übertriebene Verallgemeinerung führte dazu, dass Anleger selbst junge, unprofitable Firmen als sichere Gewinner betrachteten, was ein trendverstärkendes Herdenverhalten auslöste und die Bewertungen in extreme Höhen trieb. Ähnlich wirkte der Bias in der Immobilienblase der 2000er-Jahre. Die jahrelang steigenden Hauspreise wurden als repräsentativ für eine dauerhaft sichere und stetig wachsende Anlageform angesehen. Viele Marktteilnehmer ignorierten dabei fundamentale Risiken und historische Schwankungen, weil sie das aktuelle Preisverhalten als verlässliches Muster fehlinterpretierten. In beiden Fällen führte die Fehleinschätzung der Repräsentativität zu kollektivem Überoptimismus, spekulativen Exzessen und letztlich zu abrupten Korrekturen, als die Realität die unrealistischen Erwartungen einholte (Shiller, 2016).

4.4.7 Framing-Effekt

Der **Framing-Effekt** kann zu Marktverzerrungen führen, weil dieselbe Information je nach Darstellung völlig unterschiedliche Entscheidungen auslöst. In Finanzmärkten kann dies zu Verzerrungen bei Preisbildung, Risikowahrnehmung oder Kapitalallokation führen. Die Vermittlung von Informationen durch Unternehmen, Analysten oder Medien kann dazu führen, dass Marktteilnehmer Risiken und Chancen unterschiedlich gewichten. Wird eine Investition etwa als „90 % Gewinnwahrscheinlichkeit" statt als „10 % Verlustwahrscheinlichkeit" beschrieben, steigt oder sinkt die Investitionsbereitschaft, obwohl die objektive Information identisch ist.

Der Framing-Effekt verzerrt Märkte auch über die Art der Berichterstattung in Krisenzeiten. Wird ein Ereignis in einem Verlust-Frame („größter Rückgang seit …") statt in neutralen Kontexten dargestellt, steigt die Risikowahrnehmung unverhältnismäßig stark, was zu Panikverkäufen führen kann. Ebenso beeinflussen politisch oder regulatorisch geprägte Frames wie die „Förderung grüner Technologien" versus „Belastung traditioneller Branchen" die Kapitalallokation (Thaler und Sunstein, 2021).

Insgesamt führt der Framing-Effekt dazu, dass Marktteilnehmer nicht auf Basis des objektiven Informationsgehalts, sondern aufgrund der Präsentationsform entscheiden. Dies kann Über- oder Unterbewertungen verstärken, Trendbewegungen anschieben oder abrupte Marktreaktionen hervorrufen und trägt damit zu temporären Ineffizienzen und Fehlallokationen im Marktgeschehen bei.

Fehlallokation in alternative Antriebe

In der Diskussion um Elektromobilität zeigt sich deutlich, wie stark der Framing-Effekt Marktprozesse beeinflussen kann. Über Jahre hinweg wurden Elektrofahrzeuge in Politik und Medien überwiegend positiv und als Notwendigkeit gerahmt (Drexler et al., 2022). Elektromobilität wurde als Zukunftstechnologie, klimaneutrale Mobilität oder unvermeidlicher Wandel dargestellt, was Anlegern ein Gefühl von technologischer Unumkehrbarkeit vermittelte. Dieser optimistische Zukunftsframe verstärkte Kapitalzuflüsse in den gesamten Sektor, unabhängig davon, ob einzelne Hersteller profitabel arbeiteten oder technologisch konkurrenzfähig waren. Gleichzeitig wurden Risiken wie Rohstoffabhängigkeiten, begrenzte Batteriereichweiten oder Produktionsengpässe sprachlich abgeschwächt oder als vorübergehende Probleme geframt. ◄

Bis jetzt wurde implizit angenommen, dass Frames Bestandteile eines Entscheidungsdesigns sind, das von Dritten erstellt wurde, um die Wahrscheinlichkeiten gewünschter Entscheidungsergebnisse zu erhöhen. Menschen neigen aber ebenfalls dazu, Entscheidungsergebnisse so zu interpretieren, dass diese einer gewünschten Situation nahekommen. Die Motivation dafür liegt in der Vermeidung kognitiver Dissonanzen. Diese entstehen, wenn Menschen sich eingestehen müssen, Entscheidungen falsch, also zum eigenen Nachteil, getroffen zu haben. Zum Beispiel beobachtet man einen Kursrückgang eines Titels im Aktienportfolio. Es gibt nun die Möglichkeit, diesen Verlust entweder isoliert, also getrennt von anderen Werten des Portfolios, zu betrachten oder die verlustbringende Aktie gemeinsam mit anderen Titeln zu bewerten. Im ersten Fall segregiert man die einzelnen Aktien. Im zweiten Fall integriert man diese und richtet den Blick auf das Gesamtportfolio. Ein rationaler Investor müsste a priori festlegen, welcher Maßstab für die subjektive Bewertung der Portfolioentwicklung herangezogen werden soll: der Blick auf das Gesamtportfolio (integriert) oder jeder Titel einzeln (segregiert).

Diese normative Betrachtung hält der empirischen Beobachtung nicht stand. Menschen tendieren dazu, die Ergebnisse ihrer Entscheidungen so zu framen, dass sie angenehm erscheinen, kognitive Dissonanzen also reduzieren. Diese situativ wechselnde Bewertung ökonomischer Entscheidungen wird als Hedonic Framing bezeichnet.

◉ Abb. 4.3 illustriert Hedonic Framing in Bezug auf zwei Aktien, die in Bezug auf den Referenzpunkt beide im Kurs gestiegen sind (gestrichelte Rechtecke). In diesem Fall führt die segregierte Betrachtung beider Investitionsentscheidungen zu einem größeren Zuwachs an subjektivem Wert. Dies liegt an der konkaven Form der Wertfunktion im Gewinnbereich, die dazu führt, dass bei segregierter Betrachtung der steile Anstieg der Kurve berücksichtigt werden kann.

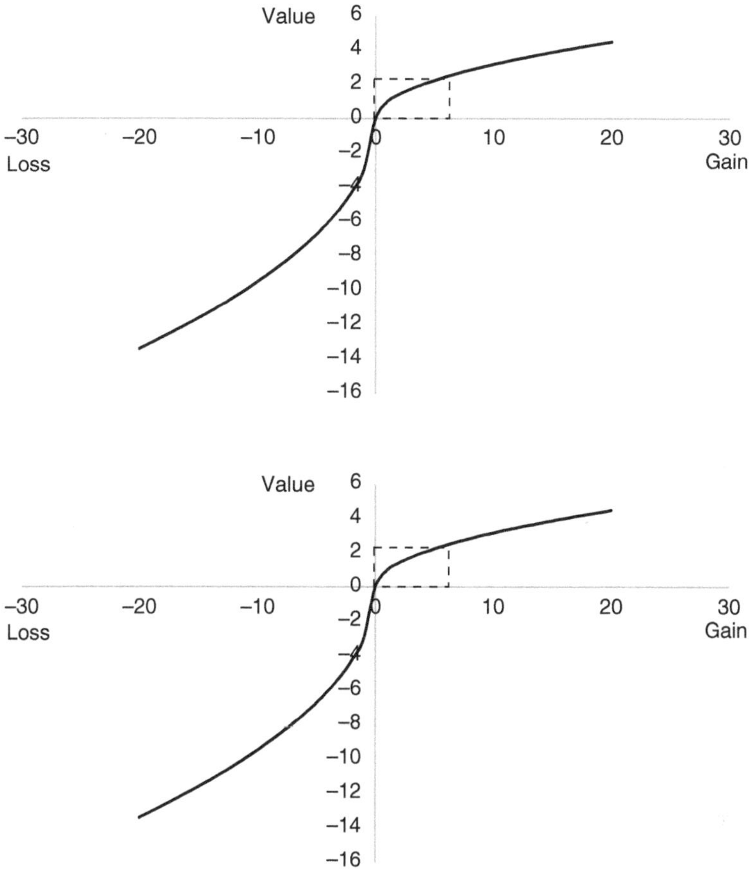

Abb. 4.3 Hedonic Framing: Gewinne – Segregation (eigene Darstellung)

◉ Abb. 4.4 zeigt, dass die integrierte Betrachtung zu einem geringeren subjektiven Wertzuwachs führt. Dies ist wiederum auf den konkaven Verlauf der Wertfunktion zurückzuführen.

Im Fall zweier Aktien mit positivem Kursverlauf neigen Menschen zu einer segregierten Betrachtung. Wie sieht dies aber aus, wenn eine der beiden Aktien einen deutlichen Kursgewinn zu verzeichnen hat, die andere aber leicht gefallen ist? ◉ Abb. 4.5 zeigt, dass die Verlustaversion bei einer segregierten Betrachtung zu einem sehr starken Rückgang des subjektiven Wertes führen würde.

Bei einer Verrechnung des relativ kleinen Verlustes mit dem großen Gewinn (Integration), wird die Verlustaversion ausgehebelt. Der Gewinn sorgt für einen großen Schritt in die Gewinnzone. Anschließend zieht man den kleinen Verlust vom Gewinn ab. ◉ Abb. 4.6 verdeutlicht, dass aufgrund des dort flachen Verlaufs der Wertfunktion nur ein geringer Rückgang des subjektiven Wertes zu verschmerzen bleibt.

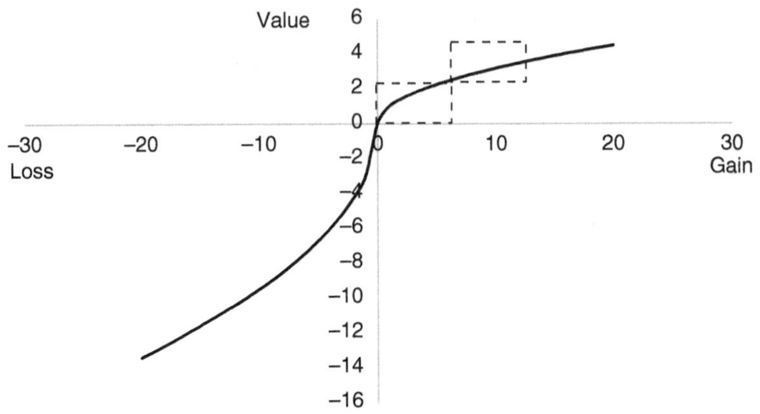

Abb. 4.4 Hedonic Framing: Gewinne – Integration (eigene Darstellung)

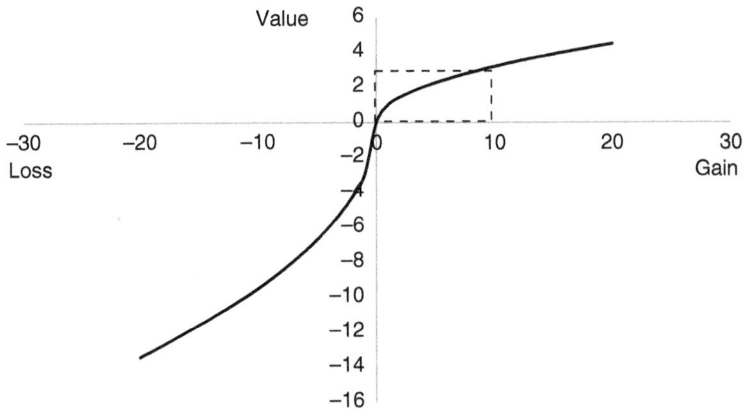

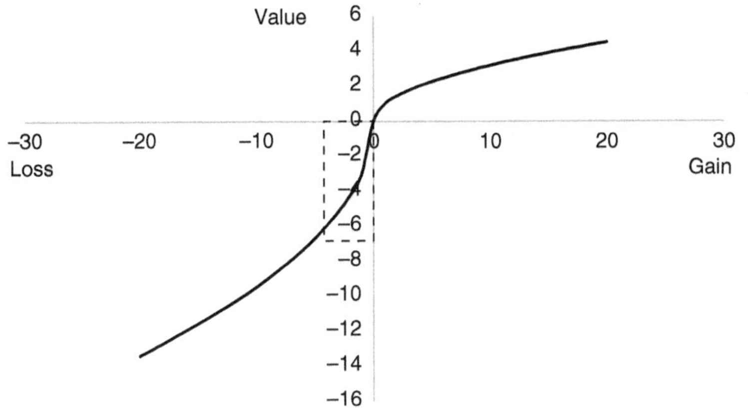

Abb. 4.5 Hedonic Framing: Großer Gewinn, moderater Verlust – Segregation (eigene Darstellung)

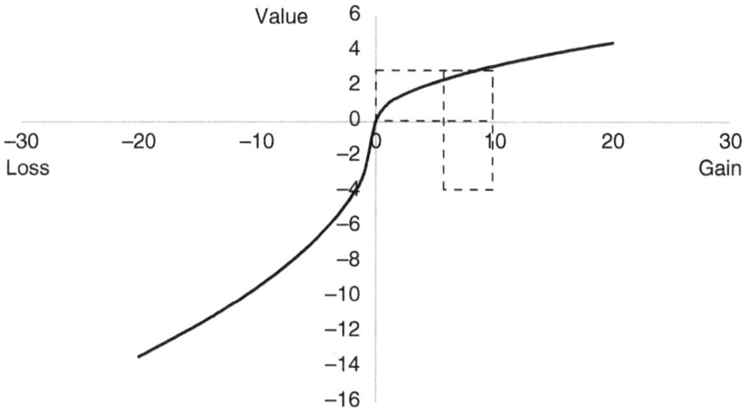

Abb. 4.6 Hedonic Framing: Großer Gewinn, moderater Verlust – Integration (eigene Darstellung)

Die Kursveränderungen werden in diesem Fall integriert betrachtet, da dies zu einem größeren subjektiven Wertzuwachs führt.

Für den Fall eines großen Verlustes und eines kleinen Gewinns führt die integrierte Betrachtung zu einem starken subjektiven Wertrückgang, da der kleine Gewinn nach Abzug des großen Verlusts nur zu einem geringen Wertzuwachs führt (◉ Abb. 4.7).

Die segregierte Bewertung der Situation bleibt hier vorteilhaft. Ausschlaggebend ist hier der steile Anstieg der Wertfunktion im Gewinnbereich (◉ Abb. 4.8).

Hedonic Framing bezeichnet eine situative Bewertung ökonomischer Ergebnisse mit dem Ziel, kognitive Dissonanzen zu reduzieren. Man kann feststellen, dass Menschen dazu neigen, zwischen Segregation und Integration zu wechseln, je nachdem, welche Betrachtung zu einem höheren subjektiven Wert führt.

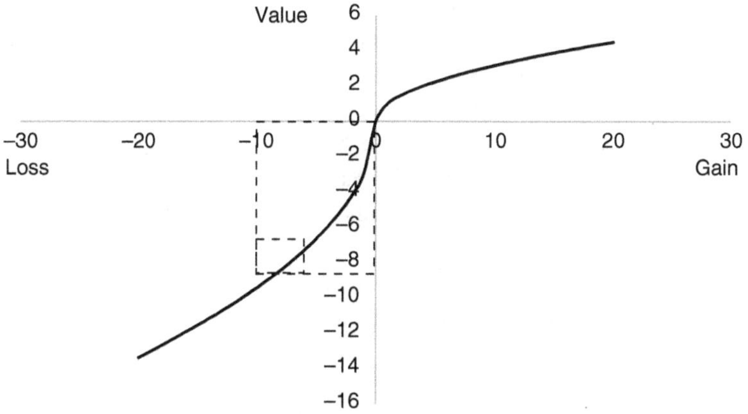

Abb. 4.7 Hedonic Framing: Großer Verlust, moderater Gewinn – Integration (eigene Darstellung)

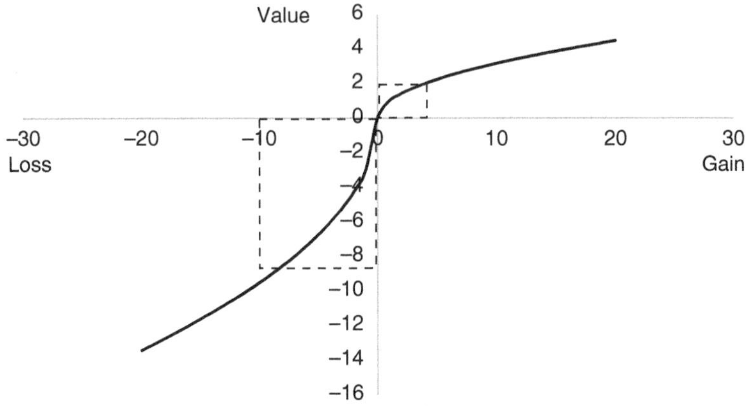

Abb. 4.8 Hedonic Framing: Großer Verlust, moderater Gewinn – Segregation (eigene Darstellung)

4.4.8 Information Overload

Informationsüberlastung kann Marktergebnisse erheblich verzerren, weil Marktteilnehmer nur über eine begrenzte Fähigkeit verfügen, Informationen aufzunehmen, zu verarbeiten und in optimale Entscheidungen umzusetzen (Simon, 1955). Individuen können aufgrund kognitiver Beschränkungen nicht maximieren, sondern begnügen sich mit hinreichend guten Lösungen (Satisficing). Das bedeutet, sie treffen Entscheidungen, die gut genug erscheinen, anstatt alle verfügbaren Informationen vollständig zu analysieren. Wenn jedoch die Menge an Daten, Nachrichten und Signalen die Verarbeitungsgrenze überschreitet, verschärfen sich diese Beschränkungen. Marktteilnehmer sind dann nicht mehr in der Lage, zwischen relevanten und irrelevanten Informationen zu unterscheiden. In der Folge werden besonders leicht zugängliche, zufällige oder sehr aktuelle Impulse überbetont, während langfristige fundamentale Daten in den Hintergrund geraten. Dadurch werden Marktreaktionen zunehmend von kurzfristigen Reizen statt von rationaler Bewertung bestimmt.

Zugleich steigt bei Informationsüberlastung die Wahrscheinlichkeit, dass widersprüchliche Signale falsch interpretiert werden. Anleger greifen vermehrt auf vereinfachende Heuristiken zurück, was zu systematisch verzerrten Entscheidungen führen kann.

Diese Informationsflut, die auch als **Noise** bezeichnet wird, beeinflusst Entscheidungen in Bezug auf die Allokation finanzieller Ressourcen (Black, 1986). Entscheidungen fußen dann nicht auf informationshaltigen, fundamentalen Daten, sondern auf Zufallsgeräuschen (z. B. Medienlärm, Gerüchten, irrelevanten Mikrodatenpunkten). Noise-Trader, die ihre Entscheidungen durch solche irrelevanten Signale beeinflussen lassen, erzeugen Handelsaktivität, die nicht fundamental gerechtfertigt ist. Dies führt zu zusätzlichen Preisschwankungen, übermäßiger Volatilität und Marktbewegungen, die von rationaler Preisbildung abweichen (De Long et al., 1990).

Der permanente Strom an Nachrichten fördert **Aktionismus**. Überlastete Anleger handeln häufiger, weil sie glauben, ständig reagieren zu müssen. Dieses Verhalten verstärkt wiederum Noise und führt zu stärkerem kurzfristigem Marktrauschen, das sich in abrupten Kursbewegungen niederschlägt. Gleichzeitig nimmt die Tendenz zu sozialem Orientierungshandeln zu. Wenn die eigene Informationsverarbeitung überfordert ist, beobachten Marktteilnehmer verstärkt das Verhalten anderer. Dadurch entstehen Herdenverhalten und prozyklische Marktbewegungen, die fundamentale Entwicklungen zusätzlich verzerren.

Insgesamt bewirkt Informationsüberlastung, dass Entscheidungen weniger rational getroffen werden und Marktpreise stärker vom fundamental gerechtfertigten Wert abweichen. Noise-Trading, Überreaktionen, Trendblasen, erhöhte Volatilität und kurzfristige Fehlbewertungen sind direkte Konsequenzen der begrenzten kognitiven Kapazitäten der Marktteilnehmer. Damit wird deutlich, dass Informationsüberlastung nicht nur individuelle Entscheidungsqualität reduziert, sondern zu strukturellen Marktverzerrungen führt.

4.5 Blasenbildung und Crashes

Finanzielle Instabilität ist kein Ausnahmephänomen, sondern ein wiederkehrendes Element wirtschaftlicher Entwicklung. Phasen kräftigen Wachstums und relativer Ruhe werden in der Wirtschaftsgeschichte immer wieder von abrupten Korrekturen, Spekulationsblasen und Krisen abgelöst. Die von Hyman Minsky formulierte **Financial Instability Hypothesis** bietet dafür einen grundlegenden analytischen Rahmen. Sie geht davon aus, dass Instabilität nicht primär von externen Schocks ausgelöst wird, sondern im wirtschaftlichen System selbst entsteht. In Zeiten anhaltender Stabilität nehmen Risikoaversion und Vorsicht sukzessive ab, Erwartungen werden optimistischer, und Finanzierungsstrukturen verschieben sich zu riskanteren Formen.

Dieses Grundprinzip lässt sich in vielen historischen und aktuellen Episoden wiederfinden, unabhängig vom technologischen oder institutionellen Umfeld. Ob es sich um frühe Spekulationsphänomene wie die **Tulpenmanie** des 17. Jahrhunderts, politische und institutionelle Fehlanreize wie bei der South Sea Bubble, technologische Euphorie wie während der Dotcom-Phase oder um kreditgetriebene Übertreibungen auf Immobilienmärkten handelt, stets zeigt sich, dass die Kombination aus übersteigerten Erwartungen, sinkender Risikowahrnehmung und kollektiver Dynamik ein fragiles Gleichgewicht erzeugt. Moderne Entwicklungen wie spekulative NFT-Märkte oder algorithmische Stablecoins verdeutlichen, dass diese Mechanismen keineswegs der Vergangenheit angehören, sondern sich in digitalisierten Märkten sogar beschleunigt zeigen können. Die nachfolgenden Abschnitte greifen diese Grundmechanismen anhand verschiedener Fallstudien auf.

4.5.1 Der Minsky-Moment

Die Financial Instability Hypothesis von Hyman Minsky (Minsky, 2008) wird zwar in erster Linie als makroökonomische Theorie der Finanzmarktinstabilität wahrgenommen, weist aber tatsächlich deutliche verhaltensökonomische Elemente auf. Ein zentrales Element der Financial Instability Hypothesis ist die Annahme, dass finanzielle Instabilität nicht von außen entsteht, sondern im Inneren des Wirtschaftssystems angelegt ist. Diese Instabilität resultiert aus einer **Verhaltensveränderung bei Marktteilnehmern**, die insbesondere in Phasen anhaltender Stabilität zu erkennen ist. Je länger die Wirtschaft ruhig läuft, desto stärker sinkt die Risikoaversion, desto optimistischer werden die Erwartungen und desto höher fällt die Verschuldung aus. Diese Verschiebung der Risikowahrnehmung kann verhaltensökonomisch etwa mit Overconfidence, dem Representativeness Bias oder dem Recency Bias erklärt werden. Daraus resultiert eine Tendenz, vergangene positive Entwicklungen zu extrapolieren. Darüber hinaus ist in Boomphasen Herdenverhalten zu beobachten. Marktteilnehmer akzeptieren kollektiv riskantere Finanzierungsstrukturen. Dadurch sinken Risikoprämien, was prozyklische Risikobewertungen nach sich zieht. In der Konsequenz werden Risiken in guten Zeiten unterschätzt.

Aus dieser Entwicklung heraus beschreibt Minsky drei Formen der Verschuldung (◉ Tab. 4.2).

In der Hedge-Finanzmärkte-Phase können Kreditnehmer Zins und Tilgung vollständig aus laufenden Einnahmen zahlen, sodass das Risiko gering bleibt. In der Speculative-Finanzmärkte-Phase reichen die Einnahmen nur noch aus, um die Zinsen zu bedienen. Tilgungen müssen durch die Aufnahme neuer Kredite finanziert werden, was das Risiko erhöht. In der Ponzi-Finanzmärkte-Phase schließlich reichen die Einnahmen weder für Zinsen noch für Tilgungen aus. Kreditnehmer sind darauf angewiesen, dass Vermögenspreise weiter steigen. Dies beschreibt eine sehr riskante, spekulative und extrem fragile Situation, die typisch für Blasenbildungen ist.

In wirtschaftlich stabilen Zeiten verschieben sich immer mehr Akteure entlang dieser Skala von Hedge über Speculative zu Ponzi, wodurch sich im Hintergrund ein zunehmend instabiles Finanzsystem herausbildet, oftmals ohne dass dies sofort erkannt wird. Der sogenannte Minsky-Moment tritt ein, wenn ein kleiner Schock, zum Beispiel fallende Immobilienpreise oder steigende Zinsen, auf das System einwirkt. Ein solcher exogener Einfluss reicht aus, um das fragil gewordene System zum Einsturz zu bringen. Die Folgen sind Panikverkäufe, Kreditklemmen, fallende Vermögenspreise, Bankenkrisen und schließlich eine Rezession.

Tab. 4.2 Die drei Finanzierungsarten (Minsky-Trias)

Kategorie	Beschreibung	Risiko
Hedge-Finanzmärkte	Kreditnehmer können Zins **und** Tilgung vollständig aus laufenden Einnahmen zahlen.	gering
Speculative Finanzmärkte	Einnahmen reichen nur für die **Zinsen**, nicht für die Tilgung; Kredite müssen rolliert werden.	wächst
Ponzi Finanzmärkte	Einnahmen reichen weder für **Zinsen** noch für die Tilgung; man setzt auf weiter steigende Vermögenspreise.	extrem hoch/ Blasenstadium

4.5.2 Tulpenmanie (Niederlande, 1636/1637)

Die sogenannte **Tulpenmanie**, die in den Niederlanden des 17. Jahrhunderts ihren Höhepunkt erreichte, gilt als eine der ersten dokumentierten Spekulationsblasen der Wirtschaftsgeschichte. Auch wenn es Argumente dafür gibt, dass die Preisentwicklung von Tulpenzwiebeln in dieser Zeit saisonalen und damit rationalen Mustern folgte, so wiesen doch spätestens die Preisexzesse der Jahre 1636/1637 spekulativen Blasencharakter auf und rechtfertigten die Bezeichnung Tulpenmanie (Garber, 1989).

In einer Zeit, in der die Niederlande wirtschaftlich und kulturell aufblühten, erlangte die aus dem Osmanischen Reich importierte Tulpe eine symbolische Bedeutung. Besonders seltene Tulpensorten wurden zu begehrten Prestigeobjekten. Die Tulpe entwickelte sich vom exotischen Luxusgut zu einem Statussymbol, das Wohlstand und sozialen Rang signalisierte.

Ab den 1620er-Jahren setzte ein zunehmender Handel mit Tulpenzwiebeln ein, der sich zunächst innerhalb der Kreise von Gärtnern, wohlhabenden Bürgern und Händlern bewegte. Mit der Zeit griff die Spekulation auf breitere gesellschaftliche Schichten über. Die Preise für bestimmte Sorten stiegen in einem Ausmaß, das weit über ihren materiellen Wert hinausging. Zwiebeln der besonders gefragten Sorte Semper Augustus wurden zu Preisen gehandelt, die dem Wert eines Hauses in Amsterdam entsprachen. Um Zwiebeln auch außerhalb der Pflanzzeit zu handeln, etablierte sich ein System von Terminkontrakten, die den Erwerb oder Verkauf zukünftiger Ernten ermöglichten. Dadurch verlagerte sich der Markt zunehmend vom realen Handel mit Pflanzen hin zu spekulativen Papiergeschäften.

Im Winter 1636/1637 erreichte die Spekulation ihren Höhepunkt. Auktionen und Wirtshausmärkte wurden zu zentralen Handelsplätzen, an denen innerhalb weniger Stunden enorme Preissteigerungen erzielt wurden. Im Februar 1637 blieb eine Auktion in Haarlem hinter den Erwartungen zurück und löste eine Kettenreaktion aus. Innerhalb weniger Tage brachen die Preise ein.

Moderne historische Forschung zeigt, dass die Ausmaße der Tulpenmanie oft überzeichnet dargestellt wurden (Goldgar, 2008). Der wirtschaftliche Schaden war jedoch real.

4.5.3 South Sea Bubble (Großbritannien, 1720)

Die **South Sea Bubble** des Jahres 1720 zählt zu den bekanntesten Finanzskandalen und steht exemplarisch für das Zusammenspiel aus politischer Einflussnahme, übersteigerten Erwartungen und spekulativer Gier (Balen, 2002). Die South Sea Company wurde 1711 in einer Phase hoher britischer Staatsschulden gegründet. Ihr Geschäftsmodell basierte zunächst weniger auf realen Handelsmöglichkeiten, sondern auf einem politischen Tauschgeschäft. Die Regierung wälzte Staatsschulden auf das Unternehmen über, um im Gegenzug Aktien an die Gläubiger auszugeben. Die South Sea Company erhielt das Monopol im Handel mit Südamerika inklusive noch nicht entdeckter Gebiete. Der Wert der Gesellschaft fußte fast ausschließlich auf den irrationalen Erwartungen an künftige Erträge aus dem Südamerikahandel.

Im Laufe der 1710er-Jahre entwickelte sich die Company zu einem zentralen Akteur im britischen Finanzsystem. 1719 erhielt sie von der Regierung die Erlaubnis, weitere große Schuldenpakete zu übernehmen, was den Grundstein für den späteren Spekulationsboom legte. Als die South Sea Company 1720 einen umfassenden Plan vorlegte, nahezu die gesamte Staatsschuld zu absorbieren, löste dies eine regelrechte Aktienmanie aus. Der Kurs schoss innerhalb weniger Monate von moderaten Werten in astronomische Höhen. Wohlhabende Familien, Kaufleute, Hofkreise und sogar Mitglieder des Parlaments investierten in der Erwartung, dass der Kurs unaufhörlich weiter steigen würde.

Zu Beginn des Jahres 1720 notierte die Aktie der South Sea Company mit einem Nennwert von 100 Pfund bei 120 Pfund. Im Juli notierte sie bereits bei 950 Pfund. Zu den Aktionären gehörten unter anderem König Georg I. Diese Kursrallye löste die Gründung weiterer Aktiengesellschaften aus (Shea, 2007). Um diesem Boom entgegenzuwirken, verabschiedete das Parlament den „Bubble Act". Dieser sah vor, dass alle Aktiengesellschaften eine königliche Erlaubnis benötigten, was unter anderem die prominente Stellung der South Sea Company stützen sollte. Der Aktienkurs der South Sea Company stabilisierte sich zunächst bei 950 Pfund, was die fundamentalen Daten nicht rechtfertigten, denn es flossen noch immer keine Erträge aus dem Südamerikahandel.

Der entscheidende Wendepunkt ereignete sich Anfang August, als noch immer keine Dividenden ausgeschüttet werden konnten. Informierte Anleger, darunter der König, begannen die Aktien zu verkaufen. Kurz darauf setzte ein allgemeiner Kurssturz ein. Der Aktienkurs sank auf rund 200 Pfund und erreichte zum Ende des Jahres seinen Nennwert von 100 Pfund. Obwohl die South Sea Company noch Jahrzehnte weiterexistierte, verlor sie jede wirtschaftliche Bedeutung. Die Blase hinterließ jedoch ein dauerhaftes Erbe: Sie prägte die britische Finanzpolitik nachhaltig, führte zu strengeren Regulierungsmaßnahmen und diente späteren Generationen als warnendes Beispiel dafür, wie schnell Begeisterung in kollektive Blindheit umschlagen kann.

4.5.4 Dotcom-Blase (USA, 1995 bis 2000)

Die **Dotcom-Blase** der späten 1990er-Jahre war das Ergebnis einer Mischung aus technologischem Aufbruch, wirtschaftlicher Euphorie und spekulativer Übersteigerung. Mit der Verbreitung des World Wide Web zu Beginn der 1990er-Jahre entstand ein völlig neuer Markt, dessen Möglichkeiten kaum abzuschätzen waren (Pastor und Veronesi, 2006). Die Einführung grafikfähiger Browser machte das Internet erstmals für ein breites Publikum nutzbar und löste eine Welle von Neugründungen aus. Unternehmen wie Yahoo! (1994), Amazon (1995) und später Google entstanden in einer Atmosphäre, in der das Netz als Zukunft der globalen Wirtschaft gefeiert wurde (Cassidy, 2002).

Ein entscheidender Wendepunkt war der Börsengang von Netscape im Jahr 1995. Der Aktienkurs des Unternehmens verdoppelte sich bereits am ersten Handelstag. Dies war gleichzeitig ein Startsignal für eine ganze Reihe weiterer Technologie-IPOs. Venture-Capital floss in Geschäftsmodelle, sobald diese in irgendeiner Weise mit dem Internet verbunden waren. Zwischen 1998 und Anfang 2000 erreichte die Euphorie ihren Höhepunkt. Der NASDAQ-Index, in dem viele Technologie- und Internetfirmen gelistet waren, stieg innerhalb weniger Monate auf einen Höchstwert von 4.704,73 Punkten. Die Medien befeuerten den Trend, Start-ups warben mit visionären Plänen und viele Privatanleger glaubten an ein neues Paradigma unbegrenzten Wachstums in der digitalen Ökonomie.

Doch die Fundamentaldaten konnten mit den Erwartungen nicht Schritt halten. Anfang 2000 führten steigende Zinsen, enttäuschende Quartalszahlen und erste Zweifel an der Tragfähigkeit vieler Geschäftsmodelle zu einer Umkehr der Stimmung. Im März kam es zu den ersten massiven Kursrückgängen. Was als Korrektur begann, entwickelte sich rasch zum vollständigen Zusammenbruch der Spekulationsblase. Zahlreiche junge Unternehmen, darunter prominente Namen wie Pets.com oder Boo.com, mussten Insolvenz anmelden.

In den Jahren 2000, 2001 und 2002 verlor der NASDAQ dreimal über 30 % auf einen Wert am Jahresende 2002 von unter 1000 Punkten. Anschließend stabilisierte sich der Markt wieder. Zurück blieb eine deutlich kleinere, aber robustere Internetwirtschaft. Während die Mehrheit der Dotcom-Unternehmen verschwand, überstanden einige wenige wie Amazon, eBay und später Google die Krise und legten den Grundstein für die digitale Ökonomie des 21. Jahrhunderts. Die Dotcom-Blase wurde damit zu einem Beispiel für überzogene Erwartungen und falsche Extrapolationen, die im Zusammenhang mit neuen Technologien entstehen können.

4.5.5 Immobilienblase in den USA (2002–2007)

Die **Immobilienblase** der 2000er-Jahre in den USA entwickelte sich über viele Jahre hinweg und war das Ergebnis eines komplexen Zusammenspiels aus wirtschaftlichen, politischen und verhaltensökonomischen Faktoren (Reinhart und Rogoff, 2009). Schon in den späten 1990er-Jahren begannen sich die Märkte zu verändern. Finanzinnovationen wie der verstärkte Einsatz verbriefter Hypotheken führten zu der Wahrnehmung, Risiken könnten nahezu vollständig verteilt oder gar eliminiert werden. Gleichzeitig förderten Politik und Wirtschaft den Gedanken, dass ein Eigenheim Teil des amerikanischen Traums darstellt. Dieses Narrativ unterstützte verhaltensökonomische Mechanismen wie Framing und soziale Normen.

Nach dem Platzen der Dotcom-Blase und den Terroranschlägen von 2001 senkte die US-Notenbank die Zinsen, was die Kreditvergabe begünstigte. In dieser Phase trafen niedrige Zinsen auf eine breite Erwartungshaltung stetig steigender Immobilienpreise. Ein klassischer Fall von Herding setzte ein. Viele Haushalte, aber auch institutionelle

Anleger, orientierten sich weniger an fundamentalen Daten als an den Entscheidungen anderer Marktteilnehmer. Es begann eine extrapolative Erwartungsbildung immer weiter steigender Immobilienpreise. Diese sich selbst erfüllende Prophezeiung ist Ausdruck des Confirmation Bias. Parallel dazu senkten Banken ihre Kreditstandards immer weiter. Sie vergaben zunehmend Hypotheken an Kunden mit schlechter Bonität, sogenannte Subprime-Kredite. Die Motivation des Bankensektors, dies zu tun, lag in der Möglichkeit, die schlechten Kreditrisiken zu verbriefen. Somit blieben diese Kredite nicht auf den Bilanzen der Banken, sondern wurden in Form von Mortgage-Backed Securities (MBS) an den Kapitalmarkt weitergegeben. Diese Vorgehensweise trennt die Kreditvergabeentscheidung von der Übernahme des Risikos und birgt das Moral-Hazard-Problem (Nguyen und Romeike, 2013). Von einem moralischen Risiko spricht man, wenn sich Menschen in Anwesenheit einer Versicherung – beispielsweise durch die Weitergabe von Krediten – riskanter verhalten als ohne Versicherung. In den Kategorien der Minsky-Trias befand sich der Markt in der Phase der Ponzi-Finanzierungen. Das bedeutet, dass Kreditnehmer, um ihre Kapitaldienste zu bedienen, auf immer weitere Preissteigerungen im Immobiliensektor angewiesen waren.

Um 2005 herum begann der Markt zu überhitzen. Neue Finanzprodukte wurden immer komplexer, gleichzeitig vergaben Ratingagenturen sehr gute Bewertungen für strukturell riskante Kreditverbriefungen. Als die US-Notenbank die Zinsen wieder anhob, konnten viele Haushalte die teils drastisch steigenden Raten ihrer variabel verzinsten Hypotheken nicht mehr bedienen. Immobilienpreise stagnierten und fielen schließlich. In den Jahren 2007 und 2008 eskalierte die Krise. Finanzinstitute weltweit mussten massive Abschreibungen auf hypothekenbesicherte Wertpapiere vornehmen. Banken vertrauten sich gegenseitig nicht mehr, was drastische Konsequenzen für den Interbankenmarkt und damit für die Liquidität im Bankensektor hatte. Im September 2008 erlangte die Krise mit der Insolvenz der Investmentbank Lehman Brothers ihren Höhepunkt. Die Episode demonstriert eindrücklich, wie kognitive Verzerrungen, soziale Effekte und institutionelle Fehlanreize gemeinsam eine wirtschaftliche Krise hervorbringen können.

4.5.6 Non-Fungible Token

Der Markt für **Non-Fungible Token** (NFT) entwickelte sich innerhalb weniger Jahre von einem exotischen Phänomen des digitalen Kunstsektors zu einem globalen Spekulationsfeld, das zeitweise Millionen neuer Anleger anzog. Auslöser für den Boom waren unter anderem die Verkaufserlöse einzelner Kunstwerke wie „Everydays: The First 5000 Days" des Künstlers Beeple im Jahr 2021. Dieser NFT wurde beim Auktionshaus Christie's für fast 58 Mio. € versteigert. Die Vorstellung, digitale Dateien mit einer Art einzigartiger Besitzurkunde auszustatten, wurde als revolutionärer Schritt in der Kunst-, Medien- und Unterhaltungsindustrie verstanden. Neben dem Beeple-NFT gab es weitere sehr prominente NFT-Projekte wie den Bored Ape Yacht Club.

Der Bored Ape Yacht Club als moderne Preisblase

Der Bored Ape Yacht Club (BAYC) ist eine Sammlung von digitalen comicartigen Affenporträts, die als NFTs auf einer Blockchain gespeichert sind. Seit ihrer Veröffentlichung im Jahr 2021 entwickelte sich die Kollektion zu einem der bekanntesten Beispiele für spekulative Übertreibungen im digitalen Markt. Zunächst zu wenigen Hundert Dollar verkauft, erreichten einzelne Exemplare auf dem Höhepunkt des NFT-Booms Preise von mehreren Hunderttausend bis über eine Million US-Dollar.

Der rasante Preisanstieg beruhte nicht auf einem materiellen oder funktionalen Wert, sondern auf sozialen und psychologischen Effekten. Dazu trugen prominente Käufer, eine starke Präsenz in sozialen Medien, künstliche Verknappung und Exklusivität bei. Viele Käufer handelten aus spekulativen Motiven und aus Angst, eine vermeintliche Gelegenheit zu verpassen (Fear of Missing Out, FOMO). Somit entstand ein klassisches Muster einer Preisblase, in der steigende Preise selbst zur wichtigsten Begründung weiterer Käufe werden. Mit dem Ende der allgemeinen NFT-Euphorie ab 2022 fielen die Preise vieler BAYC-NFTs deutlich. Der starke Wertverlust machte sichtbar, wie abhängig die zuvor erzielten Rekordpreise von kurzfristigem Hype und Gruppendynamiken waren. Das Beispiel zeigt, dass auch im digitalen Zeitalter spekulative Blasen nach ähnlichen Mustern verlaufen wie historische Fälle.

Investoren erwarben Token nicht aus ästhetischer oder technologischer Überzeugung, sondern primär in der Erwartung, diese schnell mit Gewinn weiterverkaufen zu können. Diese Phase wurde wesentlich durch verhaltensökonomische Muster geprägt. Vor allem FOMO spielte eine zentrale Rolle. Viele Anleger befürchteten, einen historischen Moment zu verpassen, vergleichbar mit frühen Kaufgelegenheiten bei Bitcoin oder anderen Kryptowährungen. Gleichzeitig verstärkte der Herding-Effekt die Dynamik. Marktteilnehmer orientierten sich weniger an rationaler Wertanalyse als am Verhalten anderer. Die starke mediale Präsenz des Themas NFT führte zu einem Availability Bias. Die Preise für NFTs entwickelten sich ohne eine fundamentale Basis. Projekte wie der Bored Ape Yacht Club suggerierten eine Knappheit, die tatsächlich nicht existierte, da jederzeit neue Projekte entstehen konnten. Der NFT-Hype wurde durch den Krypto-Hype insgesamt und durch ein sehr niedriges Zinsumfeld unterstützt. Diese beiden Einflussfaktoren änderten sich im Jahr 2022. Auf dem noch weitestgehend unregulierten Kryptomarkt kam es zu Zusammenbrüchen verschiedener Marktteilnehmer.

So musste die Kryptobörse **FTX Insolvenz** anmelden. Anders als bei regulierten Wertpapierbörsen führte die FTX-Insolvenz zu Verlusten bei Kryptoinvestoren, da die Kryptowerte der Marktteilnehmer in die Insolvenzmasse einflossen. Dies führte zu starken Verlusten und zu einem Vertrauensbruch in das Ökosystem insgesamt. Die faktische Wertlosigkeit der allermeisten Kryptowerte wurde nun offensichtlich und führte zu einem durch den Abverkauf ausgelösten Wertverfall.

4.5.7 Terra-Luna-Stablecoin

Ein **algorithmischer Stablecoin** ist eine Kryptowährung, deren Wert, zum Beispiel 1 US$, nicht durch reale Reserven wie Bargeld oder Staatsanleihen gedeckt ist. Stattdessen soll ein Algorithmus den Preis stabil halten, indem er automatisch das Angebot ausweitet oder verknappt. Steigt der Kurs über einen US-Dollar, wird neues Angebot geschaffen. Fällt er darunter, wird Angebot vernichtet. Theoretisch kann dieses Modell stabil funktionieren, weil Marktteilnehmer durch Arbitragegeschäfte stets einen Anreiz haben, den Kurs auf die Zielmarke zurückzuführen. Normativ betrachtet ist der Mechanismus logisch. Dabei wird jedoch außer Acht gelassen, dass das Vertrauen der Marktteilnehmer in den Mechanismus und den Anbieter eines solchen Stablecoins essenziell ist.

Das bekannteste Beispiel eines solchen Modells ist TerraUSD (UST), das eng mit der Kryptowährung LUNA verbunden war. Das Wertversprechen des algorithmischen Stablecoins UST liegt darin, dass ein solcher Coin zu jedem Zeitpunkt nicht gegen 1 US$, sondern gegen LUNA eingetauscht werden konnte. LUNA wird hier als Governancetoken bezeichnet und kann seinerseits jederzeit für eine bestimmte Menge US-Dollar verkauft werden. Nutzer konnten jederzeit einen UST gegen LUNA im Wert von 1 US$ tauschen und umgekehrt. Dadurch sollte UST um den Wert von 1 US$ pendeln. Wenn UST unter 1 US$ fiel, kauften Marktteilnehmer ihn günstig und tauschten ihn für LUNA im Wert von 1 US$ ein, wodurch UST steigen sollte. Wenn UST über 1 US$ lag, konnte neues UST aus LUNA erzeugt werden, bis der Kurs wieder sank. LUNA fungierte damit als Puffer zur Stabilisierung des Stablecoins.

Im Mai 2022 brach das System zusammen (Briola et al., 2023). Investoren begannen, UST in erheblichem Umfang zu verkaufen. So begann der Stablecoin, seine Dollarbindung zu verlieren. Dieser kleine Vertrauensverlust löste eine Kettenreaktion aus. Um UST zu stabilisieren, mussten große Mengen neuer LUNA erzeugt werden. Die Menge der LUNA-Coins explodierte, was einen Preisrückgang mit sich brachte. Je stärker LUNA abwertete, desto weniger konnte es UST stützen. Je weniger UST gestützt wurde, desto mehr LUNA musste erzeugt werden. Schließlich verloren beide Token nahezu ihren gesamten Wert. Der Fall Terra-Luna verdeutlicht, dass algorithmische Stablecoins nicht an mathematischen Grenzen, sondern an psychologischen und vertrauensbezogenen Grenzen scheitern können.

4.6 Risiko- und Allokationsverzerrungen

Die bisherige Analyse von Risikoaversion und Risikoprämien basiert implizit auf der Annahme, dass Investoren Risiko zutreffend einschätzen und entsprechend bepreisen. In einem solchen idealtypischen Rahmen würden sich Spreads eng an objektiv messbaren Ausfallwahrscheinlichkeiten orientieren, wie sie etwa durch Ratings abgebildet werden. Unterschiede in der Kreditqualität führten dann zu stabilen, erklärbaren

Renditedifferenzen, während Preisschwankungen primär auf reale Veränderungen der Fundamentaldaten zurückzuführen wären.

Empirisch zeigt sich jedoch, dass diese Logik nur eingeschränkt trägt. **Risikoprämien schwanken** deutlich stärker, als es durch Änderungen objektiver Risiken erklärbar wäre. Phasen hoher Unsicherheit gehen mit stark steigenden Spreads einher, während in wirtschaftlich ruhigen Zeiten Risiken häufig unterschätzt und entsprechend niedrig bepreist werden. Diese Beobachtung verweist auf eine zentrale Unterscheidung, die für das Verständnis von Finanzmärkten entscheidend ist: das Auseinanderfallen von objektivem Risiko und subjektiver Risikowahrnehmung.

Während Ratings versuchen, Risiko probabilistisch und konsistent zu erfassen, verarbeiten Marktteilnehmer Risiken nicht rein statistisch. Vielmehr fließen Erwartungen, Emotionen, Erfahrungen und kollektive Stimmungen in die Bewertung ein. Angst, Unsicherheit und Pessimismus können Risikoprämien nach oben treiben, selbst wenn sich die fundamentale Lage kaum verändert hat. Umgekehrt führen Vertrautheit, Optimismus und Herdenverhalten dazu, dass Risiken in guten Zeiten systematisch verdrängt oder verharmlost werden. Risiko wird dann nicht neu bewertet, sondern schlicht ausgeblendet.

Damit wird deutlich, dass Risikoprämien nicht nur eine Entschädigung für objektive Unsicherheit darstellen, sondern auch ein Spiegel psychologischer Zustände der Marktteilnehmer sind. Kreditmärkte reagieren folglich nicht ausschließlich auf messbare Ausfallrisiken, sondern ebenso auf kollektive Wahrnehmungen von Sicherheit und Bedrohung. Diese Einsicht bildet die Grundlage für das Verständnis zyklischer Über- und Unterbewertungen von Risiko.

Vor diesem Hintergrund lässt sich auch erklären, warum Anleger selbst dort systematisch von theoretisch optimalem Verhalten abweichen, wo die Vorteile rationaler Strategien gut bekannt sind. Ein besonders prominentes Beispiel hierfür ist die unzureichende internationale Diversifikation von Portfolios. Der im Folgenden behandelte Home Bias zeigt exemplarisch, wie subjektive Vertrautheit, wahrgenommene Kontrolle und emotionale Bindung dazu führen, dass Risiken falsch eingeschätzt und Konzentrationen in Kauf genommen werden, die aus rationaler Sicht vermeidbar wären.

4.6.1 Risikowahrnehmung

In Abschnitt 2.1.2 wurde die Notwendigkeit beleuchtet, Risiko in ökonomischen Entscheidungen zu berücksichtigen. Risikoaversion begründet, dass sich Investoren das eingegangene Risiko in Form einer Risikoprämie (Spread) vergüten lassen. Je höher das Risiko, desto höher die verlangte Prämie. Vollständig rationale Investoren würden sich dabei am objektiv messbaren Risiko orientieren. Ein solches Risiko wird unter anderem von Ratingagenturen ermittelt, indem sie Ausfallwahrscheinlichkeiten berechnen und diese in Ratings übersetzen.

Ratingagenturen
Ratingagenturen bewerten die Kreditwürdigkeit von Unternehmen, Staaten und Finanzinstrumenten, um deren Ausfallrisiko für Investoren einschätzbar zu machen. Dafür kombinieren sie quantitative Analysen, etwa Verschuldung, Cashflows, Profitabilität oder makroökonomische Daten, mit qualitativen Faktoren wie Geschäftsmodell, Managementqualität, politischer Stabilität oder regulatorischem Umfeld. Die relevantesten Agenturen sind Standard & Poor's (S&P), Moody's und Fitch Ratings.

Die gesammelten Informationen werden in einem strukturierten Prozess bewertet und einem Ratingkomitee vorgelegt, das über die endgültige Einstufung entscheidet (z. B. von AAA bis D). Jede dieser Ratingstufen entspricht einer Ausfallwahrscheinlichkeit. Nach der Veröffentlichung überwachen die Agenturen die Emittenten fortlaufend und passen Ratings bei relevanten Veränderungen an.

Damit reduzieren Ratingagenturen Informationsasymmetrien am Kapitalmarkt und beeinflussen direkt Finanzierungskosten und Spreads.

In der Konsequenz gäbe es für jede Kreditqualität eine eindeutige Risikoprämie. Diese ist in tatsächlichen Marktpreisen nicht beobachtbar. Vielmehr variieren Risikoprämien einer gegebenen Kreditqualität. Bereits in der Evaluation-Phase der Prospect Theory war festzustellen, dass Menschen nicht gut in der Lage sind, Eintrittswahrscheinlichkeiten für adverse Ereignisse einzuschätzen. Dies führt dazu, dass sie grundsätzlich einer verzerrten Risikowahrnehmung unterliegen (Lichtenstein und Slovic, 1971). Diese Wahrnehmungsverzerrung hat Auswirkungen auf die Preisbildung auf Finanzmärkten (Klibanoff et al., 1998).

Die Renditedifferenzen zwischen Unternehmensanleihen und sicheren Staatsanleihen unterliegen im Zeitablauf starken Schwankungen, die sich nicht durch fundamentale Daten erklären lassen. In Phasen wirtschaftlicher Unsicherheit steigen sie typischerweise deutlich an. Anleger verlangen dann höhere Risikoprämien, weil sie zukünftige Entwicklungen pessimistisch einschätzen oder befürchten, dass sich Risiken gegenseitig verstärken könnten (Campbell und Taksler, 2003). Dieses Verhalten ist rational nicht zu erklären, denn wenn sich die Risikolage eines Unternehmens tatsächlich und nicht nur in der Wahrnehmung der Marktteilnehmer verschlechtert, dann zieht dies ein Rating-Downgrade nach sich.

In ruhigeren Zeiten hingegen sinken die Credit Spreads häufig auf Niveaus, die nicht mit den tatsächlichen Risiken vereinbar sind. Marktteilnehmer gewöhnen sich an stabile oder positive Rahmenbedingungen und blenden mögliche negative Szenarien zunehmend aus. Das Vertrauen in eine anhaltend günstige Lage führt dazu, dass Risiko zu billig bepreist wird; ein klassischer Ausdruck von Herdenverhalten und übermäßigem Optimismus. Eine solche Verhaltensanpassung der Marktteilnehmer, also eine Unterschätzung des tatsächlichen Risikos in wirtschaftlich positiven Zeiten, wurde bereits von Minsky thematisiert. Diese Tendenz zur Verharmlosung von Risiken ist ebenso wenig rational wie die Überreaktionen in Stressphasen.

Das Zusammenspiel aus Angst und Sorglosigkeit erzeugt einen zyklischen Verlauf der Spreads, der stärker von kollektiver Stimmung als von objektiver Risikoeinschätzung geprägt ist. Diese nicht-rationalen Komponenten sind zentral für das Verständnis der Kreditmärkte. Sie erklären, warum Credit Spreads nicht nur auf reale Veränderungen reagieren, sondern auch auf emotionale und psychologische Faktoren, die sich im Verhalten der Marktteilnehmer widerspiegeln.

4.6.2 Unterdiversifikation durch den Home Bias

Unter dem Begriff **Home Bias** versteht man die empirisch gut belegte Tendenz von Anlegern, einen überproportional großen Teil ihres Vermögens in heimischen Wertpapieren zu halten, obwohl eine breitere internationale Diversifikation aus theoretischer Sicht eindeutig vorteilhaft wäre (Chan et al., 2005). Nach der modernen Portfoliotheorie ist es rational, Risiken über verschiedene Länder und Regionen hinweg zu streuen, da internationale Kapitalmärkte nur teilweise miteinander korrelieren. Ein global diversifiziertes Portfolio reduziert das Gesamtrisiko, ohne die erwartete Rendite vermindern zu müssen. Dennoch zeigt sich in zahlreichen Ländern und über unterschiedliche Anlegergruppen hinweg, dass Portfolios stark national geprägt bleiben. Dieser Widerspruch zwischen normativer Theorie und realem Verhalten wird in der Literatur als „Home Equity Bias" bezeichnet und verweist auf systematische Abweichungen von rationalem Entscheidungsverhalten (Lewis, 1999). ◉ Tab. 4.3 verdeutlicht diesen Effekt (French und Poterba, 1991). US-amerikanische und japanische Investoren weisen eine nur sehr geringe grenzüberschreitende Diversifikation auf. Japanische Anleger investierten lediglich 1,9 % ihres Aktienvermögens in ausländische Wertpapiere, während US-Investoren 6,2 % ihres Aktienportfolios im Ausland investiert hatten.

Die Ursachen dieses Phänomens sind nur teilweise in realwirtschaftlichen oder institutionellen Faktoren zu finden und lassen sich besser durch psychologische Mechanismen erklären. Eine zentrale Rolle spielt dabei der Vertrautheitseffekt (Huberman, 2001). Anleger bevorzugen Wertpapiere, mit denen sie sich subjektiv vertraut fühlen, etwa weil ihnen die Unternehmen bekannt vorkommen, die Marken im Alltag präsent sind oder der regulatorische Rahmen des eigenen Landes als sicherer und überschaubarer wahrgenommen wird.

Tab. 4.3 Home Bias

Heimatland	Gewichtung US-Aktien	Gewichtung japanischer Aktien	Gewichtung britischer Aktien	Angepasster Marktwert (US$ bn)
United States	0,938	0,0131	0,059	2941,3
Japan	0,031	0,9811	0,048	1632,9
United Kingdom	0,011	0,0019	0,82	849,8
France	0,005	0,0013	0,032	265,4
Germany	0,005	0,0013	0,035	235,8
Canada	0,01	0,0012	0,006	233,5

Obwohl dies einer objektiv messbaren Grundlage entbehrt, erzeugt diese Vertrautheit ein Gefühl von Kontrolle und Sicherheit, das die Risikowahrnehmung verzerrt. Diese gefühlte Nähe führt dazu, dass Anleger das Risiko heimischer Wertpapiere unterschätzen.

Eng damit verbunden ist die Illusion eines Informationsvorteils (Langer, 1975). Viele Investoren glauben, sie verfügten über ein besseres Verständnis für die wirtschaftlichen Zusammenhänge im eigenen Land und für die Geschäftstätigkeit heimischer Unternehmen. Tatsächlich jedoch sind professionelle Marktanalysen und Unternehmensinformationen in globalen Kapitalmärkten weithin verfügbar, sodass private Investoren kaum einen echten Wissensvorsprung besitzen. Dennoch kann bereits das Gefühl vermeintlicher Informationsüberlegenheit dazu führen, dass das Risiko ausländischer Investitionen überschätzt und die Unsicherheit im Ausland stärker gewichtet wird als im Inland. Hier zeigt sich ein klassisches Beispiel dafür, wie subjektive Wahrnehmungen stärker wirken als objektive Daten.

Neben diesen Faktoren können auch soziale und identitätsbezogene Motive eine Rolle spielen. Manche Anleger bevorzugen heimische Unternehmen, weil sie sich mit ihrem Land oder dessen wirtschaftlichen Akteuren identifizieren. Diese Bindung ist weniger eine rationale Anlageentscheidung als ein Ausdruck von Zugehörigkeitsgefühl, der die objektive Risikobewertung beeinflusst. In der Summe entsteht ein Verhaltensmuster, in dem emotionale Präferenzen und kognitive Verzerrungen stärker wirken als die Grundsätze optimaler Portfolioallokation.

Der Home Bias hat unmittelbare Konsequenzen für die Portfoliostruktur. Eine starke Konzentration auf den Heimatmarkt führt dazu, dass das Portfolio weniger breit gestreut ist, als es aus Sicht eines effizienten Risikomanagements sinnvoll wäre. Da Unternehmen eines Landes meist ähnlichen makroökonomischen Bedingungen unterliegen, reagieren sie häufig gemeinsam auf konjunkturelle Schocks, politische Ereignisse oder geldpolitische Entscheidungen. Ein Portfolio, das überwiegend aus heimischen Titeln besteht, ist daher besonders anfällig für nationale Risiken und weist eine hohe Korrelation innerhalb seiner Positionen auf. Die Risikostreuung, die durch eine internationale Selektion unterschiedlicher Märkte erreichbar wäre, bleibt weitgehend ungenutzt.

Insgesamt zeigt der Home Bias, wie stark psychologische Faktoren die tatsächlichen Anlageentscheidungen beeinflussen können. Trotz theoretischer Kenntnisse über die Vorteile der Diversifikation lassen sich Anleger von Vertrautheit, subjektiver Sicherheit und emotionaler Bindung leiten. Damit ist der Home Bias ein prominentes Beispiel für die Diskrepanz zwischen den rationalen Modellen der Finanzökonomie und dem realen Verhalten von Investoren. Der Home Bias liefert eine zentrale Begründung dafür, warum Portfolios strukturell unterdiversifiziert bleiben.

4.7 Marktanomalien

Das **„Law of One Price"** formuliert eines der stärksten Rationalitätsversprechen der Finanzökonomie. Identische Zahlungsströme sollten identische Preise haben. In seiner reinen Form beschreibt dieses Gesetz keinen empirischen Normalzustand, sondern einen theoretischen Grenzfall. Es setzt voraus, dass Marktteilnehmer vollständig rational handeln, identische Informationen besitzen, unbegrenzt arbitragefähig sind und keinerlei institutionellen oder regulatorischen Beschränkungen unterliegen. Unter diesen Bedingungen würden selbst kleinste Preisabweichungen sofort durch Arbitrage eliminiert.

Gerade deshalb ist das Gesetz analytisch so wertvoll. Es dient als Referenzrahmen, an dem sich reale Marktprozesse messen lassen. Weichen Preise systematisch und dauerhaft voneinander ab, obwohl die zugrunde liegenden Cashflows identisch sind, dann liegt der Schluss nahe, dass mindestens eine der zugrunde gelegten Annahmen verletzt ist. Märkte sind dann nicht ineffizient im trivialen Sinne, sondern operieren unter Bedingungen begrenzter Rationalität, segmentierter Nachfrage und eingeschränkter Arbitrage.

Ein zentraler Punkt ist dabei, dass Arbitrage kein risikofreier Mechanismus ist. Preisabweichungen können sich ausweiten, bevor sie sich schließen. Selbst ökonomisch rationale Wetten können Investoren in existenzielle Schwierigkeiten bringen. In der Praxis sind Arbitrageure Kapitalrestriktionen, Leerverkaufsbeschränkungen, regulatorischen Vorgaben und Reputationsrisiken ausgesetzt. Damit verliert Arbitrage ihren Status als automatische Korrekturinstanz und wird selbst zu einer riskanten Strategie. Fehlbewertungen können dadurch länger bestehen bleiben, als es ein streng rationales Modell zulässt.

Vor diesem Hintergrund gewinnen beobachtbare Verletzungen des Law of One Price besondere Bedeutung. Sie sind keine Randphänomene exotischer Märkte, sondern treten selbst in hochliquiden, transparenten und institutionell entwickelten Finanzmärkten auf. Marktsegmentierung, Indexzugehörigkeit, institutionelle Nachfrage, rechtliche Strukturen und verhaltensbedingte Übertreibungen reichen aus, um Preisgleichheit dauerhaft auszuhebeln.

Die folgenden Beispiele illustrieren diese Mechanismen anhand besonders klarer Fälle. Sie zeigen, dass selbst dort, wo innere Werte eindeutig bestimmbar und Preisrelationen offensichtlich sind, Märkte zeitweise systematisch versagen. Damit liefern sie nicht nur eine empirische Herausforderung für das Law of One Price, sondern auch einen zentralen Baustein für das Verständnis realer Finanzmärkte als sozial, institutionell und psychologisch geprägte Systeme.

4.7.1 Verstöße gegen das No-Trade-Theorem

Das „Law of One Price" gilt in der Finanzökonomie als eines der grundlegenden Prinzipien (Lamont und Thaler, 2003). Vollständig rationale Marktteilnehmer bewerten identische Vermögenswerte selbstverständlich mit identischen Preisen. Die Empirie zeigt jedoch, dass diese Vorstellung nur unter idealisierten Bedingungen Gültigkeit besitzt. Zahlreiche beobachtbare Marktphänomene belegen, dass selbst einfache Preisrelationen dauerhaft und erheblich verletzt werden können. Man könnte auch argumentieren, dass Wertpapierhandel für sich genommen bereits irrationales Verhalten widerspiegelt, da rationale Marktteilnehmer bei identischer Informationslage nicht systematisch zu entgegengesetzten Kauf- oder Verkaufsentscheidungen gelangen würden. Dies wird als **No-Trade-Theorem** bezeichnet (Milgrom und Stokey, 1982). Erst in einer Welt mit begrenzter Rationalität, unterschiedlichen Informationen, Marktsegmentierung oder institutionellen Beschränkungen kann es überhaupt zu Preisunterschieden kommen. Dann werden Arbitrageure notwendig, um diese Abweichungen auszunutzen und die Preise wieder in Einklang zu bringen, sofern ihnen keine Hindernisse wie Leerverkaufsbeschränkungen, regulatorische Grenzen oder Risikoaufschläge im Weg stehen.

Allerdings stellen sich Arbitragegeschäfte selbst als riskant dar. So wird John Maynard Keynes das Zitat zugeschrieben: „Markets can remain irrational longer than you can remain solvent." Dies zeigt der Fall von Long-Term Capital Management (LTCM): Dessen Konvergenzstrategien, also Wetten darauf, dass Preisrelationen zum fairen Wert zurückkehren, funktionierten in der Krise von 1998 nicht. Stattdessen wurden die Fehlbewertungen so stark ausgeweitet, dass sie existenzbedrohend wurden. Arbitrage ist also niemals risikolos. Die Preise können sich erheblich vom Gleichgewicht entfernen, bevor eine Korrektur einsetzt.

4.7.2 Die 3Com-Anomalie und andere prominente Beispiele

Als Beispiel können Closed-End Country Funds herangezogen werden. Hierbei handelt es sich um geschlossene Fonds, deren Vermögenswerte aus Aktien eines bestimmten Landes bestehen. Die Preise geschlossener Fonds, insbesondere geschlossener Länderfonds, weichen oft weit von den zugrunde liegenden Nettovermögenswerten ab. Abschläge und Aufschläge von 30 % sind üblich, in Extremfällen, wie zum Beispiel beim Taiwan Fund, kann die Preisabweichung über 200 % betragen (Klibanoff et al., 1998). Diese Abweichungen zeigen, dass selbst bei klar definierbaren inneren Werten rechtliche Marktsegmentierung, verhaltensbedingte Übertreibungen und eingeschränkte Arbitragemöglichkeiten ausreichen, um dauerhaft unterschiedliche Preise für identische Cashflows zu erzeugen.

Einen verwandten Ansatz liefern American Depositary Receipts (ADRs). Hierbei handelt es sich um börsennotierte Zertifikate, die von einer US-Bank ausgegeben werden und den Anspruch auf Aktien eines ausländischen Unternehmens verbriefen. Sie ermöglichen es amerikanischen Anlegern, ausländische Aktien über US-Börsen (z. B. NYSE oder Nasdaq) zu kaufen, ohne direkt an der jeweiligen Heimatbörse handeln zu müssen. Obwohl ADRs eigentlich entwickelt wurden, um Preisgleichheit zwischen in- und ausländischen Märkten zu gewährleisten, treten gerade hier eindrucksvolle Abweichungen auf. Das Beispiel von Infosys, einem indischen Technologieunternehmen, dessen ADR zeitweise mit einem Aufschlag von 136 % gegenüber den identischen Aktien in Bombay gehandelt wurde, verdeutlicht, wie stark Segmentierungseffekte und Nachfrageüberhitzung Preise verzerren können. Selbst wenn die theoretische Arbitrage möglich wäre, verhindern regulatorische Beschränkungen und institutionelle Grenzen oft, dass der Ausgleich tatsächlich stattfindet.

Noch deutlicher wird die Verletzung des Gesetzes bei sogenannten „Siamese Twins", also Unternehmen, die aus historischen Gründen zwei Arten von Aktien ausgeben, aber ein fest definiertes Verhältnis der Ansprüche auf die Cashflows und Vermögenswerte aufweisen (Froot und Dabora, 1999). Ein Beispiel dafür ist Royal Dutch/Shell, das sowohl Royal-Dutch-Aktien (gehandelt in Amsterdam) als auch Shell-Aktien (gehandelt in London) ausgibt. Auf Grundlage des Fusionsvertrags von 1907 werden alle Cashflows im festen Verhältnis aufgeteilt, sodass die Royal-Dutch-Aktien 60 % und die Shell-Aktien 40 % erhalten. Aus einer streng rationalen Perspektive müssen Royal-Dutch-Aktien zu jedem Zeitpunkt den 1,5-fachen Wert einer Shell-Aktie aufweisen. Tatsächlich beobachtet man Abweichungen von diesem Verhältnis.

Solche Beispiele zeigen, dass selbst bei vollkommen liquiden Märkten ohne offensichtliche Handelsbarrieren Faktoren wie Indexzugehörigkeit, institutionelle Portfoliologik und nachfragegetriebene Strukturen das Gesetz der Preisgleichheit dauerhaft aushebeln können.

Ein weiteres Beispiel ergibt sich aus Unternehmen mit Aktien unterschiedlicher Stimmrechte. Obwohl die Dividenden und Cashflows identisch sind, können die Preise stark auseinanderlaufen, wie im Fall von Molex, dessen stimmberechtigte Aktien ohne fundamentalen Grund mit Prämien bis zu 49 % gehandelt wurden. Ausgelöst wurde der starke Preisunterschied durch die Aufnahme in den S&P 500. Der Preisunterschied reflektiert damit kein ökonomisches Merkmal, sondern die Mechanik institutioneller Nachfrage, was zeigt, wie stark Indizes, Fondsregeln und Benchmarking die Preisbildung dominieren können.

Besonders dramatisch zeigt sich die Verletzung des Law of One Price bei Unternehmensabspaltungen und Equity Carve-Outs. Das berühmteste Beispiel ist die Abspaltung von Palm durch 3Com im Jahr 2000. Obwohl 3Com seinen Aktionären 1,5 Palm-Aktien pro 3Com-Aktie zuteilen sollte, war die 3Com-Aktie zeitweise weniger wert als der Wert der in ihr enthaltenen Palm-Anteile. Der sogenannte Stub-Wert, der Wert der restlichen 3Com-Geschäftseinheiten, wurde dadurch negativ.

Der Palm-3Com-Fall und der negative Stub Value

Ein besonders eindrucksvolles Beispiel für Fehlbewertungen an Kapitalmärkten liefert der Börsengang von Palm im Jahr 2000. Palm war zu diesem Zeitpunkt eine Tochtergesellschaft des Netzwerkausrüsters 3Com. Im Rahmen des Börsengangs behielt 3Com den überwiegenden Teil der Palm-Aktien, während ein kleiner Anteil an die Öffentlichkeit verkauft wurde. Ökonomisch betrachtet repräsentierte eine Aktie von 3Com somit einen Anspruch auf das verbleibende Kerngeschäft von 3Com plus einen anteiligen Anspruch auf Palm.

Am Tag des Palm-IPOs betrug der Ausgabepreis der Palm-Aktie 38 US$. Bereits am ersten Handelstag schloss die Aktie jedoch bei 95 US$, nachdem sie intraday sogar einen Höchstkurs von 165 US$ erreicht hatte. Gleichzeitig fiel der Aktienkurs von 3Com am selben Tag auf 82 US$. Entscheidend ist dabei das Umtauschverhältnis: Jede 3Com-Aktie berechtigte zu 1,5 Palm-Aktien.

Auf Basis dieser Marktpreise lässt sich der implizite Wert des verbleibenden 3Com-Kerngeschäfts (Stub Value) berechnen. Der Markt bewertete die Palm-Beteiligung, die in einer 3Com-Aktie enthalten war, mit $1{,}5 \times 95$ US$ = 142,5 US$. Demgegenüber stand ein Marktpreis der gesamten 3Com-Aktie von lediglich 82 US$. Der implizite Wert des Restgeschäfts von 3Com ergibt sich somit als Differenz:

82 US$ – 142,5 US$ = –60,5 US$.

Das Ergebnis ist ökonomisch paradox. Der Markt schrieb dem operativen Kerngeschäft von 3Com einen negativen Wert von 60,5 US$ pro Aktie zu. Dies würde implizieren, dass Investoren bereit wären, Geld zu zahlen, um dieses Geschäft loszuwerden, eine Annahme, die offensichtlich irrational ist. 3Com verfügte über reale Vermögenswerte, laufende Umsätze und positive Cashflows. Ein negativer Unternehmenswert ist unter rationalen Bewertungsmaßstäben nicht haltbar.

Der Palm–3Com-Fall zeigt damit eindrucksvoll, dass selbst in hochliquiden Aktienmärkten massive Fehlbewertungen auftreten können. Begeisterung für das neu emittierte Asset, Beschränkungen der Arbitrage und verhaltensökonomische Faktoren führten dazu, dass der Markt die Beziehung zwischen Mutter- und Tochtergesellschaft nicht konsistent bewertete. Der negative Stub Value gilt bis heute als eines der klarsten empirischen Beispiele für temporäre Marktirrationalität. ◄

Dies ist umso bemerkenswerter, da die 3Com-Cash-Reserven sich auf 10 US$ pro Aktie beliefen. Diese offensichtliche Fehlbewertung konnte nicht ausgeglichen werden, weil die neuen Palm-Aktien kaum leihbar waren und Leerverkäufe faktisch blockiert wurden. Die Episode demonstriert, wie schnell Märkte auch bei größter Transparenz und klaren Bewertungsrelationen versagen können, wenn Short-Sale-Constraints Arbitrage verhindern.

Kurz und bündig

- Ökonomische Prozesse sind nicht als rein technische Abläufe zu verstehen, sondern als Resultat menschlicher Entscheidungen unter Unsicherheit. Märkte, Preise, Geld und Finanzinstitutionen entstehen und wirken stets über individuelles Entscheiden, das in biologische, psychologische und soziale Kontexte eingebettet ist. Ökonomie ist damit nicht allein eine Theorie der Ressourcenallokation, sondern zugleich eine Theorie menschlichen Verhaltens, in dem Wahrnehmung, Motivation, Emotion und Erwartung eine zentrale Rolle spielen.
- Geld nimmt in diesem Zusammenhang eine Schlüsselstellung ein. Es ist kein naturgegebenes Objekt, sondern eine soziale Institution, die auf kollektiven Übereinkünften, rechtlich abgesicherten Schuldverhältnissen und Vertrauen beruht. In modernen Wirtschaftssystemen entsteht Geld überwiegend im Rahmen der Passivgeldordnung durch Kreditvergabe der Geschäftsbanken. Geldschöpfung, Verschuldung und wirtschaftliche Aktivität sind daher untrennbar miteinander verbunden und setzen ein stabiles Vertrauen in Institutionen, Märkte und zukünftige Rückzahlungserwartungen voraus.
- Geld wirkt dabei nicht nur funktional, sondern auch psychologisch. Es fungiert zugleich als Werkzeug zur Bedürfnisbefriedigung und als emotional aufgeladener

Reiz, der Belohnungssysteme aktiviert und Verhalten steuert. Diese doppelte Wirkung erklärt, warum Geld Motivation fördern, aber auch verzerren kann. Ob Geld motivierend oder demotivierend wirkt, hängt wesentlich davon ab, ob es als unterstützende Anerkennung oder als kontrollierender Anreiz erlebt wird. Damit ist Geld kein neutraler Motivator, sondern ein hoch wirksames psychologisches Signal.

- Auch der Zusammenhang zwischen Geld und Glück erweist sich als differenziert. Materieller Wohlstand verbessert zwar die kognitive Bewertung des eigenen Lebens und reduziert existenzielle Unsicherheit, führt jedoch nicht automatisch zu höherem emotionalem Wohlbefinden. Ab einem gesicherten Grundniveau gewinnen psychosoziale Faktoren wie Autonomie, Sinnhaftigkeit, soziale Beziehungen und Vertrauen an Bedeutung. Luxus und materieller Überfluss werden häufig relativ bewertet und dienen dem sozialen Vergleich, was eine Dynamik aus Statuswettbewerb, Anpassung und anhaltender Unzufriedenheit begünstigen kann.
- Eng damit verknüpft ist die moralische und machtbezogene Dimension des Geldes. Da Geld im Kern auf Schuldverhältnissen beruht, transportiert es normative Erwartungen, soziale Bindungen und Machtstrukturen. Wer Schulden schaffen, regulieren oder erlassen kann, verfügt über erheblichen Einfluss auf wirtschaftliche und gesellschaftliche Prozesse. Geldsysteme sind daher stets auch Ausdruck institutionalisierter Macht- und Vertrauensverhältnisse.
- Ein zentrales Wahrnehmungsproblem im Umgang mit Geld ist die Geldillusion. Menschen neigen dazu, in nominalen Größen zu denken und reale Kaufkraftveränderungen zu vernachlässigen. Diese systematische Verzerrung beeinflusst individuelle Entscheidungen, Lohnverhandlungen und politische Prozesse und kann insbesondere in Währungsunionen zu erheblichen sozialen Spannungen führen.
- Auf Finanzmärkten treten diese psychologischen Mechanismen besonders deutlich zutage. Emotionen wie Angst, Euphorie oder Unsicherheit sowie kognitive Verzerrungen wie Bestätigungsfehler, Ankereffekte, Framing oder Informationsüberlastung prägen die Verarbeitung von Finanzinformationen. Märkte reagieren daher nicht nur auf den objektiven Informationsgehalt, sondern auf dessen psychologische Interpretation. Daraus resultieren Über- und Unterreaktionen, Herdenverhalten, Blasen und abrupte Korrekturen.
- Die Effizienzmarkthypothese beschreibt in diesem Kontext ein theoretisches Referenzmodell, an dem sich reale Marktprozesse messen lassen. Empirische Befunde aus der Behavioral Finanzmärkte zeigen jedoch, dass Finanzmärkte zwar leistungsfähig, aber keineswegs frei von systematischen Fehlbewertungen sind. Psychologische, soziale und institutionelle Faktoren begrenzen die Wirksamkeit von Arbitrage und führen dazu, dass Ineffizienzen länger bestehen bleiben können.

- Insgesamt verdeutlicht das Kapitel, dass ein realistisches Verständnis moderner Wirtschaftssysteme nur im Zusammenspiel von ökonomischer Logik und psychologischer Realität möglich ist. Finanzmärkte sind zugleich bemerkenswert effizient und strukturell fragil, weil sie auf menschlichem Verhalten beruhen, das adaptiv, aber nicht perfekt rational ist.

Fragen zur Überprüfung Ihres aktuellen Wissensstands:

1. Warum sind Geld, Märkte und Finanzinstitutionen nicht nur technische, sondern auch psychologische und soziale Phänomene?
2. In welchem Sinn kann Geld zugleich als Werkzeug und als „Droge" beschrieben werden?
3. Warum wirkt Geld nicht automatisch motivierend, und wovon hängt es ab, ob finanzielle Anreize Motivation fördern oder untergraben?
4. Was versteht man unter Geldillusion, und warum denken Menschen häufig in nominalen statt in realen Größen?
5. Welche Rolle spielen emotionale und kognitive Verzerrungen bei der Verarbeitung von Finanzinformationen?
6. Was besagt die Effizienzmarkthypothese, und warum bleibt sie trotz empirischer Kritik ein wichtiger Referenzrahmen?
7. Warum können Finanzmärkte trotz verfügbarer Informationen systematisch von fundamentalen Werten abweichen?
8. Wie tragen kognitive Verzerrungen wie Overconfidence, Confirmation Bias, Anchoring oder Herding zu Marktineffizienzen bei?

Literatur

Ashton, J. K., Gerrard, B., & Hudson, R. (2003). Economic impact of national sporting success: Evidence from the London stock exchange. *Applied Economics Letters*, *10*(12), 783–785. https://doi.org/10.1080/1350485032000126712

Balen, M. (2002). *A very English deceit: The secret history of the South Sea Bubble and the first great financial scandal*. Fourth Estate.

Barber, B. M., & Odean, T. (2000). Trading is hazardous to your wealth: The common stock investment performance of individual investors. *SSRN Electronic Journal*. https://doi.org/10.2139/ssrn.219228

Barberis, N., Shleifer, A., & Vishny, R. (1998). A model of investor sentiment. *Journal of Financial Economics*, *49*(3), 307–343. https://doi.org/10.1016/S0304-405X(98)00027-0

Bikhchandani, S., & Sharma, S. (2000). Herd behavior in financial markets. *IMF Staff Papers*, *47*(3), 279–310. https://doi.org/10.2307/3867650

Black, F. (1986). Noise. *The Journal of Finance*, *41*(3), 528–543. https://doi.org/10.1111/j.1540-6261.1986.tb04513.x

Boucher, J., & Osgood, C. E. (1969). The pollyanna hypothesis. *Journal of Verbal Learning and Verbal Behavior*, *8*(1), 1–8. https://doi.org/10.1016/S0022-5371(69)80002-2
Briola, A., Vidal-Tomás, D., Wang, Y., & Aste, T. (2023). Anatomy of a Stablecoin's failure: The Terra-Luna case. *Finance Research Letters*, *51*, 103358. https://doi.org/10.1016/j.frl.2022.103358
Campbell, J. Y., & Taksler, G. B. (2003). Equity volatility and corporate bond yields. *The Journal of Finance*, *58*(6), 2321–2350. https://doi.org/10.1046/j.1540-6261.2003.00607.x
Cassidy, J. (2002). *Dot.con: The greatest story ever sold* (1st ed). HarperCollins.
Chan, K., Covrig, V., & Ng, L. (2005). What determines the domestic bias and foreign bias? Evidence from mutual fund equity allocations worldwide. *The Journal of Finance*, *60*(3), 1495–1534. https://doi.org/10.1111/j.1540-6261.2005.768_1.x
Chao, A. Z. (2024). Confirmation bias in decision-making: Implications in finance, business, and digital media. *Highlights in Business, Economics and Management*, *45*, 600–606. https://doi.org/10.54097/a9e6e764
Da, Z., Engelberg, J., & Gao, P. (2011). In search of attention. *The Journal of Finance*, *66*(5), 1461–1499. https://doi.org/10.1111/j.1540-6261.2011.01679.x
Daniel, K., Hirshleifer, D., & Subrahmanyam, A. (1998). Investor psychology and security market under- and overreactions. *The Journal of Finance*, *53*(6), 1839–1885. https://doi.org/10.1111/0022-1082.00077
De Bondt, W. F. M., & Thaler, R. (1985). Does the stock market overreact? *The Journal of Finance*, *40*(3), 793–805. https://doi.org/10.1111/j.1540-6261.1985.tb05004.x
De Long, J. B., Shleifer, A., Summers, L. H., & Waldmann, R. J. (1990). Noise trader risk in financial markets. *Journal of Political Economy*, *98*(4), 703–738. https://doi.org/10.1086/261703
Deci, E. L., & Ryan, R. M. (1985). *Intrinsic motivation and self-determination in human behavior*. Springer.
Deck, C., Jahedi, S., & Sheremeta, R. (2021). On the consistency of cognitive load. *European Economic Review*, *134*, 103695. https://doi.org/10.1016/j.euroecorev.2021.103695
Diener, E., Ng, W., Harter, J., & Arora, R. (2010). Wealth and happiness across the world: Material prosperity predicts life evaluation, whereas psychosocial prosperity predicts positive feeling. *Journal of Personality and Social Psychology*, *99*(1), 52–61. https://doi.org/10.1037/a0018066
Drexler, C. E., Verse, B., Hauslbauer, A., Lopez, J., & Haider, S. (2022). Framing the mobility transition: Public communication of industry, science, media, and politics in Germany. *Energy, Sustainability and Society*, *12*(1), 50. https://doi.org/10.1186/s13705-022-00374-0
Elsayed, E., & Mousa, G. (2019). The use and trend of emotional language in the banks' annual reports: The state of the global financial crisis. *Banks and Bank Systems*, *14*(2), 9–23. https://doi.org/10.21511/bbs.14(2).2019.02
Fama, E. F. (1970). Efficient capital markets: A review of theory and empirical work. *The Journal of Finance*, *25*(2), 383. https://doi.org/10.2307/2325486
Fisher, I. (2011). *Money Illusion*. Wilder Publications.
Frank, R. H. (2000). *Luxury fever: Money and happiness in an era of excess*. Princeton University Press.
French, K. R., & Poterba, J. M. (1991). Investor diversification and international equity markets. *The American Economic Review*, *81*(2), 222–226.
Froot, K., & Dabora, E. (1999). How are stock prices affected by the location of trade? *Journal of Financial Economics*, *53*(2), 189–216. https://doi.org/10.1016/S0304-405X(99)00020-3
Garber, P. M. (1989). Tulipmania. *Journal of Political Economy*, *97*(3), 535–560. https://doi.org/10.1086/261615
Goldgar, A. (2008). *Tulipmania: Money, honor, and knowledge in the Dutch golden age* (Paperback ed.). University of Chicago Press.
Graeber, D. (2022). *Schulden: Die ersten 5.000 Jahre* (U. Schäfer, H. Freundl, & S. Gebauer, Übers.; 3. Aufl., 2024). Klett-Cotta.

Grötker, R. (2008). Das Lohndilemma. *brandeins*.
Haase, S. (2016). *Der Dispositionseffekt Als Relevantes Anlegerverhalten: Einführung in Die Erklärungsansätze und in Die Empirischen Befunde*. Springer Fachmedien Wiesbaden GmbH.
Hinze, H. (2025). Der Reiseleiter. *Manager Magazin*, October 2025, 64–68.
Huberman, G. (2001). Familiarity breeds investment. *Review of Financial Studies*, *14*(3), 659–680. https://doi.org/10.1093/rfs/14.3.659
Jensen, M. C. (1969). Risk, the pricing of capital assets, and the evaluation of investment portfolios. *The Journal of Business*, *42*(2), 167. https://doi.org/10.1086/295182
Kaustia, M., Alho, E., & Puttonen, V. (2008). How much does expertise reduce behavioral biases? The case of anchoring effects in stock return estimates. *Financial Management*, *37*(3), 391–412. https://doi.org/10.1111/j.1755-053X.2008.00018.x
Khachikian, E. (2021). *Confirmation bias in financial markets: Impact on trading behavior*. University of Iowa.
Klibanoff, P., Lamont, O., & Wizman, T. A. (1998a). Investor reaction to salient news in closed-end country funds. *The Journal of Finance*, *53*(2), 673–699. https://doi.org/10.1111/0022-1082.265570
Kuhnen, C. M., & Knutson, B. (2011). The influence of affect on beliefs, preferences, and financial decisions. *Journal of Financial and Quantitative Analysis*, *46*(3), 605–626. https://doi.org/10.1017/S0022109011000123
Lamont, O. A., & Thaler, R. H. (2003). Anomalies: The law of one price in financial markets. *Journal of Economic Perspectives*, *17*(4), 191–202. https://doi.org/10.1257/089533003772034952
Langer, E. J. (1975). The illusion of control. *Journal of Personality and Social Psychology*, *32*(2), 311–328. https://doi.org/10.1037/0022-3514.32.2.311
Lea, S. E. G., & Webley, P. (2006). Money as tool, money as drug: The biological psychology of a strong incentive. *Behavioral and Brain Sciences*, *29*(2), 161–209. https://doi.org/10.1017/S0140525X06009046
Levy, R. A. (1967). Relative strength as a criterion for investment selection. *The Journal of Finance*, *22*(4), 595–610. https://doi.org/10.1111/j.1540-6261.1967.tb00295.x
Lewis, K. K. (1999). Trying to explain home bias in equities and consumption. *Journal of Economic Literature*, *37*(2), 571–608. https://doi.org/10.1257/jel.37.2.571
Lewis, M. (2011). *The Big Short: Wie eine Handvoll Trader die Welt verzockte* (3. Aufl., Taschenbuchausg). Goldmann.
Lichtenstein, S., & Slovic, P. (1971). Reversals of preference between bids and choices in gambling decisions. *Journal of Experimental Psychology*, (89)1, 46–55.
Mayer, T. (2014). *Die neue Ordnung des Geldes: Warum wir eine Geldreform brauchen* (3., aktualisierte Aufl.). FinanzBuch-Verlag
Milgrom, P., & Stokey, N. (1982). Information, trade and common knowledge. *Journal of Economic Theory*, *26*(1), 17–27. https://doi.org/10.1016/0022-0531(82)90046-1
Minsky, H. P. (2008). *Stabilizing an unstable economy*. McGraw-Hill Education.
Nguyen, T., & Romeike, F. (2013). *Versicherungswirtschaftslehre: Grundlagen für Studium und Praxis*. Gabler Verlag. https://doi.org/10.1007/978-3-8349-3792-6
Nickerson, R. S. (1998). Confirmation Bias: A Ubiquitous Phenomenon in Many Guises. *Review of General Psychology*, *2*(2), 175–220. https://doi.org/10.1037/1089-2680.2.2.175
Park, J., Konana, P., Gu, B., Kumar, A., & Raghunathan, R. (2013). Information valuation and confirmation bias in virtual communities: Evidence from stock message boards. *Information Systems Research*, *24*(4), 1050–1067. https://doi.org/10.1287/isre.2013.0492
Pastor, L., & Veronesi, P. (2006). Was there a Nasdaq bubble in the late 1990s?☆. *Journal of Financial Economics*, *81*(1), 61–100. https://doi.org/10.1016/j.jfineco.2005.05.009
Porcelli, A. J., & Delgado, M. R. (2009). Acute stress modulates risk taking in financial decision making. Psychological Science, 20(3), 278–283. https://doi.org/10.1111/j.1467-9280.2009.02288.x

Rabin, M., & Schrag, J. L. (1999). First impressions matter: A model of confirmatory bias. *The Quarterly Journal of Economics, 114*(1), 37–82. https://doi.org/10.1162/003355399555945

Reinhart, C. M., & Rogoff, K. S. (2009). *This Time Is Different: Eight Centuries of Financial Folly.* Princeton University Press. https://doi.org/10.2307/j.ctvcm4gqx

Scharfstein, D., & Stein, J. (1990). Herd behavior and investment. *American Economic Review, 80*(Jun.), 465–479.

Schultz, A., Senn, M., & Klooster, J. (2024). *Greenwashing: Die Aufsicht macht den Unterschied.* (S. 1–10). Finanzwende e.V.

Schweiger, D. M., Sandberg, W. R., & Rechner, P. L. (1989). Experiential effects of dialectical inquiry, devil's advocacy and consensus approaches to strategic decision making. *Academy of Management Journal, 32*(4), 745–772. https://doi.org/10.2307/256567

Shafir, E., Diamond, P., & Tversky, A. (1997). Money illusion. *The Quarterly Journal of Economics, 112*(2), 341–374. https://doi.org/10.1162/003355397555208

Shea, G. S. (2007). Financial market analysis can go mad (in the search for irrational behaviour during the South Sea Bubble). *The Economic History Review, 60*(4), 742–765. https://doi.org/10.1111/j.1468-0289.2007.00379.x

Shiller, R. J. (2016). *Irrational exuberance* (überarbeitete und erweiterte 3. Auf., [fourth printing, and first paperback printing]). Princeton University Press.

Simon, H. A. (1955). A behavioral model of rational choice. *The Quarterly Journal of Economics, 69*(1), 99. https://doi.org/10.2307/1884852

Smith, B. K., & Krige, J. D. (2010). Evaluating the economic impact of national sporting performance: Evidence from the Johannesburg Stock Exchange. *South African Journal of Business Management, 41*(3), 1–11. https://doi.org/10.4102/sajbm.v41i3.520

Taleb, N. N. (2016). *The black swan: The impact of the highly improbable* (Random House trade paperback edition). Random House.

Thaler, R. (2019). *Misbehaving. The making ofbBehavioral economics.* Pantheon.

Thaler, R. H., & Sunstein, C. R. (2021). *Nudge: The final edition* (Updated edition). Penguin Books, an imprint of Penguin Random House LLC.

Yang, Y., & Tan, H.-T. (2024). What you are versus what you do: The effect of noun-verb framing in earnings conference calls. *Accounting, Organizations and Society, 113*, 101573. https://doi.org/10.1016/j.aos.2024.101573

Zuckerman, G. (2010). *The greatest trade ever: The behind-the-scenes story of how John Paulson defied Wall Street and made financial history* (1. Aufl). Crown Business.

Kolibri 360 GmbH
Ferdinand-Jühlke-Straße 7
99095 Erfurt, Deutschland
produktsicherheit@kolibri360.de